江苏人民教育家培养工程丛书（第三辑）

追寻"技"与"道"
融合的教学主张

ZHUIXUN JI YU DAO
RONGHE DE JIAOXUE ZHUZHANG

周如俊 著

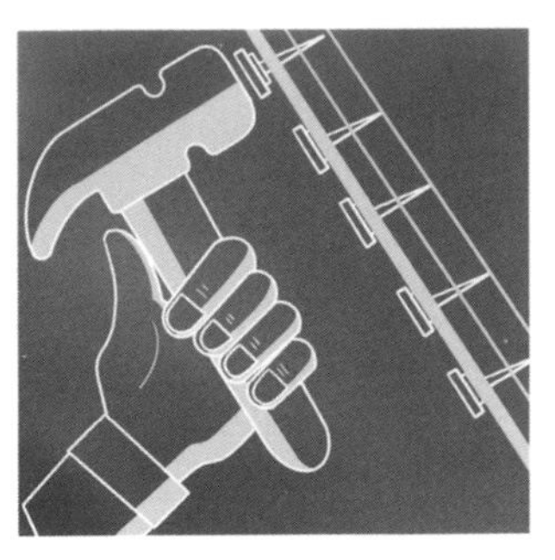

图书在版编目(CIP)数据

追寻"技"与"道"融合的教学主张 / 周如俊著
.—南京:江苏凤凰教育出版社，2023.7
(江苏人民教育家培养工程丛书. 第三辑)
ISBN 978-7-5743-0348-5

Ⅰ. ①追… Ⅱ. ①周… Ⅲ. ①教学研究 Ⅳ.
①G420

中国国家版本图书馆 CIP 数据核字(2023)第 136851 号

江苏人民教育家培养工程丛书(第三辑)

书　　名　**追寻"技"与"道"融合的教学主张**
作　　者　周如俊
责任编辑　沈静明
出版发行　江苏凤凰教育出版社(南京市湖南路 1 号 A 楼　邮编 210009)
苏教网址　http://www.1088.com.cn
照　　排　江苏凤凰制版有限公司
印　　刷　南京顺和印刷有限责任公司(电话:025-83682876)
厂　　址　南京市江宁区麒麟街道天和路 78 号
开　　本　787 毫米×1092 毫米　1/16
印　　张　13.5
插　　页　2
版　　次　2023 年 7 月第 1 版
印　　次　2023 年 7 月第 1 次印刷
书　　号　ISBN 978-7-5743-0348-5
定　　价　28.00 元
网店地址　http://jsfhjycbs.tmall.com
公 众 号　苏教服务(微信号:jsfhjyfw)
邮购电话　025-85406265,025-85400774
盗版举报　025-83658579

江苏人民教育家培养工程丛书(第三辑)
编委会

总序 FOREWORD

为江苏未来教育家成长奠基

纵观世界教育史，每一次深刻的教育变革都离不开教育家的参与和推动。邓小平同志在1986年就提出“希望中国出现一大批三四十岁的优秀的科学家、教育家、文学家和其他各种专家”。2007年《国家教育事业发展“十一五”规划纲要》明确提出了“倡导教育家办学”的方针。《国家中长期教育改革和发展规划纲要(2010—2020年)》也明确提出，要创造有利条件，鼓励教师和校长在实践中大胆探索，创新教育思想、教育模式和教育方法，形成教学特色和办学风格，造就一批教育家，倡导教育家办学。

倡导教育家办学，要在扎根于民族文化土壤的同时，吸纳一切人类文明成果，形成具有本土特色和全球视野的教育实践和教育智慧。在我国源远流长的几千年文明发展进程中，不仅积淀了丰富的教育话语体系，而且涌现出一批又一批的优秀教育家。如，有被推崇为“大成至圣先师”“万世师表”的孔子，有“匹夫而为百世师，一言而为天下法”的韩愈，有“捧着一颗心来，不带半根草去”的人民教育家陶行知，等等。

江苏素有重教兴学的优良传统。明清两代全国202名状元中，有66人出自江苏，约占总数的三分之一。新中国成立以来，两院院士三分之一以上是江苏籍。“十一五”规划以来，江苏认真贯彻国家、省教育规划纲要，坚持把优先发展教育作为强省之基，把科教与人才强省作为经济社会发展的基础战略，扎实做好教育改革发展各项工作。为顺应发展要求，江苏在2009年启动实施“江苏人民教育家培养工程”，旨在通过培养一批具有教育家潜质的校长、教师，带动全省师资队伍建设，提高全省教育质量。工程启动和实施以来，得到了省内外同行的高度关注，《中国教育报》《人民教育》等权威教育媒体纷纷予以报道，给予了很多的支持和鼓励。在工程的带动下，全省基础教育人才队伍建设工作蓬勃开展，人才梯队不断优化，人才培养形成常态化。无锡的教育名家培养工程、常州和镇江的名师工作室、苏州的姑苏人才计划、南通和淮安的名师名校长培养工程、连云港的中小学高层次人才“333”工程、泰州的中小学卓越教师培养计划、扬州的领雁工程等都取得了良好成效，为江苏基础教育事业的明天提供了人才支撑。

一、设计思路

古今中外的教育家，虽然成长路径各不相同，但他们身上都有一个共同特点，那就是都有强烈的发展愿景，都是积极主动、持之以恒地追求自我发展。而有计划的培养可以促其自觉、促其坚定、催其奋进、助其提高。实践证明，通过有效地整合社会资源，建立系统而完整的培养制度，对培养对象进行引领、促进、支持，给予他们相对良好的成长空间和必要的规制，有助于他们更快更好地成长。我们认为，确立“人民教育家是可以培养的”观念，是科学的人才观、发展观在师资队伍建设中的体现。

确立目标宗旨。为一批立志终身从教、教育理念新、科研能力强、专长突出、风格鲜明、发展潜力大的中小学教师和校长创造条件，提供平台，给予重点培养，帮助他们在教育理论素养和创新实践能力等方面得到全面提升，使其个人专长更加凸显，特色风格更加鲜明，为他们成长为社会公认的人民教育家奠定基础，并以此带动和促进全省中小学师资队伍水平的整体提升，为江苏建设教育强省、率先实现教育现代化、办人民满意的教育做出更大的贡献。

制订培养计划。工程实施的目标是培养基础教育高端人才。从 2009 年起，计划在全省范围内分四批选拔 200 名特级教师进行重点培养。200 个培养名额，低于特级教师总数的 20%，不到中小学专任教师总数的万分之三。分四批培养，每批 50 人，确保每一名培养对象都能享有足够好、足够多的专家资源、活动资源、财力资源和实践平台，保证培养过程更加具有科学性、针对性和有效性。

明晰选拔标准。分析近代以来我国教育家表现出来的特质，我们发现他们具有三个方面的共同特质：一是志存高远，具有远大的教育理想，“敢探未发明的新理”，善于发现和潜心研究教育问题，形成自己独到的教育思想；二是学高为师，具有丰富的学识和科学的经验，勇于探索，在办学理念和思路、学校建设与管理、教育教学方式等方面形成鲜明的特色和风格；三是身正为范，具有高尚的人格魅力，热爱学生，尊重学生，对学生有大爱之心，并有较大的社会影响。为此，在培养对象的选拔上，我们确定了“坚持一个基本条件、着重考察三个方面”的遴选原则。基本条件必须是特级教师，是“师德的表率、育人的模范、教学的专家”。在此基础上，着重考察培养对象是否有正确的、强烈的成长动机，有为人民教育事业奋斗终生的坚定理想和不懈追求；是否具有深厚的教育理论素养、文化素养和专业素养，有成为人民教育家的基础条件和发展潜力；是否具有高尚的人格魅力，在区域和学科专业领域内声望高、影响大、示范性强，受到同行、学生、家长和社会的广泛敬重和好评。

二、制度建构

“江苏人民教育家培养工程”是一项系统性工程，旨在探索高端教育人才培养的政策、制度和实践模式，以培养对象的教育思想、办学行为和先进事迹激发全省所有校长、教师的教育热情和奉献精神。经过五年的实践探索，逐步形成了一套比较完整的培养体系，制定了《江苏人民教育家培养工程实施指南》，形成了管理、培养、考核“三位一体”的培养工作机制。

建立了管理机构。在管理上，教育厅成立了“江苏省人民教育家培养工程领导小组”，负责培养工作的整体把握和指导，指定江苏省教育科学研究院负责工程的具体实施工作。根据培养对象的特点和研究方向，成立了分学段或分学科领域和学校管理等不同培养方向的五个研修组。与培养对象相对应，组建了五个专家指导小组，通过个别指导和集体指导相结合的模式，就培养对象的发展规划、研究方向、课题研究进行指导。

搭建了培养平台。在培养上，以“政府创设平台、专家引领指导、个人主动发展、团队共同提高”为培养机制，以帮助培养对象“提高师德修养、拓展教育视野、创新教学理念、提高教育教学能力水平”为核心培养内容，规划实施了九大系列培养计划：催生教育主张——培养对象理论素养提升计划；聆听高端讲座——培养对象知识结构更新计划；牵手农村教育——培养对象责任修炼计划；推动教育创新——培养对象实践模式构建计划；走近教育家——培养对象分类阅读计划；聚焦实践问题——培养对象小组合作研究计划；带动共同发展——培养对象团队建设计划；教育家办学——影响力论坛计划；行者无疆——教育考察计划。围绕计划，在2014年至2019年第三期培养对象培养期内，共开展省级集中活动20余次、小组活动近100次。

制定了考核制度。在考核上，省教育厅委托省教育科学研究院与培养对象签订“目标责任书”，依据目标责任书开展年度考核、中期考核和终期考核工作。其中，年度考核实行报告评价式考核，研修小组和培养对象每年要做一次工作总结，报告一次研修心得；中期考核在培养期的第三年举行，实行发展性评估考核；终期考核按目标责任书实行目标考核。培养周期完成，在个人考核的基础上，成立“培养工作评估项目组”，对项目实施情况进行整体评估。

提供了条件保障。主要从专家、平台、经费等方面为工程实施及培养对象提供专业支持、环境支持和政策支持。一是组建了专家指导团队，聘请了国内一流专家。目前共聘请专家119人次，其中为第三期培养对象聘请的专家有35人。二是设立省教育科学规划“十三五”人民教育家培养对象专项课题，鼓励培养对象申报教育科研课题研究项目，通过课题研究推动培养对象成长。三是为每位培养对象至少安排一次出国研修的机会、召开一次教育思想研讨会、资助出版一部专著，为他们形成教育教学思想创造条件。

三、实践成效

工程实施以来，每一位培养对象都以教育家的素养标准要求自己，经过五年努力，提升了综合素养，取得了很多教育教学成果，带动了区域内多元团队的共同发展，还通过跨区域的合作在更大范围发挥了重要作用。

素质显著提高。五年的研修对每一个培养对象来说都是一个迅速进步的过程，他们的专业素养与教育能力不断提升，教育思想已现雏形。其一，潜心读书，提升了专业素养。有的培养对象五年间阅读了100多部专著，撰写了40多万字的读书笔记。其二，实践探索，提高了教育能力。通过构建自己的课堂教学模式提高课堂教学质量，通过成立名师工作室和建设学科基地发挥辐射作用，通过管理模式的变革寻求学校的优质发展，已成为培养对象的行为自觉。其三，活动研修，拓宽了教育视野，丰富了发展内涵，增强了服务江苏教育发展的责任感与使命感。其四，自省反思，凝练了教育思想。通过回顾和反思、梳理和归纳，做到更深刻地认识、更清晰地表达自己的教育理念，初步形成了自己的教育思想。

研究成果丰硕。五年来，各位培养对象在实践研究方面积极进取，取得了丰硕成果。据不完全统计，第三期培养对象公开发表论文880篇，其中在核心期刊发表191篇；编著图书79本，出版专著35本；主持市级以上课题（项目）研究166项，开设县级以上公开课、讲座1821节（次）；被媒体报道210次。教学办学上，他们不仅善于把自己的教育理念运用到实践中去，而且非常注重特色成果的形成，成为江苏基础教育改革大背景下一例例鲜活的典型。他们的教育教学实践获得了广泛认可，产生了深远的影响，累计获得各级各类荣誉表彰300余项。这些成果来之不易，体现了各位培养对象不断超越、勤于探索的精神。

带动效应显著。培养对象皆有自己领衔的发展团队，不仅有学校管理团队、教师集体和学科教师团队，而且有市（区、县）的名师团队、骨干教师团队，为带动当地教师发展做出了很大贡献。在团队发展过程中逐渐形成了由“被动发展”走向“主动发展”、由“短期性发展”走向“持续式发展”的良好格局，表现出相当高的发展水平与强大的辐射力。另外，第三期培养对象共开展“牵手农村教育”活动近30次，覆盖近30个县、市（区）的50多所农村学校，发挥了培养对象的专业服务作用，带动了农村地区教师专业发展。难能可贵的是，他们在成为“培养对象”后，依然有着清醒的自我认识。他们常常淡看自己的努力和成就，却对“机遇”怀有感恩之心。正如一位培养对象所说：“孔子的彼岸是闻达于诸侯，我在想我们的彼岸是什么？

也许我一辈子也成不了教育家，但我可以拥有教育家的志向、教育家的情怀、教育家的理想。在培养工程一千多个日日夜夜里，我如农夫般日日耕耘，如哲人般时时自省。从此岸到彼岸，是岁月的距离，更是成长的步履。让我们揣着梦想、带着感恩、携着激情，执着行走在成为教育家的路上，不为彼岸只为海！”

当前，江苏教育系统正在全面学习贯彻落实党的“十九大”精神，全力推进教育现代化建设，坚持以立德树人为根本，以发展素质教育为主题，以提高教育质量为核心，以促进教育公平为重点，以服务经济社会发展为重任，以深化教育教学改革为动力，以扩大教育对外开放、提升教育国际合作交流水平为重要路径，以教育信息化为着力点，以争取加大教育投入、建设高素质专业化教师队伍为关键，探索建立中国特色现代学校制度，努力营造健康向上的校园文化和有利于教育改革发展的社会氛围，努力办好人民满意的教育。衷心地希望“江苏人民教育家培养工程”的实践探索能给我国推进教育发展和办学专业化、促进高端教育人才成长提供借鉴。

编委会

2020 年 11 月

序言[①] FOREWORD

大道至简，有恒始成。我与周如俊很有缘分，可谓亦师亦友。认识他是时常因为职教类杂志上“铅字”碰面，后来吸纳他成为江苏省职教学会学术委员会成员，我们一起交流与研究的机会也就多了。再之后我受聘于“江苏省人民教育家培养工程”为培养对象指导专家——又成为了周如俊的导师。

俞敏洪说过，一个优秀的人重要标志是对工作的专注和热爱。这是“感动江苏教育人物——2017最美职教教师”颁奖大会上主持人对他的颁奖词：“27年职教之路，他一步一个脚印，以一颗平常之心教学、读书、思考、写作，与孩子同生共长，与学校一起进步。用自己的教育智慧，帮助孩子追寻拥有无限可能的精彩。”捋一捋周如俊老师的成长经历，也许可以从中透视出他的成功之道。

“教育坚守”。教师的教育哲学是其教育灵魂所在，直接影响个人的教育实践行为。“人生天地之间，若白驹之过隙，忽然而已”，我很欣赏周如俊的一句充满哲理的真情告白：“在这个世界上，没有哪一种工作比因每节课中尊重每一个生命而更能享受幸福与快乐；在这个世界上，没有哪一种荣誉比因成就他人而成全自己得到的认可更值得拥有与珍藏。”

周如俊扎根苏北职教30年，育得桃李芬芳。省“人民教育家培养工程”培养对象、省职业教育领军人才，连云港市职业教育第一批省特级教师、第一位通过正高级讲师评审的教师、江苏理工学院兼职教授……作为基层的职教一线教师，他为什么能收获赞誉与称号无数，因为他对职教事业的专注与炽爱。罗丹说过：“工作就是人生的价值，人生的欢乐，也是幸福之所在。”周如俊用自己的实际行动印证了这句话。他坚守，无论外界或自身发生了什么变

① 庄西真. 大道至简 有恒始成——对周如俊成长的解读[J]. 江苏教育：2017(86)：66。

化，对职教事业的敬业乐教的精神、眷顾执著的情怀从不动摇；他坚持，无论职业教育环境、教育对象、教育过程多么艰苦、复杂和繁重，都不以任何理由、任何方式表现出自己的急躁、简单与偏见，创造让每一个学生发展出彩的机会；他坚定，无论成长中出现理想与现实的差距与失落多么之大，都不退缩、不气馁、不消极，始终把追求理想、塑造心灵、传承技能（知识）当成教师人生事业的最大乐趣，做到极致追求。

“为师情怀”。行动研究是教师工作乐趣与幸福成长的源泉，是教师的一种生命状态、一种自然而然的事，也是一种工作责任、一种职业情怀。职业学校每天的教育教学实践中到处是思想的火花，只要教师善于去擦亮它，用笔捡拾起，经过一定的思维加工都会成为颗颗珍珠。教师也只有这样对具体的教育事件理性地凝视与审思，清洗掉经验中的非相关、非本质的杂质，才能洞察教育事件的内在规律。这正是周如俊从职业教育工作实践研究“艰难苦恨繁霜鬓”的叹息中获得凤凰涅槃似的重生“三境界”：“昨夜西风凋碧树，独上高楼，望尽天涯路”，为成长“上下求索”的学习常态境界；“衣带渐宽终不悔，为伊消得人憔悴”，问题研究前“两情相悦”的自发境界、课题立项时“结婚登记”的责任境界；“蓦然回首，那人却在，灯火阑珊处”，反思研究后“生儿育女”的自信持恒境界，出成果“继往开来”的生态境界。周如俊的研究情怀，更证明了这样一个朴素的真理——实践、思考与写作，是一个普通教师成长为名师的关键所在！教师要学会“寻找属于自己的句子”：像生活一样“自然”、像叙事一样“自然”、像思课一样“自然”、像说话一样“自然”、像作文一样“自然”，坚持对教育的爱、执著、困惑、幸福、方法、技巧的故事进行反思与写作。这种反思与写作虽然辛苦，但其中包含了成功的喜悦和思考的乐趣，还有那油然而生、无法用语言表达的工作激情。

“内生成长”。一位教师要走向成功，仅有第一次成长是不够的，起决定性作用的是第二次成长；而当前教师成长遇到的瓶颈，不是第一次专业成长，而是第二次专业成长。周如俊之所以能够跨越“第二次专业成长”，主要与他教育内生成长的“自觉”有关。他能够树立自己独立的教学主张。这是一种独立精神，体现了自主教学的意识（主要包括独立的教学观念、系统的缄默知识、反思的行为习惯、持续的学习需求、成熟的职业取向）。

“技”乃学生生存意义所在，“道”乃学生生命价值所系。职业教育教学“灵魂”核心在于“技道融合”，必须以“融技于道”“融道于技”“技道合一”主张为指导，施行发展个性、触及灵魂的教育。“技道融合”，就是他以独立思想的眼光来审视与把握教学本质，以独立思想的境界来设计与开展教学活动，以独立思想的行为来引导和培养学生，以独立思想的勇气来反思和提升自己。他能够修炼自己完整的职业认同感，始终坚持对教育的一种信仰、一种生命感悟、一种自然领悟：教育就是对隐蔽在知识背后的意义和智慧的挖掘，使精心选择的知识深入到学生的内心世界，内化为学生生命的必须，成长为学生的心灵智慧；他能够培养自己个性化的专业情意，即专业理想、专业情操、专业自我。专业理想——是他成为一个成熟的教育教学专业工作者的向往和追求；专业情操——是他对教育教学工作带有理智性的价值评价的情感体验；专业自我——这是他成功从事教育工作所具备的人格特征。周如俊的"内生成长"给人启示：教学思想、教学模式与教育实践同在；教学思想、教学模式与个性同为；教学思想、教学模式与行为同律。唯如此，教师才能从简单走向成熟，从杂乱走向明晰，最终建构起属于自己的独立的教学体系，教育教学才会生机盎然。

大道至简，有恒始成，一个人只要用心就能把平凡的事做得不平凡。周如俊同志几十年如一日坚持在职业学校的教学和管理岗位上，一门心思地探索职业教育规律，并用这些规律指导自己所在职业学校的教学和育人实践，达到了学生进步、学校发展和个人成长的多赢效果。期待着周如俊同志在平凡的职业教育岗位上做出更大的成绩！

庄西真

2020 年 6 月于江苏常州

自序 FOREWORD

黄炎培说过：职业教育“为个人谋生之准备，为个人服务社会之准备，为国家及世界增进生产力之准备”。“为社会准备”是职业教育应承担的责任，需循“物”道；“为个人谋生”，指培养什么样的学生，是教育的根本，从教者要懂“人”道。“道以技显，技因道进”，揭示了职业教育人才培养的技与道的统一性。可惜当前职业教育人才技术（技能）培养与职业精神培养存在“两分离”现象，人才培养技术（技能）创造能力和活力逐渐淡化乃至逐步丧失，失去了“技以载道”的功能。

有一则《猴子下山》的寓言故事：小猴子下山，看到地里的玉米长得饱满诱人，便掰了几个玉米；后来看到地里水灵灵的大西瓜，便扔了玉米，抱了一个大西瓜；再往后，又看到一只活蹦乱跳的兔子，便扔了西瓜，去追兔子。结果，兔子没追着，猴子什么也没得到。它警示人们要好好珍惜自己已经拥有的，不要朝三暮四、见异思迁。我作为职业学校的一名教学管理者，也是从事职业教育一线教学的教师，曾经扮演那只多变的猴子的角色，将职业教育人才培养的技与道隔离，导致职业教育人才培养的课程与教学实施顾此失彼。

由此联想王国维《人间词话》里的“人生三境界”，这也是我作为培养对象专业化成长的“三境界”。

“昨夜西风凋碧树，独上高楼，望尽天涯路。”此专业化成长第一境也。

职业教育本是一种专业技能教育，但也不应偏废通识教育，职业教育课程与教学理应理论与实践、外显与内隐并重，在价值取向上，实用与趣味、工具与通识生存以及生活性课程与教学皆有关照。然而当前职业教育教学改革中，一种极端倾向就是“模式思维”：今年这种模式好，明年那种模式也行；从传统的学科体系课程模式到改良型学科体系课程模式，从“学科本位”模式到“能力本位”

模式再到“人格本位”模式，走马换灯似的套用；学苏南“项目课程”的教学实践，仿上海“任务驱动课程”的教学路径，摹北京“理实一体教学”的教学融合，搬浙江“选择性课程”的教学方式；等等。这种朝三暮四的教改“钟摆子”，颠覆的也许是有用的课程文化，“创新”掉的也许是职教精髓，缺少的是对教学改革模式的哲学辩证“观照”。结果无法不跟着学校行政命令走，教改理念也仅停留在标语口号上，我也在借鉴学习忙忙碌碌的管理中逐渐没有了自己的教学思想，泯灭了自己的管理个性，丧失了育人的真情。

面对当前职业教育在人才培养价值取向上普遍存在“技能唯上”的异化倾向、缺失“博雅主义”的个性化培养的现象，我一度迷茫。在培养过程中，导师提出了“培养对象”教育思想凝练的要求，并提出以实践为土壤“催生教育主张”，这让我大有醍醐灌顶之感。我努力回归职业教育育人本旨，反思教育实践，逐步形成个性化的教育理念和原创性的教学主张，并用“技道融合”这一清晰概念加以表述。这是一个不断认识自我、肯定自我、否定自我、完善自我、提升自我的过程。

“衣带渐宽终不悔，为伊消得人憔悴。”此专业化成长第二境也。

职业教育人才培养目标的最高境界是什么？职业教育如何创造人人都有发展的机会、生生都有出彩的空间？回望近30年的职业生涯，我一直在践行“技道融合”的人才培养的教学主张。“技近乎道”：当某项技能、技艺或技术实践达到巅峰（操作者、承载工具和生产对象等技术要素形成合理、最优的路径和方法）之后，再进一步前进实际便接触到了“道”，即天地规律（既合乎操作者自然本性，又合乎工具自然本性，也合乎技术对象自然本性的路径和方法）。由“技”至“道”意味着追求技术活动各种相关因素的和谐共生，达到精益求精的最佳匹配状态。这种追求是一个不断超越操作者自身局限，向精雕细琢、精益求精、追求更完美的统一不断趋近的动态过程。

职业教育教学之“道”，不仅仅是指培养学生技术技能的娴熟掌握与运用，还包含对思想情感的培养：对所从事的技术技能操作工作的崇尚、执着乃至痴迷。“习技求道”并“融技于道”：了解“技”是接近“道”的方式，研究“技”是认识“道”的方法，超越“技”是领悟“道”的途径。“技”与“道”相互融合、相互依存。职业教育技术技能不能被片面理解为达成某个单一目的的工具，而应成为一种全身心的修炼过程。这种修炼就是一种对“技”中之“道”的领悟，这是一个充满艰辛的“专业与敬业”旅程，需要“执着的坚持和追求”的勇气与智慧的历程凝炼。职业教育必须施行发展个性、触及灵魂、着眼于可持续发展的以“技”求“道”的教育，需要“做”与“思”、“手”与“脑”、“行”与“知”的交互为用，并“耐心、专注与坚持”。

“众里寻他千百度，蓦然回首，那人却在，灯火阑珊处。”此专业化成长第三境也。

反思过去我所走的教改路径，一路的期望和彷徨，一路的匍匐与前进，一路的风尘与激情行走，一路的苦乐与失落，一路的反思与后悔。我感到职业学校教学管理者只有对具体的教学事件学会辩证理性地凝视，清洗掉经验中的非相关、非本质的杂质，才能洞察人才培养的内在规律。从人才培养的本体论层面看，“道”是“技”的理想境界；从人才培养的认识论层面看，由“技”至“道”的发展要靠直观体悟；从人才培养的方法论层面看，“道”对“技”的引导体现为贯彻一系列具有辩证思维特征与行动价值导向的准则。“技道融合”人才培养的教学主张正是体现为三个层面相互关联、层层递进，构成职业教育人才培养的有机整体。

教学主张的提炼，可以化繁为简、以约驭博，是唤醒自己教育教学智慧、唤醒学生心灵的有效魔杖；能凝聚教育教学的精神，提升教育教学的品质，提挈教师生命的成长及专业发展的自觉，成就学生成长的同时也成就教师的教育人生。我真诚希望《追寻“技”与“道”融合的教学主张》这本书能对职业教育的一线教师在教学上带来一定的启示。若能如此，我将十分欣慰。

“一个人走得更快，一群人走得更远”，衷心地感谢江苏省“人民教育家培养工程”的实施与推进，感谢江苏省“人民教育家培养工程”第三期中学理科组导师的指导与提携，感谢第四期中职组的各位导师的指导与提携，也感谢各位培养对象的关心与帮助。“居其厚，不居其薄；居其实，不居其华”，职业教育教学工作与生活可能有点单调，集累、苦、忙于一身，也许是职教之师的代名词和人生境遇，在职业教育教学实践中，只要努力付出，为之奋斗，成功之时坦然，失败之处淡然，一切便能顺其自然。今后我对职业教育的信仰始终回归职业教育的教学规律，慢慢地、静静地、悄悄地做教学与研究，用自己的脚步丈量职业教育人生这条广阔无际的道路，保持自己孜孜求索的脚步不停歇，让脚下的路不断向前延伸。

书中引用了国内外不少专家、学者的研究成果，参考了许多一线职业教育老师实践的研究文献，恐有遗漏未能一一列出，在此一并向他们表示真诚的感谢！由于编写仓促和作者水平所限，文中也难免存在偏颇或失当之处，敬请读者不吝赐教。

周如俊
2020 年 6 月于江苏灌南

目录

CONTENTS

第一章　“技道融合”主张的内涵阐述 / 1

第一节　“技道融合”主张的背景实践透视 / 1

第二节　“技道融合”主张的内涵深度诠释 / 7

第三节　“技道融合”主张的学理多维解读 / 15

第二章　“技道融合”主张的课程生态 / 24

第一节　“技道融合”主张的课程问题剖析 / 24

第二节　“技道融合”主张的课程特征归析 / 32

第三节　“技道融合”主张的课程趋向探析 / 40

第三章　“技道融合”主张的课程目标 / 51

第一节　“技道融合”主张的课程目标定位 / 51

第二节　“技道融合”主张的课程目标架构 / 59

第三节　“技道融合”主张的课程目标实施 / 69

第四章　“技道融合”主张的课程体系 / 81

第一节　“技道融合”主张的课程体系建构 / 81

第二节　“技道融合”主张的课程模式开发 / 90

第三节　“技道融合”主张的课程模式实施 / 103

第五章　“技道融合”主张的教学行动 / 113
第一节　“技道融合”主张的教学体系建构 / 113
第二节　“技道融合”主张的教学模式开发 / 122
第三节　“技道融合”主张的教学标准实施 / 135

第六章　“技道融合”主张的实践案例 / 143
第一节　“技道融合”主张的学校建设案例 / 143
第二节　“技能融合”主张的专业建设案例 / 148
第三节　“技能融合”主张的课程体系案例 / 159
第四节　“技能融合”主张的课程模式案例 / 167
第五节　“技能融合”主张的教学实施案例 / 174

参考文献 / 189

后记 / 197

第一章 “技道融合”主张的内涵阐述

职业教育与普通教育是两种不同的教育类型，而非教育层次，具有同等重要的地位。改革开放以来，职业教育重点培养了一大批现代农业、工业、服务业和民族传统工艺振兴需要的一线技术（技能）人才，为经济社会发展提供了有力的人才和智力支撑。当前智能化所带来的更为深刻的影响是职业教育人才培养方式的变化，智能化技术通过物联网的应用使制造业与服务业融为一体，更使职业打破了工业与服务业的界线，技术（技能）人才呈现出复合化趋势。职业教育在发展中也存在“成器”教育忽视“成人”的现实尴尬境遇，人才培养失去“技以载道”的功能。在此背景下提出职业教育教学“灵魂”核心在于“技道融合”人才培养的教学主张，以“技”体“道”、以“技”明“道”，施行发展个性、触及灵魂的教学。本章共分三节内容：背景是对教学主张认识的理性思维的方式，第一节主要阐述“技道融合”人才培养的教学主张产生的背景；概念是主张的思维工具，第二节主要诠释“技道融合”人才培养的教学主张的基本内涵；学理是主张理论上的解释，第三节主要论述“技道融合”人才培养的教学主张的学理维度。

第一节 “技道融合”主张的背景实践透视

职业教育人才培养必须满足职业动态发展的需要、适应学生个性发展的需要和实现人本性目标的需求。当前职业教育人才培养存在人本化培养失衡问题、可持续化培养失衡问题、“即插即用”培养失衡问题、培养模式建构失衡问题，究其根本原因就在于人才培养“技以载道”的功能出现了问题。在培养目标价值取向上，普遍存在“技能唯上”的工具性教育问题，缺失非功利性“博雅主义”的个性化培养价值导向；在培养模式构建上，过分注重模式构建的外型非本质的“术语”与“名词”的包装，缺失构建思想（理念）上的哲学观照和关注人的发展、服务于人成长的育人核心；在课程内容选择导向上，普遍存在公共基础课程的“应试之殇”、技能课程的“考证之殇”、精英课程的“应赛之殇”等问题，缺失提供适合学生成长、体现个性化发展的菜单式“教育超市”；在教学实施上，普遍存在“技能本位”“知识＋技能本位”等翻版式“知识本位”的教育问题[1]，缺失构建

---

① 方健华．中职学生职业核心素养评价及其标准体系建构研究［D］．南京师范大学，2014：28.

适应社会变迁、从事新岗位、适应新工作和掌握新技术的创新、创业意识和发展能力的核心素养的培养。

一、人本化培养失衡问题

职业教育是社会分工和人类文明发展的必然产物之一。职业教育从诞生那天开始就具有天然的社会属性和工具价值。[①] 正因为如此，职业教育一直以来都是秉承“以服务为宗旨，以就业为导向，以能力为本位”的办学模式，这本无可非议，但是因一段时期内在理论上缺乏对人与职业内在关系的科学把握，忽视职业是人的社会属性与自然属性的统一的基本属性，从而导致实践中时常出现“只见职业不见人”的严重的工具性僭越。

（一）人才培养目标的失衡

人才培养定位决定了人才培养规格与培养目标。职业教育应将关注人的职业性发展与关注人的一般本性发展和谐统一。通过对个体施与发展性教育，为了个体的“生存需要”而尽职，为了个体的“发展需要”而尽力，促进学生个体潜能的最大开发以及自我价值的充分实现，从而确保职业教育的个体发展功能与社会发展功能得以全面而充分的发挥。然而职业教育培养目标经历了技术型、技能型、技术（技能）型人才培养目标的演变历程，各个时期在目标价值取向上普遍重视工具性价值而忽视人本教育的价值，体现的是功利的效率主义价值观与超功利的博雅主义价值观之间的冲突，导致了工具性教育盛行而人本主义色彩式微，注重职业教育的功利化导向而忽视教化育人的社会功能，从而削弱了职业教育的社会价值。[②] 具体表现为将职业教育的内涵简化为谋生教育、就业教育、技能教育，人才培养过程中普遍存在仅满足于“一技之长”的培养，仅热衷于产教融合的实践教学，却忽视了学生的全面发展，尤其是学生人文素质、信息化素养、创新精神等方面的综合素质的培养。

（二）职业精神培养的失衡

人才培养目标是建立现代职业教育体系的逻辑起点。现代职业教育追求职业技能与职业精神高度融合的人才培养目标。加强专业精神、职业精神和工匠精神的培育，是对学生成长成才的一种高度责任，为学生毕业、实现就业及就业后的可持续发展提供坚实的保障。受职业教育哲学思潮的影响，过去一些政策的导向以及教学实践过程的偏失，职业教育倾向于知识的工具性，而对人文素质、职业精神有所忽略与弱化。表现为当前中国制造领域呈现的是“优质制造”缺失，其背后所折射的，又恰恰是基础制造业优质技术（技能）型人才——大国工匠人才培养的缺失。而当前人才培养过程中存在“技能至上”的现象，“职业性”倾向明显，教学重心在于“固化了技能内容”的学习，过分强调

① 顾建军.试论以人为本与职业教育[J].教育与职业，2004(28)：4－6.

② 方健华.中职学生职业核心素养评价及其标准体系建构研究[D].南京师范大学，2014：47－52.

对学生专业技能和职业能力的培养与训练，学生生命个体势必缺失不断自我发展和智能制造知识与技能创新的后劲，无法适应社会发展及职业岗位变动的需要，也无以通过赋予学生个体可持续发展的精神和能力而提升其生命质量与人生境界。[①②] 职业教育迫切需要尽快补上学生“工匠精神”培育的“短板”，进而对“工匠精神”人才培养产生“蝴蝶效应”。

二、可持续化培养失衡问题

培养具有可持续发展能力的人，实现可持续发展的社会目标，是现代职业教育人才培养取向的核心理念。世界环境和发展委员会（WECD）在《我们共同的未来》（*Our Common Future*）报告中，将可持续发展定义为“既满足于当代人的需求又不危及后代人满足其他需求的发展”。对职业教育人才培养而言，培养学生可持续发展能力，强调的是在未来工作中具有潜在的发展后劲，能够满足实现职业生涯规划的人生轨迹和目标能力的可持续发展教育，既要满足当前上岗就业需要，又要培养满足今后继续发展需要的知识、技能、素质等综合能力。[③] 而职业教育历史上、现实中也存在着人才培养可持续化失衡的问题。

（一）办学理念导向的失衡

职业教育的可持续发展最终是学生的可持续发展。职业能力培养可细分为“基本素质”“基本能力”“行业通用能力”“专业特定能力”“职业核心能力”5个维度内容。在基于全产业链的专业能力培养基础上，职业教育应更多关注人格塑造和学生个性发展培养，更加突出学生关键能力、创新能力、跨界协同能力的培养。当前职业教育及学生不同程度地被“工具化”，职业学校越来越像培训机构，学校的功能越来越“技”，专业分工越来越细，就业岗位群确定越来越窄，学生的适应性越来越差。这种“唯技而教”的人才培养目标，既不能满足职业变动的需要，也无法实现学生个性发展、人本性发展的成长需求。职业教育在培养“动手技能”与实践能力以促进经济社会发展的同时，更应当以满足人的发展需要为前提。要以学生职业生涯发展为目标，以可持续发展理念为指导，以学生个人意愿为前提，以提升学生职业能力发展为根本目标选择教育内容。不仅要培养学生基本的岗位职业技能，培养学生具备岗位就业的“硬技能”——“看家本领”，还要培养学生专业技能之外的“软技能”——“发展潜质”。[④] 这种“发展潜质”主要包括职业素质（人的职业意识、职业态度和职业行为习惯）及职业通用能力（沟通表达、协调合作、学习创新、适应控制、分析应对等综合表现能力）。

---

① 周如俊．职校技能型人才“技能素质”如何定位[N]．江苏教育报，2011-12-26(003).

② 周如俊．职业教育“多元整合课程模式”构建与实践[J]．继续教育，2015，29(7)：3-5.

③ 杨汉东．高职教育可持续发展人才培养几个关键问题思考[J]，职业时空，2012，8(5)：122-124.

④ 周如俊．基于CDIO审视中职校专业教育实施误区与应对之策[J]．江苏教育，2010(z3)：32-34.

（二）教育内容实施的失衡

职业教育可持续化发展是多种要素构成的统一体。现代职业教育更多是关注学生的全面发展、终身发展，更应重视学生学习能力、创新能力的培养，更加重视学生人格塑造和个性发展，培养学生终身学习能力、社会适应能力、实践动手能力、专业创新能力与生存发展竞争能力。当前一些职业学校人为降低公共基础课程与专业平台课程的教学要求，加大实践技能的培训力度，片面强调“就业教育”，实施所谓的为用人单位量身定做急需人才的“订单培养”，仅重视企业用人需要的职业技能等级证书资格考证教学。这种做法虽使学生与企业、产业、行业能实行有效对接，但是学生职业生涯持续发展后劲不足，创新能力与可持续发展的能力缺失。其后果是长期单一、机械的“制器”技能内容训练，熄灭了学生的创造性火花，导致了学生技能单一。学生现在是就业者，未来却可能是失业者，不利于学生适应未来职业岗位不断变化的需要。随着经济转型和产业升级，从业人员的职业发展稳定与高质量的就业，不是仅靠从业人员娴熟的技能，而是主要依靠他们的综合职业素质。因此，要正确处理好学生综合素质提高与职业能力培养的关系、文化基础教育与职业技能训练的关系、学生就业需求与可持续发展需求的关系、学生全面发展与阶段性发展的关系。

三、“即插即用”培养失衡问题

人工智能是新一轮科技革命和产业变革的重要推动力。基于大数据重大变化的信息新环境和发展新目标的智能技术，具有“深度学习”“跨界融合”“人机协同”“群智开放”与“自主智能”等特征。人工智能技术革命性的链式突破，使得几乎所有仅靠单一操作技能的传统行业都可能会被人工智能取代岗位。新知识新技术不断涌现并投入使用，掌握新知识新技术的人员与需要这种人员的岗位在不断重新组合，职业教育要培养学生一劳永逸的就业变得越来越不可能。因而需要培养学生有很强的适应性，具备“即插即用”能力，能够迅速迁移所学知识于新的环境，迅速更新知识以适应新生行业或职业的要求。职业教育在学生创新能力、迁移能力以及适应岗位变化能力的培养方面，水平还显得较低。

（一）课程体系构建的失衡

当前，国家正在推进“中国制造 2025”“互联网＋”等重大战略，以新技术、新业态、新模式、新产业为代表的新经济，对职业教育课程体系重构提出新的要求。职业教育要构建基于项目运作、融合现代制造业发展理念与相关领域知识的“产业＋”融合式课程体系，以传统制造业人才培养课程为基础，在保留原有制造业人才培养基本能力课程的基础上，融入“具有基于互联网、物联网和服务网运用的关键能力”培养，将本行业与制造业未来发展趋势的相关元素相融合，开发前瞻性强的未来制造业课程，体现工作过程结构的完整性（获取信息、制定计划、实施计划和评价反馈）、工作要素的全面性（工作任务、工作对象、工具、工作方法、劳动组织、工作人员与工作成果）和包含“工作过程知识”，推进课程的综合化、模块化和项目化，培养学生产业发展所需要的基本技能、职业素养和职业核心能力。① 但是实践职业教育课程体系构建中还带有传统的三段式课程体系痕迹，在时间跨度上导致理论与实践的脱节，表现为实践课程教学存在零散性、缺失交互式，如同断了线洒落一地的美丽珍珠，导致专业与产业职业岗位对接、专业课程内容与职业标准对接、教学过程与生产过程对接的间隔与“滞后”②。课程内容选择导向上，普遍存在公共基础课程的“应试之殇”、技能课程的“考证之殇”、精英课程的“应赛之殇”等问题。

（二）教学体系构建的失衡

人工智能化生产系统对职业教育培养的技术（技能）型人才带来“五大”剧烈冲击：人才结构趋向“分层化”、工作过程趋向“分工化”、技能操作趋向“高端化”、工作方式趋向“研究化”、服务与生产趋向“一体化”。职业教育教学体系构建要根据职业岗位任职要求、技术领域的内涵提升要求、岗位迁移能力要求，面向物理网、大数据的职业岗位技术要求，适应经济发展、产业升级和技术进步需要，启动“专业＋”人才培养模式，注重文化素质、信息化素养、职业精神等培养，体现技术（技能）型人才培养的融合性、跨界性。当前职业教育正努力构建以工作过程系统化为导向、以能力为本位、以职业实践为主线、以项目课程为主体、理论与实践相融合、教学内容与岗位需求相适应，体现终身教育理念、中高职相衔接的教学体系，但是实际教学体系建构中仍存在公共课基础课程与专业技能课程（专业基础理论课程，即平台课程；专业技能训练课程，即方向性课程）教学内容隔离分段安排，呈现为学生在校学习期间课程间断，校内实验实训教学与校外顶岗实习教学隔离。这样的课程内容编排与各自进程教学，违背了职业教育知识、技术（技能）形成规律与技术（技能）人才成长规律，割断各种知识、技术（技能）间的逻辑内在联系，不利于学生的技术（技能）养成。③

四、培养模式建构失衡问题

人才培养模式是标准化人才培养思想的应用化、具体化和操作化。人才培养模式是解决“如何培养人才”的问题，是职业教育人才培养的关键点与落脚点。培养模式决定了学生培养的基本取向，是职业教育一切教育教学活动的指南，决定着学生在知识、技能、素养等多方面是否能达到培养目标规定的人才标准与规格。培养模式构建是一个螺旋循环、不断优化提升的动态的运行系统，是“政行企校”多方联动“共同治理”的组织系统，具有工学性、系统性、多样性、动态性。人才培养模式改革和创新是当前职业教

---

① 周如俊. 中等职业教育人才培养策略“转轨”综述[J]江苏教育，2016(16)：21－25.

② 周如俊.“2.5＋0.5”学制分段后中职校实践教学体系的构建研究——以机电技术应用专业为例[J]. 江苏教育，2014(12)：66－69.

③ 周如俊. 中等职业教育人才培养存在的问题与“转轨”策略——基于“中国制造 2025”视域[J]. 职教论坛，2016(10)：26－32.

育发展的一个热点问题。智能化技术快速发展，取代了大量的传统操作技能，使得职业教育人才培养模式走向关注技术(技能)人才培养交叉融合的复合化趋势。如何培养复合型技术(技能)人才，才是智能化时代职业教育人才培养范式要回答的命题。

(一) 培养模式的建构失衡

培养模式是职业教育特定文化传承、发展、创新的过程，不是随便拼凑而成，也不是构成要素的简单叠加，而是经历一个长期实践、反思、磨合、提炼的过程，具有经过长时间职业教育理论和实践检验的稳定的结构关系。这种关系一旦形成后一般不易发生质的改变，而且深深地打上了具有普遍性的教育价值取向的烙印。在不同的时期，国家政策文件对人才培养目标与模式有不同的表述，每一种表述都代表着特定时期对人才培养的要求。职业教育培养“模式”在“产教结合”模式、“工学结合”模式、“工学结合、校企合作”模式、“工学结合、校企合作、顶岗实习”模式、“工学结合、校企一体”模式、“教产结合、校企一体、工学结合”模式、“产教融合、校企合作、工学结合”模式等变换中“前行”。培养模式是当前职业教育中使用最频繁、用词最混乱的术语，许多“做法”和“特点”大都被无区分地向人才培养模式“筐”里装，但最缺失的就是对模式构建思想(理念)的哲学观照，因对其缺乏辩证思考、缺失教育思想而暴露出一些问题：模式定位不准、思路不清、特征不突出；模式的界定与提炼缺乏深度；模式“形式重于实质”，如“为改而改、改而不用”；模式过于求“特”求“异”而失去特征。[①] 职业教育人才培养模式建构的核心是必须关注人的发展、服务于人的成长，并随时代的变迁而改进。

(二) 教学模式的建构失衡

教学模式是一定理念指导下的教学行为规范。当前职业教育教学模式“新生态”，要以“人的智慧成长”为导向，关注人才培养趋势：操作性职业与专业性职业交叉融合、操作性职业之间的交叉融合、各类职业之间的边界变得模糊。[②] 培养复合型技术(技能)人才，是智能化时代职业教育人才培养模式与教学模式要回答的命题。职业教育要借助人工智能技术推动学习环境、教学方式和教育管理等方面向智慧教育转型，构建与人工智能时代相适应的智慧教学体系，利用智能技术对学习环境、学习内容、教学方式、管理模式进行系统化改造，为学生提供富有选择、更具个性、更加精准的智慧教学，最大限度地满足学生的发展需要。为此教学环境要从“教学工厂”向“学习村落”转变，学习方式要从“学以致用”向“用以致学”转变。[③] 然而当前职业教育教学改革的一种极端倾向就是“模式思维”与朝三暮四的教改“钟摆子”(学“项目教学”的实践，仿“任务驱动教学”的路径，摹“理实一体教学”的融合，搬“校企结盟”教学的方式)，管理者也在借鉴学

---

① 周如俊. 中职示范校人才培养模式构建的实证研究[J]. 江苏教育研究，2014(36)：64－69.

② 徐国庆，伏梦瑶. “1＋X”是智能化时代职业教育人才培养模式的重要创新[J]. 教育发展研究，2019，39(7)：21－26.

③ 曹培杰. 智慧教育：人工智能时代的教育变革[J]. 教育研究，2018，39(8)：121－128.

习和忙忙碌碌管理中逐渐没有了自己的管理思想，泯灭了自己的管理个性，丧失了管理的真情[①]。面对简单性模式思维下的职业教育课程与教学弊端，职业教育课程目标要走向统一性和多样性相结合，课程设置要走向统整与融合，教学实施要走向有序预设与无序生成相融合，教学评价要走向多元与开放。[②]

第二节 "技道融合"主张的内涵深度诠释[③]

"技"乃学生生存意义所在，"道"乃学生生命价值所系。职业教育人才培养目标是什么？其教学最高境界又是什么？"技以载道"，遵循职业教育、技术（技能）人才成长和学生身心发展规律，培养德技并修、知行合一以及敬业乐群等工匠精神的价值追求，是职业教育人才义不容辞的重要使命。当前职业教育人才培养和产业需求存在"两张皮"问题，学校与企业协同育人存在"两隔离"现状，教学过程与生产过程存在"两脱节"顽疾，技术（技能）培养与职业精神培养存在"两分离"现象，细究其原因也许是多方面的，但是其根本性问题可能出在技术层面走得有些快了，技术（技能）创造能力和活力逐渐淡化乃至逐步丧失，人才培养失去"技以载道"的功能，导致教学"灵魂"跟不上，出现重视"成器"教育、忽视"成人"教育的尴尬境遇。职业教育教学的"灵魂"核心在于"技道融合"，培养"德技并修"、全面发展的人才：不能仅仅承担技术（技能）训练的功能，同样需要着眼于学生可持续发展，以"技道融合"主张为指导，以"技"体"道"、以"技"明"道"，施行发展个性、触及灵魂的教学。

一、"技道融合"主张的逻辑意蕴

随着产业结构升级与调整，社会与经济对职业教育培养高素质劳动者和技术（技能）型人才提出了新的要求，但是"制器"育人还是职业教育人才培养实际操作模式，技术（技能）培养与职业精神培养存在脱节的"窘态"。"技道融合"就是在此背景下提出的职业教育人才培养的一种教学主张，是对"立德树人、全面发展"育人方针的呼应。逻辑是对教学主张认识的规范，也是对教学主张进行理性思维的方式，涉及到教学主张的正确性和有效性，可以从产业、社会、教育等三个方面来诠释职业教育"技道融合"人才培养的教学主张的逻辑意蕴。

---

① 周如俊."教学主张"：中职校课改管理的缺失与对策[J].新疆职业教育研究，2012，3(4)：57－60.

② 赵文平.职业教育课程改革走向：基于复杂性思维的审视[J].厦门城市职业学院学报，2012，14(2)：5－8.

③ 选自拙作（入编时略作增删）：周如俊."技道融合"教学主张：逻辑意蕴与实践操作[J].职业技术教育，2019，40(16)：23－29.

（一）产业逻辑：“唯技偏修”走向“德技并修”

当前职业教育提高职业技能和培养职业精神存在“隔离现象”。新时代智能化生产系统对职业教育技术（技能）型人才培养带来剧烈冲击，现代产业员工的工作必然不再是简单的制造而是更好地去创造，培养员工好奇心、批判性思维、道德判断、职业品质等软技能比硬技能显得更重要。新时代职业教育“技道融合”主张的产业逻辑：从规模培养走向质量培养，从“唯技偏修”走向“德技并修”。《国家职业教育改革实施方案》（国发〔2019〕4号）、《国务院关于加快发展现代职业教育的决定》（国发〔2014〕19号）、《教育部关于深化职业教育教学改革全面提高人才培养质量的若干意见》（教职成[2015]6号）等文件，都明确了职业教育要“健全德技并修、工学结合的育人机制”，培养学生具有现代社会与经济所需要的工匠精神、职业道德、职业技能和就业创业能力。“技道融合”：“把提高学生职业技能和培养职业精神高度融合”——职业教育有必要构建常态化、长效性的职业精神培育机制，增强学生对职业理念、职业责任和职业使命的认识与理解。

（二）社会逻辑：“功利培养”走向“品质培养”

当前职业教育办学评价和教学实施存在“功利现象”。高素质的人才既要有高超精技，更要有高尚的职业品质。十九大报告中强调“建设知识型、技能型、创新型劳动者大军，弘扬劳模精神和工匠精神，营造劳动光荣的社会风尚和精益求精的敬业风气”，新时代职业教育“技道融合”主张的社会逻辑：从功利教育走向工匠培育，从“技术（技能）制造”走向“技术（技能）创造”。然而当前“技能大赛”的“胜者王侯”和“就业率虚高”的“质量评价”等隐性导向在一定程度上导致职业教育人才培养过程是物化的、机械的和功利的“流水线”速成，违背了技术（技能）型人才培养规律、学生身心发展规律，导致职业教育教学中普遍缺失对敬业、精益、专注、创新等方面不断突破自我的工匠精神的品质培养。“技道融合”：“追求技术（技能）的愿望和对技术（技能）不断追求的过程比技术（技能）本身更重要”——职业教育培养学生不能仅仅为适应行业、职业、岗位发展的需要，更要丰富学生自己的内心世界与树立“敬业乐群”“忠于职守”的价值追求，把工作与学习看成修行，提高心性、修炼灵魂，养成一生的信仰和追求。

（三）教育逻辑：“片面发展”走向“全面发展”

当前职业教育人才培养策略和价值导向存在“失衡现象”。“技艺授受”虽是职业教育的育人本质，但是职业教育不能仅仅把学生当成技术（技能）的容器，也应担负着解放学生、完善学生、提升学生并赋予学生以人性素质的全面发展的责任。习近平总书记在全国教育大会上特别强调了教育的全面发展理念，“培养德智体美劳全面发展的社会主义建设者和接班人，加快推进教育现代化、建设教育强国、办好人民满意的教育”，新时代职业教育“技道融合”主张的教育逻辑：从片面发展走向全面发展、从“制器培养”走向系统培养，以立德树人为育人根本，关注学生德智体美全面发展。然而当前职业教育普遍存在以“技”盖全现象，轻视“德”的培养，导致学生知识与技能面狭窄，在人格、个性、操守等方面的培育存在缺陷，主要表现为：存在“技能唯上”的工具性教育问题，缺失非功利性“博雅主义”的个性化培养；存在公共基础课程的“应试之殇”、技能课程的“考证之殇”、精英课程的“应赛之殇”等问题，缺失体现个性化发展的菜单式“课程超市”；存在“知识＋技能本位”等翻版式“知识本位”的教育问题，缺失核心素养本位的可持续发展培养。“技道融合”：立德树人、“德技并修”、系统培养、多样成才、全面发展——职业教育要把“德技并修”机制融入教育教学全过程，突出敬业守信、精益求精等职业素养、职业精神教育。

二、“技道融合”主张的理论基础

职业教育人才培养目标是什么？其教学最高境界又是什么？这是笔者从事职业教育近30年来一直在思考的问题。在研究教学实际的基础上，立足技术（技能）型人才“德技并修”育人导向与培养现代社会需要的工匠精神的时代呼唤，提出职业教育教学“灵魂”核心在于“技道融合”。“技道融合”人才培养的教学主张，不仅是针对职业教育实践中技术（技能）培养与职业精神培养存在脱节的“窘态”的应对之策，也是新时代背景下社会与经济对职业教育培养高素质劳动者和技术（技能）型人才提出的新的要求。探寻“技道融合”主张的理论基础，也有极其丰富的学理意蕴。

（一）“设计导向”教育思想

“设计导向”职业教育思想产生于20世纪80年代，代表人物是著名的德国不来梅大学技术与教育研究所所长劳耐尔（Felix Rauner）教授。“设计导向”思想的基本含义在于：职业教育培养的人才不仅要有技术适应能力，而且更重要的是本着对社会、经济和环境负责的态度，有能力参与设计和创造未来的技术和工作世界。“设计导向”的思想目的主要是满足企业对产品质量和创新能力不断提高的要求，学习内容不局限在技术（技能）的功能方面，而是把技术（技能）发展作为一个社会过程来看待，让学习者对技术（技能）有一个全面的理解，学习者针对来源实践的开放性学习任务独立设计解决问题的策略、尝试解决问题并评价。“设计导向”的思想内容主要包括两个部分：一是对“工作和技术的设计”。职业教育既依赖于技术和工作组织形式，又是独立于这两者之外的独立变量。学生职业能力培养活动会对社会与产业产生影响，在一定程度上规划和设计技术的发展。职业教育要有意识推动人才培养对生产组织发展和技术进步的促进作用，实现从“适应导向”向“设计导向”的战略性转变。二是推动学生“设计能力”的发展。职业教育人才培养目的要满足企业对产品和员工创新能力的要求，不仅要培养学生学会独立设计解决问题的策略并尝试解决问题，还要确定评价标准进行评估与反馈。①

职业教育不能仅仅承担技术（技能）训练的功能，还要着眼于学生的可持续发展。“技道融合”人才培养的教学主张是对“设计导向”职业教育思想的“扬弃式”优化。职业教育对人的培养目的不能仅定位于“工具”“制器”的简单劳动者，而是技术和工作的参

---

① 赵志群，王炜波. 德国职业教育设计导向的教育思想研究[J]. 中国职业技术教育，2006(32)：62－64.

与者和设计者。职业教育教学内容核心是“构建技术与自然环境和社会环境的和谐社会”工作方法、工作内容和工作过程，具体包括技术与工艺、技术的历史与价值、技术与社会劳动、技术与环境等内容，倡导学生积极参与职业活动计划与实施，学习解决问题和展示的技术，在给定的设计时空内完成工作任务，实现学习和工作一体化。[①]

（二）核心技能课程理论

核心技能课程理论是新职业主义的核心理论，是整个新职业主义理论体系的支柱。当前在知识论和知识管理领域，随着学界对技能（技巧、诀窍）、经验、态度、信仰乃至默契等隐性知识研究的深入，技能类隐性知识受到空前重视。目前世界范围内经济、技术、社会、文化深刻变化带来了职业生活的深刻变化。新职业主义认为，知识社会的深刻变化带来了职业生活的深刻变革：一是职业技能“智能”因素增加。非熟练、半熟练工作大量减少，知识型工作大量增加，工作的完成更多地依赖个体的知识、判断能力、问题解决能力，以及对工作的积极态度。二是职业技能“折算”与更新速度加快。技术更新速度加快，导致工作类型和工作内容更新速度加快。固定工作减少，部分时间制工作增加，职业流动加快。三是职业技能“工作范围拓宽”。技术革新造成许多工种合并，使得工作范围拓宽，在现代职业生活中，同一岗位上的个体相对以前来说要做更多的工作。四是职业技能“合作”能力要求较高。现代职业更多的是一种组织的工作，要依靠群体合作来完成，而不是靠个体独立工作来完成[②]。显然，当前一些狭隘的、以“制器”为单一培养模式的职业培养目标的失衡导向难以适应当代职业世界的技术变革与产业对智能技术人才的培养需要。新职业主义的核心技能课程理论应运而生，尽管其理论自身也存在许多问题，但仍不失为目前最重要的职业教育课程理论之一。

新职业主义核心技能课程理论对职业教育“技道融合”人才培养的教学主张的启示如下：职业教育人才培养不是训练人的机械性技艺，而是要为个体未来的职业生活做准备；职业教育不能仅是针对每一项具体工作进行的培训，而应是“职业导向”的教育，为学生个体与他未来的职业生活之间架起一座通畅的桥梁。职业教育应传授给学生职业世界中共同的、普遍的、核心的知识，即核心技能，而不是狭义的技巧、技能、技术。职业教育培养人才要具有普遍性、可迁移性和工具性：“普遍性”是指这些技能是职业生活中普遍存在的；“可迁移性”是指一种工作能力的学习会促进另一种工作能力的学习；“工具性”是指这种技能是实用的，与职业密切联系的，而不是学术性的。[③]

（三）能力结构理论

能力结构（structure of ability）是指构成能力的诸要素相互联系的方式。能力可分为一般能力和特殊能力两种。前者是完成各项活动均需具备的。后者指从事某种专业活动

---

① 姜大源.当代德国职业教育主流教学思想研究[M].北京：清华大学出版社，2007：1－21.

② 徐国庆.新职业主义核心技能课程理论研究[J].外国教育资料，2000(3)：52－54.

③ 文技，王小平，许晓林.技能的内涵与置位[J].济南职业学院学报，2008(6)：5－8.

必需的能力。能力结构理论主要有“因素构成”理论、“三维结构模型”理论、“层次结构”理论、“多元智力”理论等学说。能力结构理论丰富了“技道融合”人才培养的教学主张的内涵。第一层次理解：根据传统的教育学和心理学的认识论，常以智力活动与肢体活动的差异作为标准，将技能分为动作技能和心智技能。动作技能是“对环境产生直接影响的熟练而精确的身体运动能力”。心智技能是指“运用概念和规则办事的能力”，或者指“在头脑中对各种信息进行加工”的技能。但是这种分类虽然重视技能差异，可惜却在操作上“把技能与认识纠缠在一起，模糊了技能的本质特征”。① 第二层次理解：依据人的本领结构分类，职业教育培养学生的知识与技能是相辅相成的，知识与技能共同组成学生生命个体的知能。知能中“知识”是思想的本领，“技能”是行动的本领；知能中“知识”的价值在于用思想认识世界、认识自我，“技能”的价值就在于用行动改造世界、改造自我。

能力结构理论对职业教育“技道融合”人才培养的教学主张的启示：知能在本质上起源于人的社会实践与思想智慧，知能中的技能主要对应于实践操作，而知能中的知识对应于思想认识。结合现代的劳动分工和人力资源的存在论，以社会通用性的强弱作为分类标准，可将知能分为普通知能和特殊知能。普通知能，是在专门的职业领域，“以动手能力为核心的操作技能，它是人类在长期发展进化的过程中‘制造和使用工具’、从动物中分离出来所依赖的、最能够体现人的本质特征的根本性知能”，主要细分为：基于经验的一般知能与基于策略的高级知能。特殊知能，是在特殊的职业领域，在普通知能之外的“其他超常规知能，这些知能既需要一定的禀赋，也需要特殊的后天训练”②。可见，能力结构理论视角下，职业教育的技能培养，无论如何进行分类，技能发展大都呈现“三段式”规律：第一个阶段——动作技能的协调阶段；第二个阶段——智力技能的深化阶段；第三个阶段——两种技能统一的技巧阶段。③ 在此基础上，理解“技道融合”人才

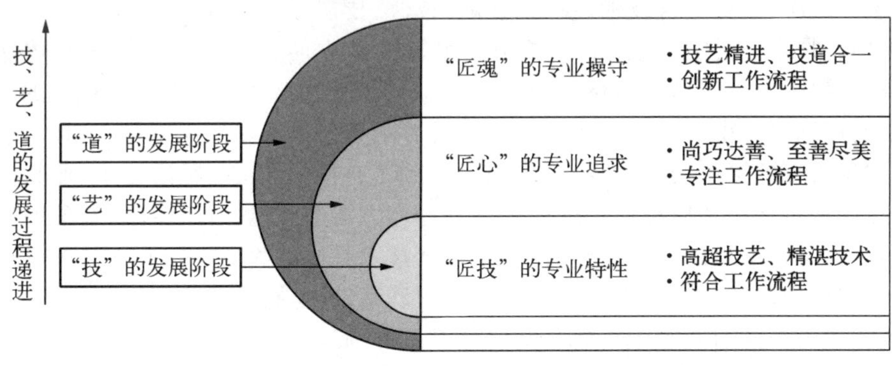

图 1-2-1 “技道融合”人才培养的教学主张内涵的发展层次

① 姜大源．技术与技能辨[J]．高等工程教育研究，2016(4)：71-82.
② 张振元．技能分类若干问题新探[J]．职业技术教育，2007，28(28)：5-10.
③ 陈几，陈昌曙．关于技能的哲学思考[J]．社会科学辑刊，1990(3)：13-18.

培养的教学主张内涵就是：职业教育的知能（技能与知识）具有具身性、亲知和动态觉知等认知特征，职业教育人才培养需要以“技”体“道”、以“技”明“道”，用“活动”或“行动”在真实情境中的训练、体验、浸润而获得，需要“做”与“思”、“手”与“脑”交互为用。

三、“技道融合”主张的内涵界定

概念是主张的思维工具。从中国的古代哲学透视现代职业教育“技道融合”人才培养呈现的三个境界：“技”“艺”“道”（如图 1－2－1 所示）。“道”是“技”的灵魂，只有学生在技术（技能）操作中直觉体悟“技”和“艺”之后，经过自己的潜心、耐心、精心、敬心的磨练，方可进入以“道”统“技”、以“道”升“技”的境界，最终实现“技道融合”。先秦道家学派代表人物庄子的《庖丁解牛》的“臣之所好者，道也，进乎技矣”，近代中国“睁眼看世界”的先行者之一魏源的“技可进乎道，艺可通乎神”等观点，都为现代职业教育诠释了“技道融合”人才培养的教学主张内涵：“道”，即天地规律。职业教育归根结底都是培养人的教育，“技道融合”中之“道”，不仅仅可以理解为学生对技术（技能）的娴熟掌握、运用，还包括人的思想情感培育，培养学生对所从事的技术操作工作的崇尚、执着乃至痴迷的“工匠精神”。“技”与“艺”融合、“技”与“美”融合、“技”与“理”融合，培养学生成为具有真正人格的个体，这才是“技能融合”主张普适性的重要体现，也是工匠精神生成的内核所在。

（一）“技”之内涵

《新华字典》（第 11 版）释“技”之义：“技”，形声。从手、从支，支亦声，“支”意为“支撑”。“手”与“支”构字，即指“一种维持生活的手艺，它像人的四肢可以支撑本体那样支撑人的生活”。故“技”本义：人赖以谋生的手艺。从构字本源看，“技”是职业教育人才培养的第一层次，主要包含技术、技巧、技能、技法、技艺等之义，即培养学生拥有一定的手艺、本领。技术、手艺、本领，是工匠赖以生存的基本能力。对职业教育具体实践而言，所谓培养学生“技能”，应是技术与技能的总称。职业教育实践中原本理解的所谓技能，是指通过练习获得的自动化操作动作。随着学界对技能、经验、态度、信仰乃至默契等隐性知识研究的深入，技能类隐性知识也受到了空前重视。[①] 所谓技术，原指根据生产实践经验和自然科学原理而发展成的各种操作方法与技能。随着人工智能时代发展与智能制造提升，在界定技术内涵时，不仅强调技术是人造物，是技巧，而且非常强调技术中的知识原理成分。技术本质上是一种过程和活动，是指在技术目的指导下对知识、能力、技能和工具的有机整合，而不仅仅是某一个孤立、静态的物理要素。[②] “设计导向”职业教育思想对“技术”的理解有“五维度论”，即工艺的维度——关于技术的结构、功能与构成的学说；历史形成的维度——关于技术作为历史过程陈述的学说；使用价值

① 文技，王小平，许晓林. 技能的内涵与置位[J]. 济南职业学院学报，2008(6)：5－8.

② 徐国庆. 实践导向职业教育课程研究：技术学范式[M]. 上海：上海教育出版社，2008：44－49。

的维度——关于技术及其应用物化的目标和价值的学说;社会工作的维度——关于技术作为社会工作的结果、手段与条件的学说;生态的维度——关于技术作为生态循环要素的学说。可见,技术(技能)不能被片面化理解为培养学生掌握制器的工具应用能力,而是学生“性命存在所系、生命的生存意义之系”,职业教育要着力培养学生“匠技”——体现出极强的专业特性,即培养学生高超技艺和精湛技术,培养学生默默坚守、乐于奉献、孜孜以求的不舍精神,专注执着的品质,崇高的职业责任感和使命感。

新时代职业教育对“技”之内涵理解有了新的认识:“技”是指在一定的学习目标指导下,通过课内外训练与职业实践活动,根据所拥有知识和经验反复练习而获得规则性动作系统,是由外显的肢体操作动作体系和内隐的认知活动体系所构成的组合系统。首先,“技”表现的是学生在学习中的一种活动方式。这种方式可以是外显的、展开的动作的操作技能,也可以是内隐的、简约的、心智的认知技能。其次,“技”呈现的是学生学习中的一种获得方式。这种获得方式要在已有的知识和经验的基础上经过反复训练,具有专注精神,通过后天努力而形成。第三,“技”体现的是学生在学习中建构的一种系统。这种系统是在一定学习目的指引下形成的一系列的动作组合和动作系统。①

(二)“艺”之内涵

百科释义:艺,从丮从埶从云。“埶”是个会意字,在甲骨文中像一个人的双手捧着一棵树苗,树下有土,表示种树于土之义,是种植的行为。艺的本义为栽树,泛指种植。种植在古代可以说是一种非常重要的生活技能,所以艺又可以引申指某种特殊的才能或技术,泛指各种技术(技能),隐含着“工艺、技艺、文艺、艺人、艺术”之意;有时也指“富有创造性的方式、方法”,诸如“艺苑奇葩”“艺高人胆大”“重艺”“新艺”等表述。从“艺”的创造性、审美性的释义视角看,“艺”是职业教育人才培养的第二层次(有时与第一层次很难区分,也可能包含在第一层次中):主要指学生从技术(技能)的活动中形成的工艺的审美、工艺的创造与对技术(技能)活动的“尚巧达善”的追求。工匠在技巧和艺术方面至善尽美的创造性,正是源于工匠对工作的一丝不苟、精雕细琢。职业教育教学实践中过去、现在或多或少地存在一种较强的制器式“技能”培养导向性,以具体职业岗位的应用技能培养为主线,过分强调外显的、展开的动作的操作技能的训练。有一段时间,这种教育思想被推向极致。其制器式、制具式的技术至上、实用主义和功利化的人才培养导向的后果就是淡化学生的创新能力与可持续发展能力的培养,培养的学生“高不成低不就”,家长不认可、企业不欢迎、社会不满意。作为技术(技能)型人才培养的职业教育要注重培养学生“匠心”——体现为具有强烈的专业追求。工艺活动应成为职业教育人才培养的一种教学方式,技术(技能)活动在实用性基础上更要体现善美诗性的和谐统一。换言之,职业教育技术(技能)活动中应培养学生具有一种独到灵巧的心思,培养学生内心深处倾注最丰富的精益求精、不断创新的职业情感,让学生在集真善美为

① 崔仁泉.现代技工教育体系探索[M].北京:中国劳动社会保障出版社,2011:124-125.

一体的诗意制作或创作过程中，领悟到生命存在的意义和追求精品自由的真谛。

新时代职业教育对“艺”之内涵理解，有了新的诠释：“艺”是指在一定的教育理念指导下，通过课内外训练与职业实践活动，培养学生在掌握技术（技能）的同时应具有的人类审美、创造的情感的工艺与艺术。通过对学生“艺”的培养，使学生成为一个更完整的全面发展的人。首先，“艺”表现的是学生在学习活动中的一种工艺审美。它作为一种内化于世界观和方法论之中的审美理念，与伦理精神、科学精神一样，是提升学生思想品质和境界的不可或缺的精神给养。通过培养学生对实践活动中作品或职业活动中产品的审美能力，激发学生对自身“技”追求的内驱力。其次，“艺”呈现的是学生学习活动中的一种工艺创造。无论是专业知识学习还是专业技能的获得，其背后都有丰富的技术人文的神髓与审美价值观。这种工艺的创造养成，启发学生领悟职业活动之美的意识和能力，体现的是一种审美和享受、一种“踌躇满志”的成就感、一种“游刃有余”的自由感体、一种善美诗性的创造性和谐统一。

（三）“道”之内涵

“道”最初含意是人们熟悉的“道路”。据考“道”，从象形字构字看，上为“首”（一个头，象征一个人），下为“走”，朝着道路上的某处走。由此可看出，“道”与“路”区别就在于：“路”是实物形态的东西，而“道”更多表示的是道路的功能，即能使人在头脑支配下由此处走向彼处。作为中国哲学范畴的“道”，并非指实在的路或行走过程，也不限于各种具体的操作途径或方法。一旦形成各种具体的操作途径或方法，就是“技”或“术”，就不能称为“道”了。道是自然的本原及规律，从现代技术哲学视角看，“道可道，非常道”。现代职业教育教学活动中的“道”，应指实际技术（技能）操作活动之中的无形的、合乎事物自然本性的最优途径或方法。这种途径或方法隐含在学生的现实工作与学习活动之中，看似无形，却非常重要，具有深不可测的创造潜力。可见，“道”是职业教育人才培养的第三层次，也是人才培养的最高层次，主要包含法则、规律、道理、道德、道义、正义，主要包括职业精神、职业素养、职业承诺、职业智慧、职业思想、职业情感。职业教育要突出培养学生“匠魂”——体现为具有坚定的专业操守，对工作的敬畏、入魂，达到人与物的高度契合。“技可进乎道，艺可通乎神”，职业教育技术（技能）活动培养，教给学生的不仅仅是技术（技能）本身，还有技术（技能）养成达到技艺巅峰后的创新能力、求真（求精）精神，再深入一步学生就能享受到“道”之乐，即天地规律。

新时代职业教育对“道”之内涵理解，有了新的思考：首先，“道”隐喻的是学生在技术（技能）获取中领悟到的一种自然的本原及规律（法则、规律、道理、道德、道义、正义），主要表现一种职业人文（职业精神、职业素养、职业承诺、职业智慧、职业思想、职业情感）。职业教育传艺更要传神。“道”体现的是学生在技术（技能）获取过程中形成的一种技术精神，由技术性质所决定并贯穿于技术行为之中的基本的精神状态和思维方式，主要包括探索技术原理的求真精神、理论联系实际的务实精神、勇于开拓的创新精神、追求效益的功利精神、注重伦理的理性精神、团结互助的协作精神等①。主要表现为一种专业操守,表现为对工作的敬畏、入魂,达到人与物的高度契合。

第三节 “技道融合”主张的学理多维解读

学理是主张理论上的解释。“技道融合”人才培养的教学主张提倡职业教育人才培养要引导学生在学习技术的过程中去感悟生命的律动,实现自身的身心健康水平与技术(技能)水平同时提高,克服技术的异化,纠正现代人过于注重物质利益、为物所累的偏向,促进学生的全面发展。现代职业教育人才培养是从新手到熟手、到能手、到高手、到专家不断提升的过程,每提升一步,其蕴含的“技道融合”的内涵更加丰富,体现在促进学生在价值感、道德感、劳动习惯、工匠精神等方面完满人格的构建。从哲学维度看,职业教育“技道融合”人才培养的教学主张体现为“融技于道”,教师教给学生技术(技能)本身的同时,还要培养学生技术(技能)渗透生命后的行为素养;从技术维度看,职业教育“技道融合”人才培养的教学主张体现为“融道于技”,教师教给学生技术(技能)本身的同时,还要培养学生技术(技能)养成习惯后的创新能力等行为品质;从科学维度看,职业教育“技道融合”人才培养的教学主张体现为“技道合一”,教师教给学生技术(技能)本身的同时,还要培养学生人文启蒙理性后的求真求精的精神。

一、哲学维度下“技道融合”

哲学维度下“技道融合”揭示的是人才培养“由技至道”“融技于道”内涵。道是超越具体的操作途径或方法的“技”的理想境界。职业教育人才培养中要寻求各类技术(技能)活动中各要素关系的和谐,主要包含“五大关系和谐”:学生与所使用工具之间的和谐;学生在技术(技能)培养中身心活动的和谐;技术(技能)应用中生与生、生与师、生与物等人际关系之间的和谐;技术(技能)活动与社会之间的和谐;技术(技能)与自然的和谐),形成合乎技术(技能)活动或生产操作中自然本性的、合理的、最优的途径或方法。② 职业教育人才培养中各种具体的途径与方法都是对一些系列步骤或环节中的操作者、工具与对象等要素之间的具体规定、遵守、坚持,即培养学生对技术(技能)活动或操作的精益求精、追求极致的工匠精神。哲学维度下审视“技道融合”人才培养的教学主张,“技与道”体现为“四个”层面:作为“人工物”的技术——主要包括装备、工具和机器等;作为“知识”的技术——主要包括技巧和技艺、技术规则等;作为“过程”的技术——主要包括设计、生产、运行、操作和维修等;作为“意志”的技术——主要包括生存

---

① 余大庆.职业教育传艺更要传神[N].光明日报,2014-02-25(014).

② 王前.“由技至道”——中国传统的技术哲学理念[J].哲学研究,2005(12):84-89.

意志、控制和效率意志以及工人的自我实现意志等。①

(一) 第一层面:技术(技能)的"人工物"的层面

人工物是人的行为意图的产物,是基于一定功能目的而被设计、制造的物质客体。从技术哲学视角,技术的人工物定义为"通过技术实践活动而生成的存在物,是人工自然的一部分"②。技术人工物绝不只是符合目的或功能承担的工具,而是能够展示出它在设计、生产、使用和背景方面的深度实在性③。作为人工物的技术是工匠精神的生成起点,人工物与自然物最大的不同是人工物中蕴藏着人的意志和思想,工匠精神是工匠在长期创造人工物的过程中凝结的精神品质。由此,联想职业教育人才培养实践活动中作品或生产活动中产品的制作运用的技术(技能),"人工物"的技术(技能)表现为:第一个层次是娴熟地学会使用工具和充分地认识实践任务或职业活动的性质;第二个层次是作品或产品制作或生产中学生应有独到的体会和技艺;第三个层次就是对作品或产品的抽象和整体把握,可以根据生产要求自如地造出符合用户特点的、令用户满意的、既经济实用又美观耐用的产品。达到第三个层次的学生的技术水平一定已从循规蹈矩的必然王国进入到自我实现的自由王国之中,也就是达到了技术(技能)的哲学层次,体现为人工物的技术(技能)的"技道融合",也就是到达了工匠精神的生成起点。工匠精神的载体主体要素——工匠、生成要素,制作或工作的过程、工匠精神的表征要素——精神品质④。职业教育人工物第三层次工匠精神的精神品质(精益求精、敬业奉献、一丝不苟、敢于创新等),正是"技道融合"人才培养的教学主张内核所在。职业教育要培养学生的精益求精、持之以恒、爱岗敬业、守正创新的精神之道,必须引导学生从学会专注入手,从对生命的感悟中深化,锻炼学生内心恬静、专注工作的能力,保持身心舒畅的状态,逐步体会实现"道进乎技"的要求;⑤培养学生从"工具理性"走向"实践理性",完成学习者知识目标、技能目标和素质目标的整合;培育和传承工匠精神,让学生感受人工物的结构与功能,并与生产者进行思想互动,实现学生高度个性化的经验策略以及完整的"结构性思维""关系性思维",⑥实现知识和能力的迁移,这也是技术之道。

(二) 第二层面:技术(技能)的"知识"的层面

知识是指人们在改造世界的实践活动中所获得的认识和经验的总和。⑦ 美国技术哲学家米切姆对技术知识作如下定义:"关于人工物的制作和使用的真实信仰可以通过技能、格言、法则、规则或理论的诉求来得以验证,并产生了各种不同种类的作为知识的

---

① 任玉凤,罗朝慧.米切姆的技术类型学概念框架解读[J].科学技术与辩证法,2006(6):75-77.

② 叶路扬,吴国林.技术人工物的自然类分析[J].华南理工大学学报(社会科学版),2017,19(4):56-61.

③ 李三虎.技术符号学:人工物的意义解释[J].自然辩证法通讯,2018(7):106-114.

④ 肖龙,陈鹏.技术哲学视域下工匠精神的生成及培育[J].职教论坛,2016(34):15-20.

⑤ 鲁彬之,刘恒,王同军.高技能人才养成之"道"[N].中国教育报,2017-10-10(010).

⑥ 蒋祎.工匠精神的内涵解构:基于技术哲学的视角[J].职教通讯,2018(4):51-57.

⑦ 倪文杰等.现代汉语辞海[M].北京:人民中国出版社,1994:1562.

技术。"[①]从中国传统文化背景下的技术哲学视角审视技术知识,"技"是绕不开的字眼。"技"与"道"是技术哲学的主线,而"技"为通往"道"的途径与基础。古代中国的"技"具有丰富的内涵,"上治人者事也,能有所艺者技也。技兼于事,事兼于义,义兼于德,德兼于道,道兼于天。"庄子认为技艺是"人达于道、达于天"的基础,只有拥有"技",方能与人的精神形而上地产生关联。而作为精神品质存在的工匠精神也是由"技"形而上超越具体的事物所达到的。[②] 无论是中国传统文化背景下技术哲学"由技悟道"的形而上,还是西方技术哲学认为的"任何技术知识都是基于目的性或意向性的,它是认知与意向的统一、工具理性与目的理性的统一",作为知识的技术以实践为基础,以目的和意向为指导,关联着工匠的手工劳动与精神品质,蕴含着工匠精神生成的可能。[③] 这也是"技道融合"人才培养的教学主张对"技与道"关系的一个方面的理解。职业教育培养学生的技术(技能)知识形态(理论形态、经验形态)中相当多的经验形态存在于学生的大脑或身体操作中,并在特定的情境中通过实践呈现。工匠精神等技之道的生成离不开精湛的技艺,而精湛的技艺不只是大量的训练,还需要以对一系列的技术过程的理解为基础。在当前新产业、新业态、新技术、新产品、新知识、新模式层出不穷的时代,职业教育人才培养要注意引导学生发现技术的知识规律,并尊重规律、把握规律、运用规律,把对工匠精神等"道"的追求,融入到技术学习、技能培养之中,由术达道,以道化术,才能达到出神入化的地步。

(三)第三层面:技术(技能)的"过程"的层面

作为"过程"的技术是一种包含着时间与空间维度的,同时也包含着人的实践活动的演化。技术在宏观、中观、微观层次上的"过程"有三种表现(如表 1-3-1 所示)[④]:从宏观意义上技术(技能)的"过程"呈现为抽象化技术,技术作为一个动态性的过程,包含着对人类价值的理解和判断,技术正是在自然、社会各种因素制约下,在与人的价值矛盾冲突中不断进步;中观意义上技术(技能)的"过程"呈现为"技术集群"概念,伴随着技术复杂性的程度越来越高,技术的发展不再分立而不相干,而是彼此重叠交错,产业技术正是在这种整合与互动中不断发展变化着,这也是作为"过程"的中观意义上的技术在空间维度上的展现;微观意义上技术(技能)的"过程"呈现为具体化技术,产品技术与过程技术的相互作用,产品创新与过程创新的互补替代,则构成了微观意义上"过程"性理解在空间维度上的展现。[⑤] 基于过程论的视角审视技术,为"技道融合"人才培养的教学主张开创了一番新的研究天地;从过程论的视角审视"道"之工匠精神,也为工匠精

---

① 卡尔・米切姆.通过技术思考:工程与哲学之间的道路[M].陈凡,朱春艳译.沈阳:辽宁人民出版社,2008.

② 王前."道""技"之前——中国文化背景的技术哲学[A].辽宁省哲学社会科学获奖成果汇编(2009—2010 年度).2013.

③ 陈向阳.走向澄明之境——技术教育的哲学视域[M].北京:高等教育出版社,2015:101.

④ 章琰.作为"过程"的技术[J].自然辩证法研究,2004,20(3):77-81.

⑤ 陈红兵,陈昌曙.关于"技术是什么"的对话[J].自然辩证法研究,2001,17(4):16-19.

神带来了新的时代表征,职业教育人才培养不再是单纯地强调技艺娴熟,而是从"实践的推理"出发,重视创造性思维和问题解决能力的培养,真正实现手与脑的结合、技艺与"匠心"的统一。因而,"技道融合"的教学主张中,工匠精神培养之道的生成离不开作为过程的技术。

表 1-3-1 哲学维度下技术在宏观、中观、微观层次上"过程"的表现

	宏观意义	中观意义	微观意义
技术表现	抽象技术	技术集群(现实技术)	具体技术
存在形式	社会技术	产业技术	企业技术
时间维度"过程"表现	技术进步、进化	产业"价值链"上的技术转移与技术扩散等	技术生命周期
空间维度"过程"表现	人—技术—自然—社会	共性技术—核心技术—基础技术—相关技术	产品技术—过程技术 产品创新—过程创新

(四) 第四层面:技术(技能)的"意志"的层面

技术不仅是简单的工具或知识体系,技术作为人的本质构成说明了技术中包含着人的目的和价值判断,某种意义上讲,技术蕴含着人的意志,而作为意志的技术可以理解为技术主体(技之道)在技术过程中自我意识的部分展现。[①] 作为意志的技术会根据意志内容的不同分为积极意志、接受性意志两种不同的类型,其基础技术是作为生命和生存意志的技术。随着新一轮人工智能革命和产业变革的推动,技术意志更多地表现为作为控制和效率的意志。在"控制意志"和"效率意志"的主导下,技术逐渐偏离了最初的意志,导致职业教育人才培养过分追求技之制器,工具主义教育一时盛行,而忽视了技术(技能)最为重要的一种意志形态——实现学生自我的意志即技术主体的技术自由意志。"技道融合"教学主张其根本思想是职业教育人才培养要注重人的完善,提倡的是在锻炼技艺、使用技术时完善自身修养,注重身心的和谐。真正成功的职业教育,应该在提升技术(技能)的同时提升身心,在身心成长的过程中领悟技术(技能)之道,达到身心的统一、人与自然的统一。因此说,职业教育学生技术学习、技能培养与身心发展是一个和谐的过程,[②]体现为意志的技术(技能),是工匠精神的生成内核。职业教育培养学生技术(技能)不是简单的工具或知识体系,技术(技能)的存在需要满足人的本性,满足人的自由意志和自我实现意志。

---

① 李瑞华.论技术主义对人类道德责任的消解[J].伦理学研究,2004(1):24-29.

② 鲁彬之,刘恒,王同军.高技能人才养成之"道"[N].中国教育报,2017-10-10(010).

二、技术维度下“技道融合”[①]

技术维度下“技道融合”揭示的是人才培养“融道于技”的内涵。职业教育作为国民教育体系和人力资源开发的重要组成部分，肩负着“弘扬劳动光荣、技能宝贵、创造伟大的时代风尚”的历史重任。技术维度下“技道融合”主张，将技术（技能）看作技术（技能）型人才培养的一种有效媒介，最终促进学生个体实现人与自然、人与社会的和谐统一，在“技道之融”工作熏陶中实现人生的价值，获得人生的意义。技术是人之本质构成的基本要素。技术习惯表示为“发明产品和人工制品”，也可引申为“创造产品所需要的知识体系”，还可以拓展为“技术知识的产生过程以及技术产品的开发过程”[②]。南京师范大学顾建军教授关于技术发展的“三个层次”与现代技术的维度（物性、人性、活性、知性）著述，为职业教育技术维度下“技道融合”主张的人才培养提供了丰富的内涵与现实意义。职业教育的人才培养不仅具有个人发展的工具价值，而且更重要的是还具有社会发展的价值，在人的发展价值上，职业教育技术（技能）培养具有独特的知识建构、能力塑造、人格熏陶和个性与社会性培养的价值；在对社会发展的价值上，职业教育技术（技能）培养是实现技术传承、技术进步与技术创新的重要途径，也是促进经济发展、适应与构建技术文化的重要途径。“技道融合”人才培养的教学主张倡导在技术（技能）的现代维度的发现和价值体系重构中，注重学生职业素养养成和专业技术积累，将专业精神、职业精神和工匠精神融入人才培养全过程。

（一）第一层次：技术呈现为意向性与二维“技”“术”结构

“技术”在古代汉语中仅有单音词“技”和“术”。古代之技术主要指简单的外在之“技”与内在之“术”构成的二维结构。古代二维结构的技术认识，更多地立足于“心灵”与“手巧”相贯通的“技艺”层面，并且“技艺”的高度娴熟往往归结为技术经验的积累和日积月累的技能训练。古代之“术”主要是指与人类和社会行为相联的内在认知和心理活动，体现了“人性”的维度。这种“技”与“术”的结合，把职业实践活动中超越人类本能的“技”中的与物品相联、具有独特效用的行为归为“术”之类，显然强化了外在行为因素与内在心理因素的统一性。这种观念之下的职业教育人才培养表现为以外为主的“内外结构”（外在之“技”与内在之“术”），其核心理念在于技能、技巧、技艺培养，更多地立足于“心灵”与“手巧”相贯通的“技艺”层面。此层次之“道”，在职业教育技术（技能）活动中呈现的是典型的“行为主义”范式——也是职业教育最习以为常的人才培养方式：采用简单模仿、机械训练、不断重复、技能固化等方法使习得对象获得相应的技术（技能），简称为“制器制具式培养”。“技术可以独立存在，而技能不能独立存在”，“技道融合”人才培养的教学主张要走出技术的二维结构层次的偏颇，明确职业教育的本质是培

---

① 顾建军.技术的现代维度与教育价值[J].华东师范大学学报：教育科学版，2018(6)：1－18.

② 蒋祎.工匠精神的内涵解构：基于技术哲学的视角[J].职教通讯，2018(4)：51－56.

养全面发展的人而绝非制器，注重学生个体品质和内在精神的培养，注重培养“职业人”所应具备的素质(职业态度、职业理想、职业道德、职业行为、职业心理、职业纪律等)的教育。

(二) 第二层次:技术呈现为“人—知识—物”的统一性与三维认知结构

近代意义上的技术观念，客观上形成了“人—知识—物”的技术认知的三维结构:第一维是技术活动具有目的性的主观意向维度，凸显了技术的人的主观意向性;第二维是明晰了技术的知识属性，凸显了技术所蕴含的体系性和知识性;第三维是提出了技术存在的工具(即物质)的维度，把作为物体的工具和人的活动方式的规则理解为一个体系化的存在。技术呈现为“人—知识—物”的统一性与三维认知结构，其重要价值在于其基于行为与事物相统一的规则与原理和启蒙思想指引下的技术知识的发现。技术“创生物”的内在生成机理与机制成为技术革新与快速发展的基础，也使技术科学不断分化，成为近代以来职业教育的重要内容。这种观念之下的职业教育人才培养表现为“人—知识—物”的统一性与三维认知结构，其核心理念是技术(技能)职业教育人才培养不再仅仅依靠经验与直觉的把握，还在于其基于行为与事物相统一的技术(技能)知识的发现。此层次之“道”，职业教育人才模式呈现的是“知行合一”范式——采取基本知识、基本技能、基本经验统一的操作方式，简称为“行动导向式培养”(诸如现代学徒制培养、“双元制”培养、工作过程系统化培养)。“技道融合”人才培养的教学主张重视“行动导向式培养”方式的道德行为教育(强调“立德树人”“德技并修”)、意识信仰教育(强调技能宝贵、创造伟大的职业情怀与精益求精、追求卓越的“工匠精神”)与哲学伦理教育(追求技术的“道技合一”的哲学境界与技术的“至善至美”的人生境界)①。

(三) 第三层次:技术呈现为“集成性”与多维融合结构

人工智能技术快速发展，经济产业结构链条的突破性变革，以互联网、大数据、人工智能、新能源、新材料、智能制造等为代表的新技术所携带的共享、众筹、绿色、个性化、一体化等特征，决定了现代技术呈现具有复杂性、迭代性、集成性以及泛在性，拓展了技术认识的维度和视角，为对技术的现代本质的深切把握和职业教育的价值重塑奠定了厚实的基础。技术呈现的“集成性”与多维融合结构，其核心理念是技术(技能)知识的“物性”“人性”“活性”“知性”多维融合，简称为“融合发展式培养”。此层次“道”，为职业教育“技道融合”人才培养的教学主张提供了强实的理论诠释与实践解读。一是呈现为“物性”维度——职业教育技术(技能)知识对机器、工具、材料等的利用、改变、控制和创造与制造。主要有四层含义:物是构成技术实现的工具，物是构成技术作用的对象，物是构成技术成果的载体，物构成技术产生的源泉。二是呈现为“人性”维度——职业教育人才培养体现为“知情意行”合一，即技术(技能)的功能、结构、形态中携带着丰富的人性。主要有三层含义:技术是人的目的性的产物，技术实现着人类的自我进步和社会

---

① 蒋祎.工匠精神的内涵解构:基于技术哲学的视角[J].职教通讯，2018(4):51-57.

变迁，技术的功能、结构、形态体现了丰富的人性。三是呈现为“活性”维度——知识的动态性为一种表征，即职业教育技术（技能）活动中要坚持认知与行为、过程与结果相统一。主要有三层含义：从技术的产生来看，技术是充满活性、充满过程的产物；从技术的性质看，技术是人类生活和生产的基本方式；从技术的发展来看，技术具有交互性广、迭代性强、延展性长的高活性。四是呈现为“知性”维度——技术（技能）活动中学生体现的感性、知性和理性。主要有三层含义：技术的可感知、技术的可认知及技术的知识特性。职业教育人才培养中“技术（技能）不单纯是工具和手段，而是展示存在者之为存在者的去蔽方式，是对物的塑造”，表现为技术（技能）培养中所蕴含的程序性、活动性、连续性的工作行为品质。职业教育“技道融合”人才培养主张多维度把握现代技术（技能）的本质，重视对崇尚劳动、敬业守信、创新务实等精神的培养，引导学生牢固树立立足岗位、增强本领、服务群众、奉献社会的职业理想，增强对职业理念、职业责任和职业使命的认识与理解。

三、科学维度下“技道融合”

科学维度下“技道融合”揭示的是职业教育人才培养“技道合一”的内涵。科学是反映现实世界各种现象的本质的规律的知识体系。技术是泛指根据生产实践经验和自然科学原理而发展成的各种工艺操作方法与技能。当前科学哲学、技术哲学、工程哲学、产业哲学称为“科学—技术—工程—产业”四元论。其中科学活动是以发现为核心的活动，技术活动是以发明为核心的活动，工程活动是以建造为核心的活动，产业活动是人类借助科学、技术与工程手段，直接或间接面对自然界，生产各种产品来满足人类生产、生活需要的活动。技能与知识作为科学活动、技术活动、工程活动中的基本要素，应当受到职业教育工作者的关注①。以下着重阐述科学活动与技术活动之间“四个”走向维度关系，揭示的是职业教育“技道合一”人才培养的教学主张内涵，对指导技能的研究、技能的培养，具有现实的理论与实践意义。

（一）第一类走向：科学的技术（技能）化

科学的技术化是指在总体的科学研究活动中包含着大量的技术科学研究，技术发展研究和技术应用研究作为其辅助部分。科学的技术化是从科学理论向技术实践、从认识自然物向创造人工物、从知识形态转化为技术发明形态的转化过程。这是一个由虚到实、由理论到实践、由解释到创造、由抽象到具体、由精神变物质的过程。科学的技术化的本质就是以实用技术应用为价值取向，把“虚”的科学物化为“实”的技术的过程。科学的技术化主要可分为科学原理的对象化和技术原理的实物化两个阶段。科学原理对象化是指从科学原理转化为技术原理的过程。作为关于实现一定技术目的的途径、手段、方式和方法的理论规范，技术原理也要表现为知识或理论的形态，也要采用概念、

---

① 文技，王小平，许晓林. 技能的内涵与置位[J]. 济南职业学院学报，2008(6)：5-8.

符号、公式、流程图等理论形式，但是此时的技术原理已经与实际的技术对象、技术过程、工艺流程等直接相对应，具有很强的对象性和具体性。技术原理实物化是指从技术原理转化为技术发明和物质手段的过程。技术即是方法、手段和工具，更重要的是把技术原理落实在物质材料上，制造出新的产品，创造出更多的物质财富以满足人们生产生活的需要。[①] 当前人工智能科学技术发展，对职业教育人才培养定位提出了新要求：培养贯通人工智能理论、方法、技术、产品与应用等的纵向复合型人才。科学技术化视角下职业教育人才培养"技道融合"转向之"道"，主张职业教育要坚持拓宽技术（技能）人才成长通道，重视中高职人才培养衔接，构建现代职教培养体系，为学生多样化选择、多路径成才搭建"立交桥"。

（二）第二类走向：技术（技能）转向科学化

技术是人类为了满足社会需要，运用科学知识改造、保护和利用自然，创造宜人生存的人工自然环境的方法、技能和工具、手段的总和，是人工自然物及其创造过程的统一。技术可分为经验性技术和科学性技术。经验性技术主要是根据长期实践经验而创造发明的各种物质手段以及方法、技能等。科学性技术主要指依据科学原理所创造发明的各种物质手段以及方法、技能等。由此可知，技术的科学化，主要有两层含义：一是已有的技术上升到技术科学，通过相应基础科学的指导，形成系统的技术知识体系，反过来完善和提高已有的技术；二是指技术进步以科学进步为先导。现代的尖端技术都是以坚实的科学理论为前提的，离开了科学理论的指导，重大技术的发明几乎不可能，这就是技术的科学化趋势。技术（技能）上升到技术科学，趋向是职业教育人才培养要重视以科学理论为指导，构建系统化技术（技能）知识体系，完善和提高已有的技术（技能）活动方式的系统性、科学性与可操作性。技术科学化视角下职业教育人才培养"技道融合"转向之"道"，主张职业教育要注重学生文化素质、科学素养、综合职业能力和可持续发展能力培养，为学生实现更高质量就业和职业生涯更好发展奠定基础。

（三）第三类走向：科学技术（技能）的一体化

技术的发展离不开科学的突破和指导，科学的深化则需要得到各种技术的支持和保证，科学与技术相互依赖，相互促进，紧密结合。科学中有技术，技术中有科学，科学提供可能，技术使可能变为现实。科学的技术化和技术的科学化发展趋势，使科学进步与技术进步互为前提，互相推动，各自获得前所未有的发展速度，引起新的革命：科学革命与技术革命相互交融，统一发展，促进了科学技术连续体的形成。这种连续体的形成主要通过以下途径：科学的技术化与技术的科学化两个过程相对展开，衔接后由于实践需要的推动相互渗透与融合而成。[②] 科学技术的一体化对科学与技术的研究方式及发展速度、价值取向产生了深刻的影响：一是加速了知识的应用，将原有的知识利用的"科

---

① 万长松.对科学技术化与技术产业化的哲学思考[J].东北大学学报(社会科学版)，2007，9(4)：289－293.

② 董坤，许海云，罗瑞等.科学与技术的关系分析研究综述[J].情报学报，2018，37(6)：642－652.

学→技术→生产”的过程改变为“科学技术→生产”的过程，从而加速了知识的应用，极大地促进生产力的发展和社会的进步；二是会引发人们知识观念的更新。科学与技术能融为一体的知识，有利于知识的发展、普及、创造和应用，而仅有科学的成份却没有技术因素的知识会被人们认为是“没用”的知识。科学技术一体化视角下职业教育人才培养“技道融合”转向之“道”，主张职业教育人才培养中要推动技术(技能)与科学融合体的形成。

(四) 第四类走向：科学技术(技能)的“双刃化”

科学技术本是中性的工具，它本身无所谓善恶，即它是价值中立的。科学技术使人类在更大程度上进入了自由的王国，但是科学的潜在威胁也在逐渐向人类逼近，科学技术所带来的后果的好坏依赖于使用科技的人：“好人可用它为善，坏人则可用它为恶。”但是人性仅仅靠道德约束是不可靠的，只有制度才能约束人的行为。正因为科学技术的发展具有两面性，就像一把双刃剑具有两面性——行善与威慑：一是通过促进经济和社会的发展以造福人类，二是也可能在一定程度上对人类的生存和发展带来消极的后果。科技不能完全独立地发展，人类的智慧必须时刻关注这把“双刃剑”，唯有此才能开辟一条通往人与自然和谐的可持续发展之路。[①] 科学技术(技能)的“双刃化”视角下职业教育人才培养“技道融合”转向之“道”，主张职业教育要用中国特色社会主义核心价值体系引导学生树立正确的世界观、人生观和价值观，积极培育和践行社会主义核心价值观，培养学生服务国家、服务人民的社会责任感，把立德树人融入思想道德教育、文化知识教育、技术(技能)培养、社会实践教育的各环节，切实提升思想政治工作质量。

---

① 陈爱华.科学伦理何以可能[J].中共南京市委党校南京市行政学院学报，2003(6)：8-12.

第二章 “技道融合”主张的课程生态

课程的本质与价值规定着课程目标、课程内容、课程组织、课程实施和课程评价等问题的基本取向。传统课程理念已经很不适应时代发展对人才培养的要求，与社会发展形成了尖锐的矛盾，职业教育的发展需要课程观有新的突破，而这一突破首先必须从课程理念开始。理清职业教育课程本质观和价值观的发展脉络，对指导“技道融合”人才培养的教学主张研究实践具有重要意义。在职业教育课程领域内，始终存在着普通论、学科论、基础论课程理念与专业论、职业论和实用论课程理念的冲突。“技道融合”人才培养的教学主张尝试探寻更有普遍意义的体现技能(技术)活动各要素关系的和谐的、最自然本性的、合理的、最优的课程模式，职业教育课程的发展生态就是要体现“培技”与“育人”不断耦合的动态优化过程。本章共分三节内容：问题认识是构建职业教育课程体系新生态的起点，第一节主要探讨了职业教育“技道融合”人才培养的教学主张的课程问题；特征是对课程特性的抽象结果，第二节主要诠释了职业教育“技道融合”人才培养的教学主张的课程特征；趋向是课程发展的动向，第三节透视了“技道融合”人才培养的教学主张的课程趋向。

第一节 “技道融合”主张的课程问题剖析

职业教育课程体系有效构建应当包括学科体系课程和行动体系课程两大类型的扬弃融合，即在知识总量相对不变的情况下，以职业功能、职业资格和职业工作过程为导向，对课程内容进行开发、重组、转换，使职校的课程内容与职业资格不再割裂，学科理论知识与实践不再隔离，而是与实践有效整合，习得与职业功能具有一致性的工作过程知识，从而既保留其基础性特征，也凸显职业教育课程的职业实践特色①。职业教育课程内容设置既要有智力因素(即知识、技能以及学习知识、技能的过程和方法)的建构，还要有非智力因素(即在学习中蕴涵的积极情感、态度、人生观、价值观)的建构，促进学生的全面发展、终身发展与个性化发展；职业教育课程实施体现“多元”跨界整合，整合各项课程的知识、技能、态度、经验等内容，架构模块化、综合化、阶段化、柔性化、个性化

① 周如俊，李伟. 哲学视域下对中职校课改中“五个融合”的审视[J]. 职教通讯，2011(9)：71-75.

相结合的课程结构，实现知识、技能、态度三要素中各个成分的多重、多种综合。但从现状上看，当前职业教育的人才培养的课程体系构建、课程内容设置、课程内容实施等方面，还不能有效实现知识、技能在学场与职场之间的融合，不能很好地促进学生的潜能向现实的职业素质转化。

一、课程体系的“技道融合”问题

职业教育课程体系构建是一个系统工程。职业教育课程体系的科学与否直接关系到职业教育人才培养规格是否能够达到教育目标的要求。职业教育课程体系建构既要指向职业性的就业教育，又要指向教育性的发展教育；既要实现社会需求的功利性目标，又要实现个性需求的人本性目标。职业教育课程体系的构建是以职业特定能力、行业通用能力、跨行业职业能力、职业核心能力为载体，遵循学生的学习认知规律与职业成长、生涯发展规律，整合专业岗位职业能力，形成专业人才培养的技能目标、知识目标和素质目标，建立由对应的专业平台课程、方向课程、拓展课程和公共课程组成的课程体系。但长期以来职业教育课程体系构建存在着一定的问题，例如，职业教育课程定位存在“矛盾性”、课程体系构建缺乏“融合性”。

（一）课程定位存在“矛盾性”

课程是培养人具有特定职业知识、技能和态度的一种总体方案。职业教育课程定位既要全面认识学生所需要的职业素质内涵和构成要素，加强职业理想、职业道德、职业技能、职业精神和职业身心素质的培养，课程设置也要重视素质拓展，开拓学生的知识视野，培养学生洞察社会、经济、政治、文化等领域的能力，满足学生个性化发展需求，适应智能制造时代条件下对人才培养的高技能高素质新要求。“技道融合”人才培养的教学主张提倡职业教育课程要摒弃实用主义价值观和单纯的“技术教育”的片面认识和做法，克服急功近利的短期行为，防止和纠正培养“工具人”的目标取向，促进学生全面、协调、可持续发展。

职业教育领域内，课程定位始终充满了矛盾与激烈的争论，如图 2-1-1 所示。大致划分为两大派别：一类是学问化，一类是职业化。学问化强调学科体系的完整性与系统性，注重知识的基础性与普适性，而职业化则注重职业教育的专业性、实践性和知识的实用性，以及能满足未来岗位的需要。职业论构成了近 40 年来职业教育课程发展的主旋律。事实上，在实践中，职业教育课程学科化仍然占据着主导地位，其改革之艰难说明学科课程仍然有着深厚的思想根基，许多学者试图突破学科体系的限制，建构体现职教特色的课程体系，但效果并不明显。对于职业教育课程的定位选择，始终存在着两种矛盾心态：从经济发展、社会和谐与个体就业的角度看，有必要大力发展职业教育；从职业论人才培养导向来看，又担心特定职业的教育会使个体陷入某种狭隘的发展轨道，最终成为经济发展的工具。这种矛盾的心态最终导致了职业教育课程学科论与职业论的论争，这一论争几乎伴随了整个近代职业教育发展过程，并一直持续至今，成为当前职业教育课程实践的两难问题：一方面希望增强学生的就业能力，另一方面又强调加强学生继续发展能力与职业素质的培养。①

当前“职业论”也有一种有失偏颇的倾向：把毕业生就业率作为评判职业教育质量的主要甚至是唯一标准。一些中等职业学校专业课程设置与教学片面强调“就业教育”，实施所谓的为用人单位量身定做急需人才的“订单培养”，仅重视维修“1＋X”等职业技能等级证书涉及到的课程与教学。事实上，这种人才培养与课程定位偏颇的误导使职业教育退化成器具型教育，从而将中等职业学校简化成了一个就业培训场，主要对学生进行岗位技能的适应性训练，此时学生则成了一个盛装企业所需岗位职业技能的器具，专业教学则演化为长期单一、机械的“制器”技能训练。其后果是熄灭了学生的创造性火花，导致了学生技能单一、创新能力与可持续发展的能力缺失，学生现在是就业者，未来却可能是失业者，不利于学生适应未来职业岗位不断变化的需要。②

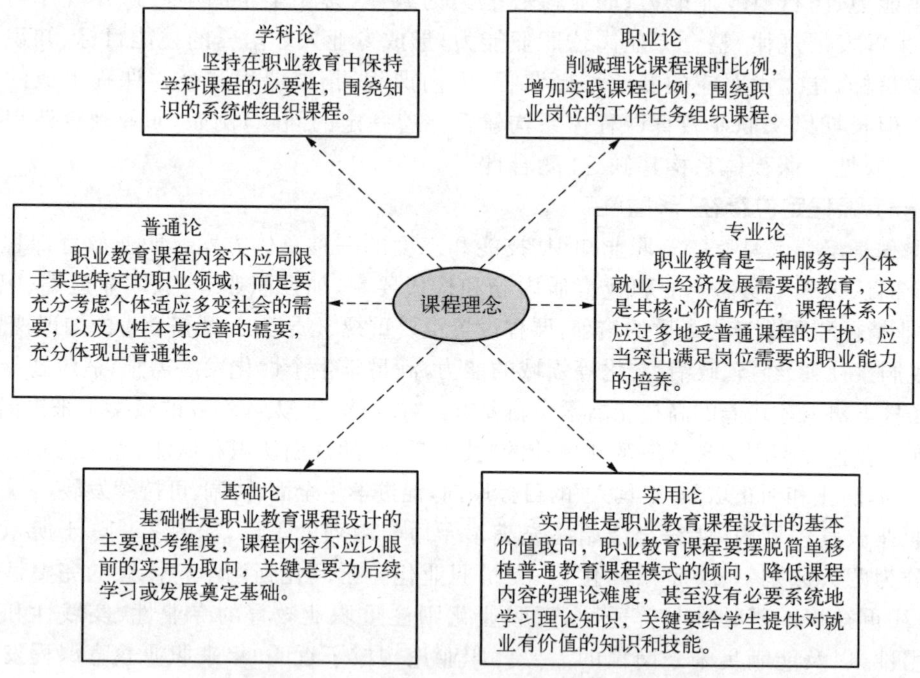

图 2－1－1　职业教育课程定位的冲突与矛盾

（二）课程体系缺乏“融合性”

职业教育的核心价值在于使无业者有业，有业者乐业。职业教育课程体系构建既

① 严中华.职业教育课程开发与实施——基于工作过程系统化的职校课程开发与实施[M].北京：清华大学出版社，2009.

② 周如俊.基于多元整合视角探讨中职课程设置问题与有效对策——以机电技术应用专业为例[J].职教论坛，2012(21)：36－40.

要体现以职业为导向的教育类型，帮助学生获得技术应用型、技能型职业的能力和资格，为职业生涯打下坚实的基础；也要关注学生生涯教育与发展教育，构建人才多样化成长渠道，满足学生成长、成才需求。“技道融合”人才培养的教学主张提倡职业教育课程体系构建，不仅仅要把学生培养为具有较高职业知识与技能的劳动者，更侧重于学生职业综合素质、创业意识与技能培养，注重学生职业精神和职业情感的培养，使学生成为一个具有创新能力、迁移能力以及适应岗位变化能力的可持续发展的职业人。职业教育课程体系构建要处理好“四大”培育关系：公共基础课程和职业技能课程之间的关系；学生核心素养培养和综合职业能力培养之间的关系；硬技能（日常工作技能）与软技能（可迁移性技能）培养之间的关系；学生就业需求和可持续发展、终身发展需求之间的关系。

职业教育课程体系构建选择何种价值取向决定人才培养导向与人才培养质量。正因如此，在现实中职业教育存在着不同的职业教育价值取向，从而导致课程体系构建与实施的摇摆不定。职业教育专业课程构建与教学实施主要体现为四种方式：一是日常的课程教学（公共基础课程教学与专业技能课程教学）；二是课外技能兴趣小组辅导课程教学；三是国家、省、市技能大赛集训课程教学；四是单招对口高考（高职升学教学）专业教学（语数外、专业综合理论、专业技能）。目前，大部分职业学校课程体系构建与教学实施呈现“四张皮”，各自为政，缺乏系统性、统筹性、融合性，呈现边缘化或失衡的发展趋势：一是“就业导向”与“制器”教育的失衡偏求，陷入“职教课程技能化”的窠臼之中。不断压缩公共基础课程知识与专业技能课程中理论教学的同时，甚至为了技能大赛，成立了竞赛小组，取消了必需的公共基础课程与专业技能课程中理论知识教学内容，实施所谓“纯技能”教学与训练，职业教育变相为“断头”教育、“制器”教育。二是“升学导向”与应试教育的极致追求，陷入“职教课程普教化”的窠臼之中。从一年级就开始成立了应试的单独高考升学班，其教学模式陈旧、教学手段单一，公共基础课与专业技能课程中理论知识与技能训练、动手能力培养严重脱节等，导致学生专业技能课学习积极性下降。其实，上述“四类课程”构建其培养目标是一致的，必备的公共基础课程知识与专业理论课程知识是职业教育的专业教学基础，课外技能兴趣小组辅导是桥梁，技能教学与训练是其核心，国家、省、市举办技能大赛是技能教学与训练的强化与综合，对口高考是学有余力的学生继续教育的需要，其教学是日常课程教学的升华。[①]

二、课程内容的“技道融合”问题

职业教育课程的内容直接影响着职业教育人才培养的类型和质量，课程内容的选择合理与否在一定程度上决定了学生的学习方式和预期的学习成果，进而影响着人才

---

① 周如俊，方四清．中职校“四类”课程问题与有效对策——以机电技术应用专业为例[J]．江苏教育，2012(30)：22－25．

培养的类型和质量。当前技能取向的职业教育课程范式，一度被奉为职业教育人才培养模式的圭臬。这种“技能至上”的职教思想已经成为培养可持续发展的人的羁绊。职业教育工作者要学会辩证理性地对待具体的课程模式，清洗掉经验中的非相关、非本质的杂质，才能洞察课程模式的内在规律。依据职业教育的课程特点与学生成长的阶段性特征，贯穿于劳动者职业生涯的就业能力和创业能力、工作能力、职业转换能力的培养，探寻职业教育各类课程间的内在联系和衔接方式，使不同课程知识与技能内容渗透融合，由此及彼，触类旁通，形成知识与技能的迁移。

（一）课程模式缺失“定力性”

课程模式是职业教育课程内容实施的起点。它涉及课程开发选用的技术、课程结构呈现的形式、课程内容的选择和课程实施的路径等诸多方面内容，直接影响着人才培养的质量与效能。“技道融合”人才培养的教学主张提倡职业教育课程模式构建要遵循技术（技能）型人才成长发展规律与知识技能学习规律，体现知识、技能在学场与职场之间的融合，促进学生的全面发展、终身发展。当前以“工作过程系统化”为导向、体现终身教育理念、融入中高职相衔接的课程开发模式在一定的程度上与工作过程联系最紧密，让学生能够满足全面培养、终身发展、多样化选择和多路径成才的教育要求，是当前职业教育课程模式发展的必然结果。

反思实践中职业教育课程模式改革，常常无形中陷入《猴子下山掰玉米》故事的结局：朝三暮四，见异思迁，摇摆不定（掰了玉米后，看到大西瓜，便扔了玉米，抱了西瓜后，看到兔子，便扔了西瓜，去追兔子，结果猴子什么也没得到）。回顾职业教育课程改革走过的四十年的历程，可以划分为三个阶段，即第一阶段：“拿来主义”阶段（20 世纪 80 年代初期～90 年代初期：德国双元制、加拿大的 CBE、国际劳工组织的 MES、英国的 BTEC 等等，注重学生职业能力的培养，关注企业的需求）；第二阶段：“国外经验，本土化探索”阶段（20 世纪 80 年代末～90 年代末：借鉴德国双元制经验、英国 BTEC 课程模式等典型试验，关注国外经验的核心精神培养，进行模块化的课程、综合性的课程等本土化课程模式的构建）；第三阶段：“借鉴国外经验的基础上，创建中国特色”的阶段（专业的教学指导方案课程、以就业为导向的课程、以工作过程为导向的项目课程、以工作过程系统化为导向的课程、“现代学徒制”课程，如北京市“宽基础，活模块”课程模式、上海市的“项目课程”、江苏省“三以一化”课程），但是，各个阶段之间并没有明显的时间分水岭，而是相互交错的。从传统的学科体系课程模式到改良型学科体系课程模式（平台式课程模式、“三段式”课程模式、“宽基础、活模块”课程模式）、从“学科本位”课程模式到“能力本位”模式（“双元制”课程模式、CBE/DACUM 课程模式、MES 课程模式），从能力本位课程模式到“人格本位”课程模式，走马观灯似的套用，缺少的是对课程模式的哲学辩证“观照”。

（二）课程内容缺失“贯通性”

职业教育课程内容是由知识、技能与态度三个基本要素组成的，课程内容三要素的各自内涵与比例不同，就形成了不同教育类型课程的不同特点。“技道融合”人才培养的教学主张提倡职业教育课程内容选择坚持“三个”导向：一是满足学生生存的职业导向，依据知识与技能的实用价值，职业教育课程内容的选择应坚持以就业为导向，满足学生就业的需要；二是满足学生可持续发展的导向，依据知识与技能的训练价值，职业教育课程内容的选择应该坚持以服务为宗旨，满足学生适应岗位变化能力的可持续发展的需要；三是满足学生个性化发展需要的导向，依据知识的发展价值，职业教育课程内容的选择应该坚持以学生为主体，满足学生个性发展的需要。① 构建多元整合的课程内容，有效处理课程的“职业活动发展”“学科知识发展”“学生心理发展”和“学习动机发展”的逻辑顺序关系，推进理论知识和经验知识融合、直接知识与间接知识融合、基础知识强化与专门知识专化融合，推进专业、学业、职业、就业和创业“五业贯通”。②

目前，职业教育课程内容的绝对真理性、僵硬性实施问题非常突出，相对忽视了职业角色的活动性和学生学习的主体性，严重制约了学生个性的发展和创造性的发挥。具体表现在：一是应试课程“盛行”。对口升学是实施中高职衔接，促进职业教育协调发展的重要路径之一。但是当前一些职业学校“对口升学”开始变形变质，如教学呈现应试性：根据升学需要随意压缩或减少教学标准规定的必开课程；教学失去职业性：重文化、轻专业，重专业理论、轻专业技能，职业教育的教学本末倒置；教学实施出现重复性：考试科目为了能考得好成绩反复教、反复学，造成教育资源严重浪费；教学重心失衡：将升学率作为评估教学质量的重要指标，挑选“精兵强将”组建对口升学强化班。这些做法都偏离了职业教育的培养目标和教学方向。二是“制器”课程“偏极”。职业学校课程内容及学生不同程度地被“物化”和“工具化”。课程内容仅重视专业技能与职业资格考证教学、应赛（技能大赛）课程教学，掩盖了学生的其他一切可贵的天赋，学生生命个体势必缺失不断自我发展和创新的后劲，无法适应社会发展及职业变动的需要，学生精神个体也无以通过赋予个体可持续发展的精神和能力而提升人生境界。

三、课程实施的“技道融合”问题

课程作为维系着职业教育实践活动内外环境的一个“多元互动”的动态系统，决定了职业教育“除弊兴利”课程改革也是一个十分复杂的动态、多元整合的系统工程。职业教育课程内容构建在以“职业能力为中心”的课程模式的基础上，也要体现“职业能力外心”拓展的课程理念，突出现代意义上的职业能力培养，表现贯穿于劳动者职业生涯

---

① 张艺. 什么知识最有价值：对职业课程内容选择的启示[J]. 长春理工大学学报，2011(9)：19－20.

② 周如俊. 基于多元整合视角探讨中职教育课程设置问题与有效对策——以机电技术应用专业为例[J]. 职教论坛，2012(21)：36－40.

的就业能力和创业能力、工作能力、职业转换能力的培养的相关课程博采众长的整合[①]。在办学目标上，寻求就业与发展的跨界整合；在培养模式上，寻求学校与企业的跨界整合；在学习内容上，寻求知识和技能的跨界整合；在教学方式上，寻求理论与实践的跨界整合；在评价导向上，寻求教学标准与课程标准的联动整合。

（一）课程构建缺失“整合性”

职业教育课程的发展也是不断“辩证否定”的整合过程。当前职业课程有效构建应当包括对学科体系课程和行动体系课程两大类型的扬弃融合，在知识总量相对不变的情况下，以职业功能、职业资格和职业工作过程为导向，对课程内容进行开发、重组、转换，使课程内容与职业资格不再割裂，学科理论知识与实践不再隔离，而是与实践有效整合，重视与职业功能具有一致性的工作过程知识，创建有价值的现代职业课程内容。课程知识领域整合，即理论知识和实践知识、文化基础知识与职业专门知识等整合；课程技能领域整合，即再生性技能（重复性技能）与智力性技能（创造性技能）整合；课程素质领域整合，即思想道德素质、身心健康素质、人文科学素质、职业基本素质和创新发展素质的整合。[②]“技道融合”人才培养的教学主张提倡职业教育课程内容构建上要体现课程“多元”整合：在公共基础课程教学上，取“学科中心”课程之所长，注重基础知识之间的系统性、融合性；在专业技能课程实践教学上，取“活动中心”课程之所长，保证学生的知识获取、技能结构更趋于完整性和合理性；在专业课程开发上，取“能力中心”课程之所长，推动课程内容与职业标准、教学过程与生产过程有效对接；在课程实施形式上，取“问题中心”课程之所长，提高学生分析问题和解决问题的能力；在人才培养发展形态上，取“个性中心”思想之所长，最大限度地满足学生对课程的个性化需求。[③]

当前职业教育课程内容或多或少存在“整合”缺失现象：一是多元“融合”缺失，主要包括公共基础课与专业课的融合缺失，理论与实践的融合缺失，德育、智育、美育的融合缺失，学历教育与资格教育的融合缺失；二是“对接”缺失，主要包括专业设置与产业需求对接缺失、课程内容与职业标准对接缺失、学习内容与工作对接缺失、教学过程与生产过程对接缺失；三是“翻转”缺失，主要指课程构建从教师主体转为学生主体的缺失。职业教育教师的责任自然不仅仅包括直接教授给学生知识和技能，更主要的责任是激发起每个学生的职业兴趣，让学生“学会学习”，但培养做事能力和生存能力恰恰是当前职业教育课程中最缺失的内容。职业教育课程内容构建要实施跨界整合：在学习内容上，寻求知识和技能的跨界整合；在教学方式上，寻求理论与实践的跨界整合；在培养模

---

① 覃宇环.“多元整合、动态优化”的高职课程模式研究[A].第二届亚太地区信息论学术会议论文集(上册).2011.

② 周如俊，李伟.哲学视域下对中职校课改中“五个融合”的审视[J].职教通讯，2011(9)：71－75.

③ 周如俊.基于多元整合视角探讨中职教育课程设置问题与有效对策[J].职教论坛，2012(21)：36－40.

式上，寻求学校与企业的跨界整合；在办学目标上，寻求就业与发展的跨界整合。[①] 课程内实现知识、技能、态度整合，使课程内容与职业资格不再割裂，学科理论知识与实践不再隔离，就业与升学不再隔离，从而既保留其基础性特征，又凸显中职教育课程的职业教育特色。[②]

（二）课程实施缺失“标准性”

建立健全职业教育质量国家标准体系，对于补救中职教学标准缺失的短板，指导和规范中职质量管理具有突破性的里程碑意义。人才培养方案与课程内容从标准文本走向实践行动是当前职业教育协同推进、持续发力的一项重要的系统性工程。“技道融合”人才培养的教学主张提倡职业教育课程内容实施要体现“四个”融合：一是标准性和规范性相融合。人才培养方案要以职业教育国家教学标准为基本遵循，贯彻落实党和国家在课程设置、课程内容等方面的基本要求，强化科学性、适应性和可操作性。二是刚性与指导性相融合。国家教学标准体系中培养方案与课程内容刚性框架需要严格执行；省级层面指导性人才培养方案及专业核心课程标准，是职业学校制定实施人才培养方案与课程内容实施的依据与指导性教学文件蓝本。三是关联性和贯通性相融合。专业目录、专业教学标准、公共基础课程标准、顶岗实习标准、教学条件建设标准等也是人才培养方案制定与课程实施的依据与保障，具有关联性。人才培养方案制定也要体现现代职教体系中高职课程衔接要求、1＋X证书制度试点的书证融通等继续学习、终身成长要求，具有贯通性。四是稳定性和动态性相融合。人才培养方案与课程内容实施既要符合教学规律，保持相对的稳定性，又要根据社会政治、经济、科学技术的发展以及生源的变化，适时地进行调整和修改。

当前职业教育标准建设处于研发期，其推广、执行以及更新还未实现标准化，其长效机制还没有引起高度关注。课程是实现目标的载体，课程的开设以及课程体系结构直接影响人才培养质量。由于职业院校的专业多、课程多、变化快等特征，导致职业院校专业课程设置的灵活度大，因此，校本课程是国家课程、地方课程的重要补充。在对院校的课程调查中发现存在以下问题：一是课程开设具有“随意性”，为了对口升学或“就业技能”，一些职业学校按学生层次需要随意删减或压缩课程内容、降低教学要求；二是课程内容具有“随意性”，一些教师课程教学内容“跟着感觉走”“上到哪儿是哪儿”，课前、课中、课后很少对照课程标准“找差”教学内容，导致“只见树木不见森林”；三是教师教学具有“随意性”，以教材定课程，往往一本教材就决定一门课程，而不是基于课程标准组织教学内容。当前从国家到地方乃至学校，都在不同程度地建立专业教学标准和课程标准，对于指导和规范职业学校质量管理具有积极的推动作用，但是，标准制定后如何推广、执行、检查、督导，都没有形成制度化的有力监管措施。职业教育课程内容

---

① 张健.职业教育的跨界品格[J].江苏教育，2011(27)：1.

② 周如俊.中职校“四类”课程问题与有效对策[J].江苏教育，2012(30)：22－25.

标准体系建设必须遵循课程管理原则：一致同意原则、最优化原则、强制实施原则、选择固定原则、定期更新原则。其中，强制实施原则是指课程标准一经颁布必须执行；选择固定原则是指课程标准是作为制度予以实施的，应在某一时期固定不变，以利于实施；定期更新原则是指课程标准要在规定的时间内复审，还应定期进行修订，修订的间隔期不能过短，也不宜过长。①

第二节 "技道融合"主张的课程特征归析

职业教育"技道融合"人才培养的教学主张课程理念，就是在追求以"技"为主的职业能力培养的课程模式基础上，探寻更有普遍意义的体现技能（技术）活动各要素关系的和谐的、最自然本性的、合理的、最优的课程模式。主要包括职业教育实践活动中技术操作者与技术工具的和谐，体现身心工具意念合一、自由操作所展示出的"技艺""绝艺"等特质；技术操作者身心活动的和谐，体现技术与艺术相互交融的特征，展示工匠精神中追求职业技能的完美和极致；技术活动与自然的和谐，体现技术操作者爱岗敬业、吃苦耐劳、心怀仁爱之心，造福百姓等特征，成为技术活动中的有"道"之人；技术应用中人际关系的和谐，体现技术操作者专注执着的精神，忘我工作的特质，以及把个人价值和为民服务的社会价值紧密结合等特征，展示出对产品精心打造、精工制作的理念追求和职业情怀；技术活动与社会的和谐，体现技术活动顺应自然，与社会发展协调一致，尊重自然、经济与社会发展规律的特征，展现出技术操作者对职业敬畏、对工作执着、对产品负责、对社会负责的态度和工匠品质。②

一、"技道融合"人才培养的课程理念特征

知识和技能是职业教育课程内容不可或缺的核心要素。知识是基础性的，是人的精神奠基，决定人的认知水平、眼界宽度、发展长度和社会化程度。知识是学生的发展支撑，是学生学会生活、学会做人、学会做事、学会交往的社会化的通行证。"技道融合"人才培养的课程理念认为职业教育应培养个体的精神与具身知识融为一体。技能是职业化和本质性的，决定人的职业的谋取、生存的保障和职业的高度。"技道融合"人才培养的教学主张课程理念认为职业教育课程育人的本质是以能力为本位的、培养技术（技能）人才的教育，这是职业教育的本质、特色、初心和底限③。职业教育的课程价值主要体现在满足学生全面和谐发展的需要、社会和谐发展的需要、自然可持续发展的需要和

① 杜怡萍.广东职业教育课程改革的现状、问题及对策研究[J].广东教育：职教版，2016(11)：37－40.

② 王前."由技至道"——中国传统的技术哲学理念[J].哲学研究，2005(12)：84－89.

③ 张健，陈清.职业教育课程结构化的反思与模式创新[J].中国职业技术教育，2020(2)：5－9.

职业岗位对人的职业能力的需要。

（一）“技道融合”人才培养的课程“理想培养”理念之“道”

当前“劳动光荣、技能宝贵、创造伟大”正在成为一种新的时代风尚。职业教育课程教育应该从知识本位的教育向能力本位和素质本位的课程教育转变，体现三个课程目标“导向”：为了满足行业的需要，应用职业分析方法确定课程目标；为了满足个人发展的需要，人们提出了培养关键能力、通用能力、核心能力来完善课程目标；为了社会发展需要和自然可持续发展需要，将人文教育内容作为职业教育课程的有机组成部分，最终实现学生由一技之长向全面发展转变、阶段性发展向终身发展转变的建设目的。“技道融合”人才培养的课程“理想培养”理念特征是课程能实现学生谋职就业之本、安身立命之基、才略智能之长、继续成长之需、个性发展之根、终身发展之源。

目前，在职业教育课程演化与实践过程中，存在三种导向的职业教育课程：一是“职业导向”的课程，以胜任某种岗位要求为出发点，以实用为目的，以“必需”“够用”为度，不追求知识体系的完整性；二是“发展导向”的课程，以给学生终身发展的牢固基础为宗旨，打好学生文化基础，专业知识宽泛，要求实现学生由掌握一技之长向全面发展转变；三是“全面发展导向”的课程，职业教育课程设置不仅要为受教育者进行就业准备，培养学生较强的岗位能力，还要为其发展奠定基础，养成较全面的素质和能力。三种课程导向在实践中都有一定的合理性和困难性。主张“职业导向”的课程满足了企业要求从业人员快速顶岗的愿望，但学生难以继续发展，从业转岗的迁移能力差；主张“发展导向”的课程满足了学生和家长要求继续发展的愿望，但缺乏职业教育的特性，学生失去谋职就业之本；主张“全面发展导向”的课程，从理论上讲是最理想的职业教育课程目标，基于现实中职业教育自身条件（师资条件、生源状况等），似乎又很难操作与实施，常常力不从心[①]，但是体现了职业教育课程育人的永无止境的一种价值追求。

（二）“技道融合”人才培养的课程“系统培养”理念之“道”

职业教育课程构建是“系统衔接”而不是“碎片培养”。《国家中长期教育改革和发展规划纲要（2012—2020 年）》指出，“到 2020 年，形成适应经济发展方式转变和产业结构调整要求，体现终身教育理念、中等和高等职业教育协调发展的现代职业教育体系。”中等职业教育课程模式构建也要实现培养学生由一技之长向全面发展转变、阶段性发展向终身发展转变。积极构建终身教育体系，搭建中高职教育相互衔接、相互沟通、互为补充的灵活的“立交桥”[②]：一是专业设置的衔接，从地区和行业发展的实际需要出发设置专业，使高等职教的专业设置在中职基础上纵向延伸、横向拓宽。二是培养目标（规格）的衔接，制定中职学段和高职学段一体化的人才培养模式，促进中等和高等职业教育人才培养质量评价标准和评价主体有效衔接。三是课程（教学）内容的衔接，包括：

---

① 丁锡民. 试论职业教育课程改革[J]. 天津市教科院学报，2007(1)：50 - 51.

② 周如俊. 积极构建中高职之间的衔接体系[J]. 当代职业教育，2012(7)：1.

课程体系衔接，系统构建课程体系，课程设置由浅入深；课程内容衔接，与高职合作共同制定相互衔接的课程标准，实现课程内容衔接的连续性、逻辑性和整合性；职业技能等级证书衔接，分段完成职业技能培训，中职阶段进行初级培训，高职阶段进行中级、高级培训。

二、“技道融合”人才培养的课程模式特征

职业教育课程发展过程也是追求“技”之上的“道”的建构过程，蕴含着追寻现代技术之上的课程育人之道，确保职业教育课程诸要素之间的协调和课程系统功能的最佳。“由技悟道”所体现的课程“寻道”本征取向是指职业教育课程所培养的学生不仅应具有必备的知识与技能，而且还必须用终身化的教育思想、积极向上的精神和自主创业的意识，去对待和迎接现实的和未来的职业生涯，掌握未来服务所需的知识与能力，包括技术、技能和自我完善的能力，从而在其职业生涯中完善自己的人格，实现自己的人生价值。

（一）“技道融合”人才培养的课程模式“优化”之“道”

从区域社会的经济实际出发，借鉴国内外等先进职业教育经验，坚持课程本土化实践，是中等职业教育课程模式有效发展的最重要的路径之一。一是借鉴国外职教课程改革过程中关于改革本身的成功做法；二是借鉴发达国家现行职教课程模式中的合理成分。这样既可以使职业教育课程改革少走弯路，又可以优化课程改革方案设计。世界职业教育课程发生了三次重大转向，形成了多种突出能力培养的成熟的职业教育课程模式：一是学校形态的职业教育与学科本位课程；二是学校为本、企业参与形态的职业教育与能力本位课程，主要包括“双元制”课程模式、CBE 课程模式、MES 课程模式；三是校企结合形态的职业教育与素质（人格）本位课程①。从世界范围看，职业教育的课程模式首先是“学科系统化”的课程，在经历了“职业分析导向”和“学习理论导向”的能力本位课程开发模式后，向“工作过程导向”等模式方向发展。国内职业教育课程本土化中，课程改革中范围较广、影响较大的课程模式主要有：三段式课程、平台式课程、集群式课程和项目课程、工作过程系统化课程等。职业教育课程模式“优化”之“道”揭示了课程发展的三个规律：一是课程改革的终极目的——促进劳动者的全面发展；二是课程开发途径——“本土化”条件下寻求企业的帮助；三是课程内容改革——建立知识与工作过程之间的联系。其中“工作过程系统化”的课程开发在一定的程度上与工作过程联系最紧密，能够让学生获得一种全面、和谐、切实有效和有用的教育要求，是当前职业教育发展的必然结果。

（二）“技道融合”人才培养的课程模式“整合”之“道”

职业教育课程构建是一种“多元融合”而不是“单向建构”。目前职业教育领域，各

① 周如俊．职业教育课程改革的演变·推变·嬗变——对当前职业教育课程改革历程的综述[J]．江苏教育，2011(z3)：7－14.

种课程理论的更迭和变迁也直接影响着职业教育课程观的演进和发展，形成了职业教育课程观有别于其他教育类型的特色课程模式（如表 2-2-1 所示）：一是“实践导向课程模式”；二是“能力本位课程模式”；三是“工作过程课程模式”；四是“人格（素质）本位课程模式”。前三种课程模式，表达上虽然不同，但实质上是一致的，即职业教育课程本质是“活动”。课程模式实际上是多种课程观的优化、整合、使用。“技道融合”人才培养的课程模式“融合”之“道”，就是“以课程生存观、发展观、基础观、能力观、质量观为导向，以职业能力培养为整合主线，以岗位需求为整合依据，以工作过程为整合基础，以工作结构为整合框架，整合课程各要素、各成分、各组成部分的排列与组合的方式，有效处理课程的‘职业活动发展’‘学科知识发展’‘学生心理发展’和‘学习动机发展’逻辑顺序关系，重构专业、学业、职业、就业和创业‘五业贯通’，形成基于工作过程的多元化、整合化、系统化课程，既而形成多元整合的以工作过程为导向的系统化课程观”[①]。具有将学习过程、工作过程与学生能力和个性发展联系起来的“人格本位”课程模式多元特征，重在课程内容与真实项目包融，实训环境与职场环境相融，技术专家与教学能师共融，教学过程与工作过程互融，评价体系与职业标准接触，课程改革与技术服务兼融，从而使课程源于职业工作过程又高于职业工作过程。

表 2-2-1 职业教育四种课程模式比较

课程模式类型	起源时间	主要观点	主要特点
实践导向课程模式	20 世纪 90 年代	理论课程以“必需、够用”的原则缩减学时并进行同类课程的适度整合；在教学计划中增加了实践教学学时，尤其是集中实训环节。	本质上属于改良模式，采取课程的双轨制运作模式即学科体系不变，保持“三段式”的课程结构，增加实践课程与教学新轨道。
能力本位课程模式	21 世纪初	在课程设计思想上，从基于学科知识的课程设计转换为以主题和项目为载体的基于职业能力的课程设计；在课程设计方法上，从以学科为起点的课程设计转换为以职业分析为起点的课程设计。	能力本位的课程改革模式仍是不彻底的改良模式。其仅仅集中于认识层面和对专业课程体系的调整，科目课程的改革没能深入进行；在人才培养上，对职业能力内涵的理解更侧重于职业适应力。

① 周如俊. 基于多元整合视角探讨中等职业教育课程设置问题与有效对策——以机电技术应用专业为例[J]. 职教论坛，2012(21)：36-40.

续表

课程模式类型	起源时间	主要观点	主要特点
工作过程课程模式	20世纪90年代	职业教育课程开发要素为课程内容选择标准与课程内容排序标准;课程内容的选择以强调获取自我建构的隐性知识即过程性知识为主,课程内容的序化以工作过程为参照系。强调基于工作过程的课程观、基于行动导向的教学观、基于学习情境的建设观等。	工作过程本位的课程改革,是一个颠覆性的改革模式。课程设计方法遵循设计导向的现代职业教育指导思想,赋予职业能力全新的内涵意义,它打破了传统学科系统化的束缚,将学习过程、工作过程与学生的能力和个性发展联系起来,在培养目标中强调创造能力培养,而不仅仅关注被动的适应能力的训练。
人格(素质)本位课程模式	20世纪80年代	突出培养学生综合职业能力,如通用性、可迁移性和工具性,使学生在学知、学做、学会生存、学会与他人共处的过程中完善自己的人格。	超越“能力本位”,以提高劳动者全面职业能力为核心,关注人的全面发展和素质养成,致力于人格的完善,培养跨世纪的具有综合职业素质的劳动者。

三、“技道融合”人才培养的课程实践特征

职业教育课程目标的定位既要以社会需求为中心,正确认识和处理现实的社会情况,又要满足学生全面发展的需要。“由技悟道”,寻找最优课程目标的现实切入点,即以职业需求为中心与学生发展要求的统一是职业教育课程目标改革的关键。追求职业教育课程“技”之上的“最合理”“最优”之“道”,就是追寻职业教育课程模式完全体现以职业需求为中心与学生发展要求相关要素之间关系的客观特性,表现为各要素之间关系的充分和谐:“合理”即合“物”之“理”;“最优”,指的是从课程的社会价值和效益着眼,注重课程育人的省力、优质、高效。“技道融合”人才培养的教学主张的课程实践“最优”特征取向是:一是“边学边做、学做交互课程结构模式”。职业教育是校企合作、工学结合、知行合一、学做一体的教育,基于此,其课程结构通常有三种模式,即:先学后做,先做后学,边学边做。二是“三境合一、能力递升”课程结构模式。“三境合一”,即仿境、情境和实境的统称。仿境,即仿真的环境;情境,即创设的学境;实境,即真实的职境。“合一”是三境的逻辑链接和统合集成,它是仿境的模拟、情境的真做、实境的顶岗三者的融合,共同构筑了职业教育“能育”的创新结构体系,助力学生能力递升、修能致用。①

(一)“技道融合”人才培养的课程实践“重构”之“道”

探寻“京沪苏浙”区域课程模式“最合理”“最优”之“道”,课程模式构建规律是:打造以能力取向为核心诉求和根本目标的课程结构样态,职业教育的课程内容才能实现优

① 张健,陈清.职业教育课程结构化的反思与模式创新[J].中国职业技术教育,2020(2):5-9.

化传递与育人。“京沪苏浙”区域职业教育课程模式是：上海市构建“实践导向、任务引领、项目驱动”的课程模式（如表 2-2-2 所示）；北京市构建“基于工作过程”的课程模式（如表 2-2-3 所示）；江苏省构建“三以一化”的课程模式（如表 2-2-4 所示）；浙江省构建“选择性”的课程模式（如表 2-2-5 所示）。① 当前“京沪苏浙”区域职业教育课程模式改革就是对传统意义上的学科体系的解构和对现代意义上的以“行动体系课程”为主体的适应职业教育的课程“重构”。② 这种“重构”是一项十分复杂的渐进的系统工程：从传统的学科体系课程模式向加强实践教学的改良型学科体系课程模式转变，建立了平台式课程模式、“三段式”课程模式、“宽基础、活模块”课程开发模式；从“学科本位”课程模式向注重职业实践能力的培养的“能力本位”模式转变，引入了“双元制”课程模式、CBE/DACUM 课程模式、MES 课程模式；从能力本位课程模式向重视综合职业素质培养的“人格本位”课程模式转变。这种对职业教育模式由浅入深的渐进认识过程，也是职业教育不断适应社会发展的必然选择和自主调整。③

表 2-2-2 上海市职业教育课程模式

课程模式类型	模式主要内涵	具体内容
“实践导向、任务引领、项目驱动”的课程模式	借以职业生涯发展为目标——明确专业定位	课程立足于学生职业生涯发展，尊重学生基本学习权益，给学生提供多种选择方向，使学生获得与个性发展和工作岗位需要相一致的职业能力，为学生的职业生涯发展奠定基础。
	以工作任务为线索——确定课程设置	按照工作岗位的需要划分专门化方向，按照工作任务的逻辑关系设计课程，为学生提供体验完整工作过程的学习机会，逐步实现从学习者到工作者的角色转换。
	以职业能力为依据——组织课程内容	以工作任务为中心来整合相应的知识、技能和态度，注重职业情境中实践智慧的养成，培养学生在复杂的工作过程中做出判断并采取行动的综合职业能力。
	以典型产品（服务）为载体——设计教学活动	以典型产品（服务）为载体来设计活动、组织教学，建立工作任务与知识、技能的联系，增强学生的直观体验，激发学生的学习兴趣。活动设计符合学生的能力水平和教学需要。
	以职业技能鉴定为参照——强化技能训练	以职业技能鉴定为参照强化技能训练，使学生在获得学历证书的同时，顺利获得相应职业资格证书；课程标准涵盖职业标准，最终形成三个成果（专业人才需求和专业改革调研报告、专业教学标准、专业课程标准）。

① 周如俊. 中等职业教育课程模式发展的样式比较与启示——以“京沪苏浙”区域为例[J]. 教育科学论坛，2017(4)：39-43.

② 周如俊，李伟. 哲学视域下对中等职业教育课改中“五个融合”的审视[J]. 职教通讯，2011(9)：71-76.

③ 董奇，黄芳，国卉男. 现代职业教育体系视角下的高职课程改革——兼论高职课程观的发展趋势[J]. 职业技术教育，2014，35(1)：27-31.

表 2-2-3 北京市职业教育课程模式

课程模式类型	模式主要内涵	具体内容
“基于工作过程”的课程模式	以培养学生综合职业能力为课程目标，明确专业定位	以学生毕业后所从事的职业（岗位）工作应具备的综合职业能力（职业意识、职业道德、职业能力（含专业能力、方法能力和社会能力））为基点来设计课程，课程的定位与目标、内容与要求、教学过程与评价都落实在综合职业能力的培养上。
	以工作过程为导向，构建理实一体的课程体系	以典型职业活动确定专业核心课程设置，按照企业工作过程设计课程关系，以工作任务整合理论和实践课程内容，构建“公共基础课程＋专业核心课程＋拓展课程＋顶岗实习”的课程模式。公共基础课程落实教育部新颁教学大纲要求；专业核心课程落实核心技能培养；拓展课程包括专业拓展和文化素质拓展等课程；顶岗实习是学生了解、体验社会和岗位工作的综合实训环节，纳入课程体系中。
	以工作过程为主线整合知识和技能，实现课程的综合化	课程更多地是着眼于蕴含在动态行动体系之中的实践知识的生成与构建，是体现完整工作过程所必须的理论实践一体化的课程，实际上也是一个解构学科体系并按照行动体系重构的过程。中职校在课程标准的基础上进行二次开发，以项目、任务、案例等为载体设计学习单元，以工作任务、工作过程为线索确立学习单元之间的逻辑关系。
	创设学习情境，实施行动导向教学	以典型产品或工作任务为载体设计教学活动，以项目教学、案例教学等行动导向的教学方式组织理实一体化教学内容，学生学习的过程是在行动的过程中、工作的过程中、完成任务的过程中“做中学”“学中做”，体现了职业教育教学过程的实践性、开放性和职业性。
	引入职业资格标准，构建多元评价体系	将国家、行业、企业、职业资格标准纳入考核标准，推行教师的评价、学生的自评互评和企业评价。评价体系包括课程学业评价（针对学生学习专业核心课程效果的评价，包括知识、技能、能力、职业素养等）和学业综合评价（针对学生应完成的全部教学计划课程，包括顶岗实习课程在内的全面评价，以全面检验学生的综合素质和职业能力符合用人单位需求的程度）。
	完善教学管理制度，建立三级质量监控体系	建立市、区县、学校三级教学质量监控体系，加强过程监控，保证新课程的有效实施。

表 2-2-4 江苏省职业教育课程模式

课程模式类型	模式主要内涵	具体内容
“三以一化”的专业课程模式	以能力为本位	课程的定位与目标、内容与要求、教学过程与评价都落实在综合职业能力的培养上，其学习过程主要体现为“做事”的过程，是完成职业实践任务的过程。
	以职业实践为主线	以职业岗位中完成某项工作任务并获得工作成果而进行的完整的工作程序为逻辑顺序，按照工作过程的需要来选择技术实践知识与设计实践性问题，为学习者提供体验完整工作过程的学习机会。
	以项目课程为主体	主要反映在课程内容及其组织上，最终的物化成果为专业课程标准及其教材。课程开发流程是“职业领域边界划分——工作任务分析——课程转换——课程教学分析”，课程设计是基于案例化的学习单元，即“教学目标——工作任务——相关技术实践知识——相关技术理论知识——拓展性知识（包括技术实践知识和技术理论知识）——练习——学习结果评价”，体现实践知识、理论知识与实际应用情境的融合。
	以模块化为组合方式	基于工作任务进行分析，以典型的产品或服务为载体来获得对知识、技能和态度关系的综合化理解，整合复杂的专业知识，最终导向是培养学生在复杂的工作情境中做出判断并采取行动的能力。

表 2-2-5 浙江省职业教育课程模式

课程模式类型	模式主要内涵	具体内容
“选择性”的课程模式	建立学生多次选择的机制	学校赋予了学生更多的选择课程、专业和学制的权利，为学生提供直接就业或继续升学的机会。规定直接就业学生专业实训实习教学时数要求不低于总时数的50%，继续升学学生专业实训实习教学时数要求不低于总时数的30%。
	开设必修的“核心课”+供选修的“自选课”课程	课程类型主要包括必修的“核心课程模块”和供选修的“自选课程模块”两大课程类型。前者由公共文化课程和专业核心课程组成，原则上不能超过总课时的50%；后者不少于总课时的50%。还设计了“限定选修课程”形式，要求学校以“2选1”的比例为学生提供相关专业选修课程，以避免选修的课程出现“碎片化”，遏制“应试教育”之实的倾向。
	机制层面的改革具体措施	实施“成长导师制”，加强人生规划教育和学生自主选择的指导；实施“多学期制”，适应推广工学交替、“现代学徒制”的需要；尝试“做中学”“学中做”教学新机制，实现理论教学与实践实训融合；实施新的学业评价制度，对不同性质和教学目的的课程采用不同的质量评价方式；尝试灵活的教学管理制度，积极探索大班与小班有机组合、长课与短课有机组合，并实行“弹性学制”，允许学生提前或延期毕业。

（二）“技道融合”人才培养的课程实践“融合”之“道”

“京沪苏浙”区域课程模式构建充分体现“双场合一”课改思想，将学场与职场有机地融合在一起实施有效教育，即在知识总量相对不变的情况下，以职业功能、职业资格和职业工作过程为导向，对课程内容进行开发、重组、转换，使中等职业教育课程内容与职业资格不再割裂，学科理论知识与实践不再隔离。这既是对“五个对接”(专业设置与产业需求对接，课程内容与职业标准对接，教学过程与生产过程对接，毕业证书与职业资格证书对接，职业教育与终身学习对接)有关理论的融合，也是对职业教育一线课改的“接地气”的实践。职业教育也许无法做到与企业生产“无缝”对接，但是可以以学场为主体，将典型的职场元素融入学场中，在学场中培养学生的综合能力，并将有关能力有效地迁移到职场，这是当前中等职业教育课程模式发展的应然走向。[①]

第三节　“技道融合”主张的课程趋向探析[②]

当前，国家正在推进“中国制造 2025”“互联网＋”等重大战略，以新技术、新业态、新模式、新产业为代表的新经济，对职业教育人才培养与课程教育提出了更高要求。从“道”“技”之间融合关系的角度看，职业教育人才培养的课程实施是体现“培技”与“育人”不断耦合的寻找职业教育的专业教育规律与适应人才成长发展规律的优化过程，更加关注创新能力、迁移能力以及适应岗位变化的能力。职业教育课程教育导向是体现全面性与发展性育人相结合，培养学生具备智能化、数字化岗位的职业能力素质，能高度胜任现代制造业岗位的复合式技术(技能)型“智造人才”。本节仅从“工业 4.0”发展视角，以职业教育机电技术应用专业为例，剖析职业教育课程设置应如何顺应“工业 4.0”发展趋向。

“工业革命 4.0”(简称“工业 4.0”)指当代德国提出的“第四次工业革命”，是基于互联网、物联网和服务网集成的信息物理系统，具有智能化、信息化、分散化、个性化的特点。[③] 它是由“工业 1.0”到“工业 4.0”的革命推进变革(如图 2－3－1 所示)。在制造业中表现为“智能工厂”和“智能生产”，在整个经济社会表现为智能化生产、智能化管理和智能化服务。课程作为维系着职业教育实践活动内外环境的一个“多元互动”的动态系统，必须顺应“工业 4.0”发展趋势。

---

① 姜汉荣. 双场合一：中职专业课课程改革的新思考[J]. 职教论坛，2015(27)：19－22＋26.

② 摘自拙作(摘编时略作删改)：周如俊. “工业 4.0”视域下中等职业教育课程设置转型审视——以机电专业为例[J]. 江苏教育，2016(4)：48－51.

③ 宋健，王苗，杨杰. “工业 4.0”综述[J]. 山东工业技术，2015(2)：288.

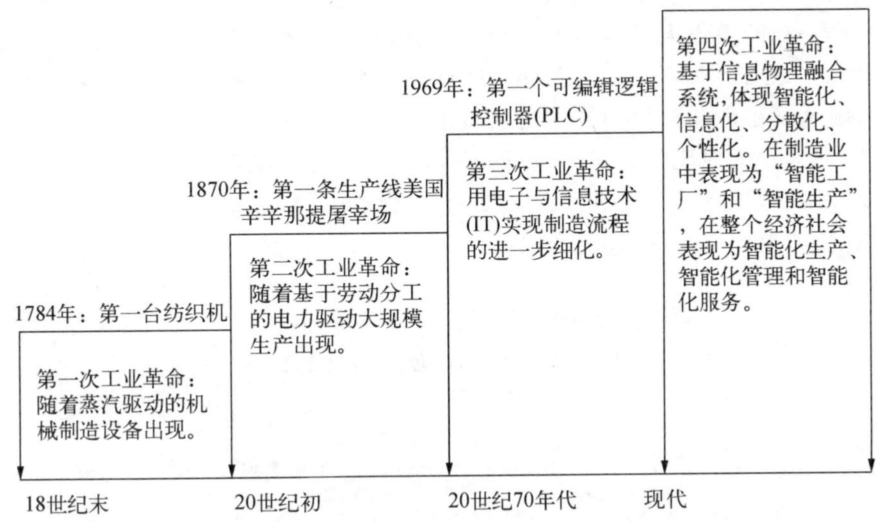

图 2-3-1 工业革命的四个发展阶段

一、“技道融合”人才培养的课程理念转型：从阶段性到终身性

当前技能取向的职业教育范式，一度被奉为人才培养模式实施的圭臬，常常将课程教育作为阶段性的职前教育、首岗的适应性教育，此后的继续教育主要是一种学历提升的再教育，而非生存能力提高、职业能力和生活能力提高的教育。这种阶段性的非连续性的职业教育观与“工业 2.0”“工业 3.0”时代生产力发展水平不高、科技进步有限的社会也许是相适应的，但是从“工业 4.0”视角来看，这种“技能至上”的课程理念已经成为培养技术(技能)型人才的可持续发展能力的羁绊。“工业 4.0”，是依托机器对机器技术(M2M)、物联网技术(IOT)与信息技术，基于网络与信息物理系统(CPS)的融合，为制造端提供直通用户端的“端到端解决方案”的一种全新的生产组织模式，实现了制造业向智能化的转型。这种人机智能关系的深刻变化主要表现在与先进制造技术相适应的知识、技术和技能的形成和积累。[①] 在职业教育中，则表现为技术(技能)型人才培养结构趋向“分层化”、工作过程趋向“分工化”、技能操作趋向“高端化”、工作方式趋向“研究化”、服务与生产趋向“一体化”。[②]

(一)“技道融合”人才培养的育人定位的转型

“工业 4.0”对人才的需求变化是：知识成为生产的重要要素。智能自动设备逐步替代单一岗位技能的劳动者，传统的操作型技术工人被知识型技能劳动者取代。人工

① 蔡泽寰. 应对工业 4.0 高职教育的趋向[N]. 襄阳日报，2015-06-09(005).

② 徐国庆. 智能化时代职业教育人才培养模式的根本转型[J]. 教育研究，2016，37(3)：72-78.

智能时代人才类型主要有专业型人才、交叉型人才、复合型人才三种类型(如图 2－3－2 所示),生产一线的操作人员将会大量减少,操作复杂设备的普通人员将会逐步退出,工作岗位性质体现在用知识、信息进行生产规划、协调、评估和决策。① 职业教育课程设置要随时随地满足产业升级与技术更新对学习与培训的需要,增强课程设置的开放性和多样性,使课程学习成为促进学生可持续发展的教育,努力满足行业科技进步、劳动组织优化、经营管理方式转变和产业文化变革对技术(技能)型人才的新要求,为学生接受继续教育、转换职业提供必要的条件。②

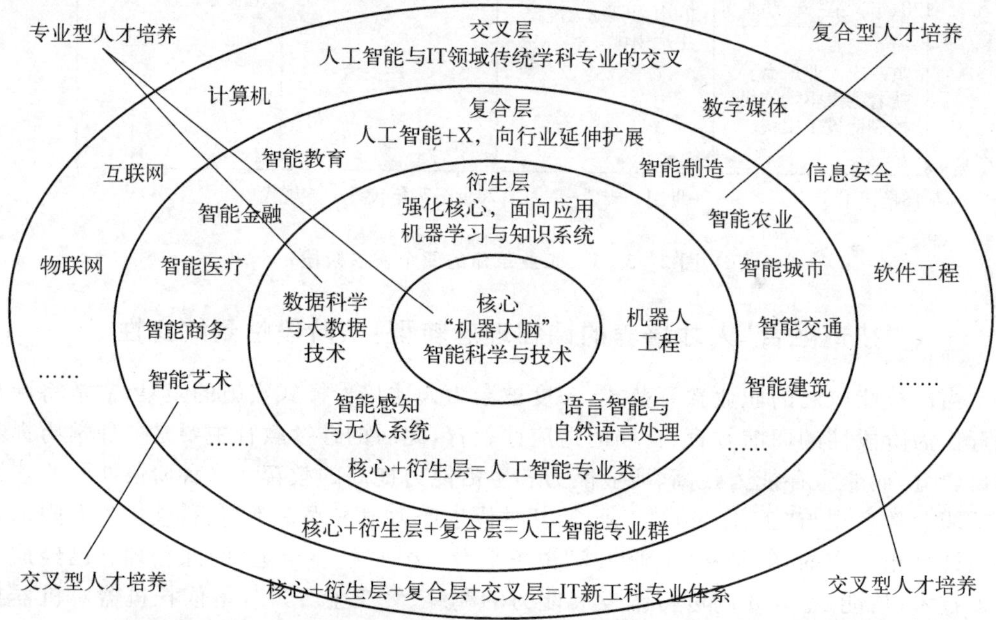

图 2－3－2　人工智能时代人才需求类型

(二)“技道融合”人才培养的教育内容的转型

“工业 4.0”时代,技术更新换代的频率加快,产业结构的调整和设备更新不断换代,企业对熟练掌握高精尖设备操作技术、具有技术革新和创造力的高级技术(技能)型人才的需求量越来越大。从业人员的职业发展稳定与高质量的就业,不是仅靠从业人员娴熟的技能,而是主要依靠他们的综合职业能力(如图 2－3－3 所示)。以机电技术应用专业为例,将学生综合职业能力进一步细分为基本能力与专业能

① 周如俊.中等职业教育人才培养存在的问题与“转轨”策略——基于“中国制造 2025”视域[J].职教论坛,2016(10):26－32.

② 陆启光.基于“工业 4.0”的职业教育转型[J].职教论坛,2015(16):4－9.

力两个部分(如表 3-3-1 所示),从“基本素质”“基本能力”“行业通用能力”“专业特定能力”“职业核心能力”5 个维度,细分为 19 个领域。这种教育内容转型要正确处理“三大关系”(学生综合素质提高和职业能力培养的关系、公共基础课程教育和专业技能课程训练的关系、学生就业需求和可持续发展需求的关系),更多关注学生的职业生涯发展、全面发展、终身发展,更应重视学生人格塑造和个性发展,更加突出学生学习能力、创新能力的培养。

二、“技道融合”人才培养的课程目标转型:从单一性到复合性

当前职业教育及学生不同程度地被“物化”和“工具化”,职业学校越来越像培训机构,学校的功能越来越“技”,专业分工越来越细,就业岗位群确定越来越窄,学生的适应性越来越差。这种“唯技而教”的课程目标,不能满足学生未来职业变动的需要,更无法满足学生个性发展的就业需要和实现人本性目标的个性需求。国务院在《中国制造2025》中提出“四大转变”的主线是“信息技术与制造技术深度融合的数字化、智能化制造”。职业教育要熟知“工业 4.0”的内涵,围绕产业转型升级对高技能人才的需求,推进知识型、创新型、复合型技术(技能)人才培养,促进学生全面发展、可持续发展、终身发展。

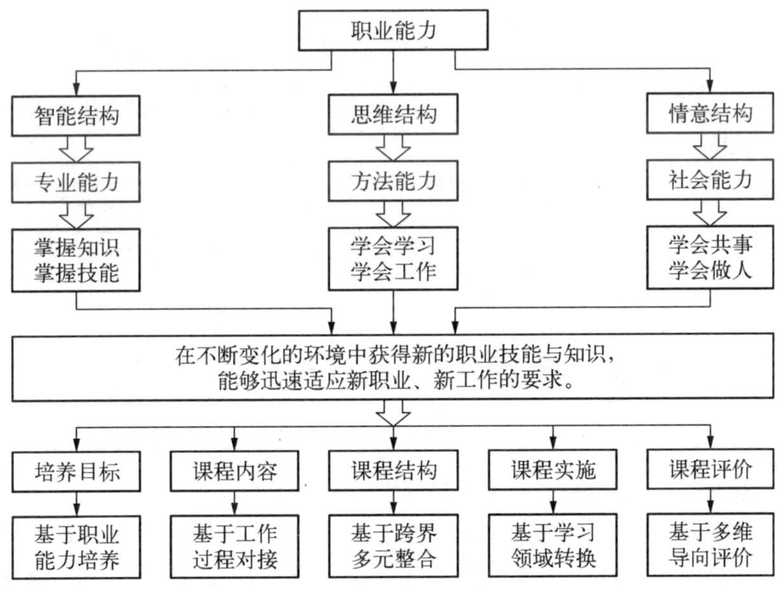

图 2-3-3 职业教育学生职业能力结构

表 2-3-1 职业教育职业能力标准细分结构

<table>
<tr><th>维度</th><th>维度</th><th>领域</th></tr>
<tr><td rowspan="9">基本能力标准</td><td rowspan="5">基本素质</td><td>政治思想素质</td></tr>
<tr><td>道德素质</td></tr>
<tr><td>心理素质</td></tr>
<tr><td>身体素质</td></tr>
<tr><td>科学文化素质</td></tr>
<tr><td rowspan="4">基本能力</td><td>学习能力</td></tr>
<tr><td>表达与沟通能力</td></tr>
<tr><td>协作能力</td></tr>
<tr><td>创新与创业能力</td></tr>
<tr><td rowspan="10">专业能力标准</td><td rowspan="5">行业通用能力</td><td>识读图样能力</td></tr>
<tr><td>工量具及仪表选用能力</td></tr>
<tr><td>材料及元器件选用能力</td></tr>
<tr><td>机电设备的使用能力</td></tr>
<tr><td>机电产品的制作能力</td></tr>
<tr><td rowspan="4">专业特定能力</td><td>机电设备安装与调试特定能力</td></tr>
<tr><td>自动化生产线运行特定能力</td></tr>
<tr><td>机电产品维护特定能力</td></tr>
<tr><td>机电产品营销特定能力</td></tr>
<tr><td>职业核心能力</td><td>跨行业职业能力(具有适应岗位变化的能力,具有企业管理及生产现场管理的基础能力,具有创新和创业的基础能力,具有云计算、大数据、物联网等技术运用的基础能力)</td></tr>
</table>

(一)“技道融合”人才培养的课程目标指向转型

“工业 3.0”以前职业教育是以岗位技术(技能)培养为导向的教育,而在“工业 4.0”时代,智能制造对技术(技能)型人才提出了与过去截然不同的新要求:“既有虚拟世界中的产品设计、规划,又包含了现实世界中的生产、物流。这种新型的生产模式不仅要求员工对日益增长的复杂性有一定的掌控能力,还要求员工具备认真负责的工作态度、灵活多变的领导能力以及协作精神。”“工业 4.0”时代职业教育是以文化、智能、技术融合一体培养为导向的教育,其终极目标在于促进学生的全面可持续发展,即不仅要培养学生基本的岗位职业技能，使学生具备岗位就业的“硬技能”——“看家本领”，还要培养学生专业技能之外的“软技能”——“发展潜质”，主要包括职业素质（人的职业意识、职业态度和职业行为习惯）及职业通用能力（沟通表达、协调合作、学习创新、适应控制、分析应对等综合表现能力）。具体来说，职业教育培养目标更多地存在于技术型人才与技能型人才的“重叠带”，指向具有技术倾向的技能型群体，培养综合素质较高的技能复合型人才，实现学生由一技之长、阶段性发展向全面发展、终身发展转变。

“工业 4.0”视角下职业教育机电技术应用专业课程目标可作新定位：“本专业主要面向制造类企业，培养德、智、体、美全面发展，具有良好的文化修养和职业道德，掌握机电技术应用专业对应职业岗位必备的知识与技能”，“具有基于互联网、物联网和服务网运用的基础能力”，“能从事自动化设备和自动生产线的安装、调试、运行、维护和营销等工作，具备职业生涯发展基础和终身学习能力，能胜任生产、服务、管理一线工作的高素质劳动者和中等技术（技能）型人才”。① 这种融入“具有基于互联网、物联网和服务网运用的基础能力”的课程目标新定位，要求职业教育必须了解当前工业领域的最新发展动态，熟悉发展“工业 4.0”的步骤、实施方案，以及所在专业的未来产业发展所需要的基本技能、职业素养和职业核心能力。

（二）“技道融合”人才培养的课程目标内容转型

“工业 4.0”对技术（技能）型人才提出了由单一的岗位能力向复合的职业群能力、可持续发展的职业能力转化的新要求。“工业 4.0”在制造业中的最大特点是所有参与者及资源的高度社会技术互动，主要表现在围绕制造机械、机器人、输送机、仓储系统及生产设施等制造资源网络，进行自我管理、自我配置，并且分散安装了传感器，融入了相关规划及管理系统，呈现的是制造过程和制造产品的“端对端工程”，实现数字和物理世界的无缝衔接②。职业教育要培养学生具备“即插即用”的职业能力和素质，能够迅速迁移所学知识于新的环境，迅速更新知识以适应新生行业或职业的要求。

三、“技道融合”人才培养的课程模式转型：从零散性到综合性

“工业 4.0”灵活的工作组织形式使劳动者能够更好地整合自己的工作，用知识、信息进行生产规划、协调、评估和决策。具有知识型的技术（技能）劳动者是“工业 4.0”战略成功实施的关键。职业教育课程模式要依据“工业 4.0”时代的工作流程及工作方式进行模式整合，实现从零散性向综合性的转型。

---

① 江苏教育厅．关于印发《江苏省中等职业教育和五年制高等职业教育指导性人才培养方案（试行）》的通知[Z]．苏教职〔2013〕34 号，2013 - 10 - 11．

② 王喜文，关于“工业 4.0”的三个问题[EB/OL]．http://wap.ce.cn/intl/201408/04/t20140804_3288602.html，2014 - 08 - 24．

（一）“技道融合”人才培养的模式整合导向转型

“工业 4.0”智能辅助系统能实现让工人从单调、程序化的工作向精力集中在创新和增值业务上转变。职业教育课程模式要实施“多元整合”，即集国内外职业教育课程模式之所长，进行适切化调整、修合、补益、优化。具体而言，就是以课程“五观”（生存观、发展观、基础观、能力观、质量观）为导向，以职业能力培养为主线，以岗位需求为依据，以工作过程为基础，以工作结构为框架，整合课程各要素、各成分、各组成部分，有效处理课程的“四种发展”（职业活动发展、学科知识发展、学生心理发展、学习动机发展）的逻辑顺序关系，促进“五业贯通”（专业、学业、职业、就业和创业），形成基于工作过程的多元化、整合化、系统化课程。这种“多元整合”课程模式在课程内容、课程计划、课程实施、课程评价等内涵上具有相对变化性和优化选择性，在实施过程中通过过程评估、动态反馈能够不断总结、修正、完善、优化。①

（二）“技道融合”人才培养的模式整合方式转型

“工业 4.0”时代，智能制造的跨专业、跨学科、跨区域和融入大数据等特性对技术（技能）型人才培养提出了更高要求。职业教育要培养学生在职业生涯中具有可持续发展能力，从而长久地保持生产力。这种可持续发展能力体现了课程模式“取长”的整合方式转型（如表 2－3－2 所示）。

表 2－3－2　职业教育课程模式整合方式转型

序号	课程模式整合转型类型	课程模式整合转型内容
1	公共基础课程教学：取“学科中心”课程之所长	注重基础知识之间的系统性、融合性，为学生创造性能力和可持续发展能力的发展打下良好的基础。
2	专业技能课程实践教学：取“活动中心”课程之所长	保证学生经验知识的获得和各种技能的训练有足够时间，使学生的知识、技能结构更趋于完整和合理。
3	课程开发：取“能力中心”课程之所长	根据市场分析和职业岗位分析确定课程的内容，使课程的设置适应行业企业的需要。
4	课程实施形式：取“问题中心”课程之所长	引导学生掌握学习的方法，提高学生分析问题和解决问题的能力。
5	人才培养发展形态：取“个性中心”课程之所长	在课程中有效地体现学生的个性化价值取向和行为方式。

四、“技道融合”人才培养的课程标准转型：从静态性到通融性

工业 4.0 涉及多学科、跨专业的知识与技能，核心是实现技术与技能的融合，表现

---

① 周如俊. 职业教育“多元整合课程模式”构建与实践[J]. 继续教育，2015，29(5)：3－6.

为新知识、新技术、新技能不断涌现并投入使用，掌握新知识、新技术、新技能的人员与需要这种人员的岗位在不断重新组合，一劳永逸的就业变得越来越不可能，所以从业者需要有很强的适应性。职业教育课程适应性转型表现在两个方面。

(一)“技道融合”人才培养的课程标准国际性转型

“工业 4.0”特点是“智能化”“网络化”“分散化”“个性化”，其特征是以嵌入式系统为基础，基于互联网、物联网和服务网集成信息物理系统的智能化生产、智能化管理、智能化服务。其系统框架必然基于一套全球化的标准体系。随着中国版“工业 4.0”的建设，我国将逐步建立起一套与国际接轨的标准化与参考架构，深度融合到国际分工中去。因此职业教育要将国际通用技能人才培养标准引进专业标准、课程标准中来，开发基于岗位工作内容、融入国际通用职业资格标准的专业教学内容和教材，引导人才培养服务对象的国际化发展，提高课程改革对技术(技能)进步的反应速度。

(二)“技道融合”人才培养的课程标准衔接性转型

“工业 4.0”在很大程度上源于员工在复杂工业过程中开展生产与管理的专业性，这种专业性要求员工在信息技术领域表现出很高的水平和能力。因此职业教育要做好中高职人才培养衔接工作，培养高素质的技术(技能)型人才。一是专业的衔接。中高职衔接专业只有是优势专业或特色专业，中高职教育联合培养才能更好地满足市场需求。二是培养目标的衔接。树立系统培养的理念，明确人才培养的定位、规格、梯次和结构。职业教育重点培养技能型人才，高等职业教育重点培养高端技能型人才。三是课程内容的衔接。实现课程内容衔接的连续性、逻辑性和整合性。职业教育阶段注重基础素质教育，高等职业教育阶段注重学生知识、技能和职业素养的全面培养，提高学生的可持续发展能力。四是教学模式的衔接。中高职教育衔接应突出教学操作性、实践性的衔接，分段完成职业技能培训与职业资格证书的考证衔接。①

五、“技道融合”人才培养的课程实施转型：从封闭性到开放性

“工业 4.0”通过网络与信息物理系统(CPS)的融合，促进制造业向智能化的转型，相应地，人才在生产制造中的角色将由服务者、操作者转变为规划者、协调者、评估者、决策者、高智能设备和系统的维护者。职业教育课程实施应根据职业岗位任职要求、技术领域的内涵提升要求、岗位迁移能力的要求，实行课程管理的融合性、跨界性，适应经济发展、产业升级和技术进步的需要，培养高素质的社会人、职业人、未来人、发展人。

① 周如俊.中等职业教育发展的“新常态”[J].江苏教育，2015(20):41-44.

表 2-3-3　职业教育课程实施融合性转型

序号	课程融合性转型类型	课程融合性转型内容
1	课程目标融合	以就业为导向，并实现人的“德技双馨”和谐发展
2	求学需求融合	就业、升学、职业成长
3	课程形态融合	学科课程、技能训练课程、项目课程、综合实践课程、其他课程
4	课程性质融合	文化基础、德育基础、职业基础、职业技能、职业拓展、素质拓展等
5	课程类别融合	公共基础课程主要包括德育类课、文化课(语数外)、体育与健康课、计算机应用基础、艺术课(音乐、美术等以及其它选修公共课程)；专业技能课程(基础平台加专门化方向的课程结构：基础模块、必修模块、选修模块、拓展模块)
6	教学方法融合	讲授法、演示练习法、学案导学法、案例教学法、场景教学法、模拟教学法和岗位教学法等

(一)“技道融合”人才培养的课程实施融合性转型

课程实施突出“六项融合”(如表 2-3-3 所示)，构建融“成长、就业、升学”于“教、兴、赛、考”的“四位一体”课程体系(如图 2-3-4 所示)。这种整合课程体系，以培养学生专业水平的日常教学为核心，兼顾课外技能兴趣辅导小组训练、组织“赛考”(应考)能力训练，实施理论与实践知识的融合，突出其知识层、能力层和素质层的整合，实现课程的分层化、融合化、综合化。在知识层上，侧重培养现代人所具有的科学文化素养，突出互联网与数字化技术在专业上的应用；在能力层上，侧重培养作为职业人所具有的潜在

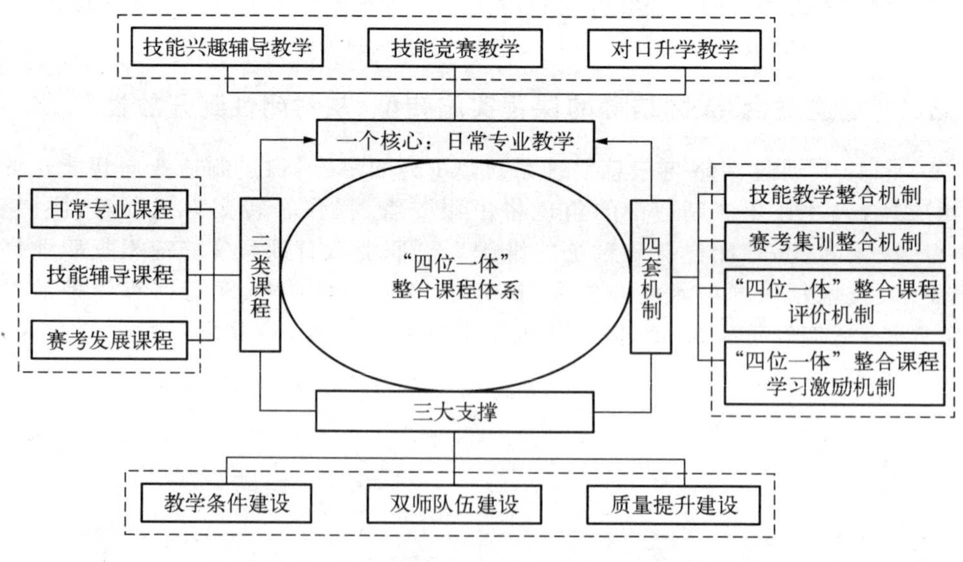

图 2-3-4　职业教育“四位一体”整合课程体系

智能，培养综合技术操作能力、技术管理能力、技术诊断能力和高端设备和系统的维护维修能力等，突出对学生动手能力的培养；在素质层上，侧重培养学生将所学知识、能力内化形成学生自身的基本素质。[①]

表 2-3-4 职业教育课程实施跨界性转型

序号	课程跨界性转型类型	课程跨界性转型内容
1	在办学目标上转型	寻求就业与发展的跨界整合课程结构（适应经济发展新常态和技术（技能）人才成长成才需要，完善产教融合、协同育人机制，创新人才培养模式，构建专业课程与教学标准体系，关注学生职业生涯和可持续发展需要，促进学生德智体美全面发展）
2	在培养模式上转型	寻求学校与企业的跨界整合课程结构（校企共同建设基于工作内容的专业课程和基于典型工作过程的专业课程体系，推动行业企业参与人才培养全过程）
3	在课程体系上转型	寻求以变应变来整合课程结构（基于典型工作过程、基于职业能力培养、基于全面发展的要求，加强“互联网＋”信息化能力培养，建立新技术、新工艺的课程模块，培养学生创业精神和创新精神）
4	在课程模式上转型	寻求以处理好公共基础课程教育、专业技能平台性课程教育、专业技能方向性（综合性）课程教育三者的关系来整合课程结构（校企共同开发基于岗位工作内容、融入国家职业资格标准的专业教学内容和教材）
5	在课程设置上转型	寻求以学生职业发展的需要来整合课程结构（突出互联网与数字化技术应用，系统设置课程，注重学生文化素质、科学素养、综合职业能力和可持续发展能力的培养，为学生实现更高质量就业和职业生涯更好发展奠定基础）
6	在课程计划上转型	寻求以技能型人才培养为核心，打破学科界限来整合课程结构（校企共同设计人才培养方案，共同制订专业教学标准、课程标准、岗位标准、企业师傅标准、质量监控标准）
7	在课程组合方式上转型	寻求知识和技能的跨界整合课程结构（以职业功能、职业资格、职业活动和工作过程、工作实践为导向，课程间整合形成模块，课程内融合相关职业或技术标准，实现知识、技能、态度的整合）
8	在课程教学方式上转型	寻求理论与实践的跨界整合（实施“学分制、菜单式、模块化、开放型”教学，推行项目教学、案例教学、情景教学、工作过程导向教学等，专业教学过程对接生产过程，构建“通识能力、专业通用能力、专业特殊能力”有机结合、相互融通的教学模式）

① 周如俊．基于多元整合视角探讨中职教育课程设置问题与有效对策——以机电技术应用专业为例[J]．职教论坛，2012(21)：26-40．

(二)"技道融合"人才培养的课程实施跨界性转型

职业教育不但要培养学生具有特定的专业技能,还要具有跨界的综合能力,学生除了要懂生产技术与操作技能知识外,还要懂得IT和大数据,熟悉"互联网+"内容,适应互联网、物联网和服务网思维模式,懂得用创意方式和顾客沟通,熟习高端、精密、智能化设备调试等工作,[①]学会从技术和产品生产操作层面扩展到商业模式、服务方式层面的全方位创新。由此职业教育课程实施要体现跨界性转型(如表2-3-4所示):"系统培养、多样成才"——为学生多样化选择、全面发展与多路径成才、终身发展搭建"立交桥";"校企合作、产教融合"——推进校企联合招生、联合培养的"现代学徒制"培养模式,实行校企一体化育人;"知行合一、工学结合"——深化校企协同育人,推动专业人才培养与岗位需求衔接,推进课程设置的综合化、模块化和项目化,实现人才培养链和产业链相融合。[②]

---

① 蔡泽寰.应对工业4.0高职教育的趋向[N].襄阳日报,2015-06-09(005).

② 教育部.教育部关于深化职业教育教学改革全面提高人才培养质量的若干意见[Z].教职成[2015]6号.2015-07-27.

第三章 “技道融合”主张的课程目标

职业教育课程目标是职业教育目的和人才培养目标在课程领域的具体化，它决定课程内容的选择和组织，也是职业教育课程价值的具体体现和课程本质的外部反映。职业教育课程目标的设计是整个专业课程体系的宏观和微观操作的定位。[①]“技道融合”人才培养的教学主张职业教育课程目标设计要“兼顾社会性需要和个人发展”。职业教育课程由单一性向综合性发展，已经成为一种必然趋势。由于当前职业教育课程目标设计普遍存在虚化、泛化和异化现象，职业教育有必要进行课程“目标框架”的再设计，以培养全面发展的人为目标，全面走向“育人”的教育学立场。本章共分三节内容：职业课程目标要从单一的目标走向多元目标整合，第一节主要剖析了职业教育“技道融合”人才培养的教学主张的课程目标定位；构建职业教育核心素养目标框架，培养学生必备的品质与关键能力，第二节主要探析了职业教育“技道融合”人才培养的教学主张的课程目标架构；职业核心素养是学生在职业领域中对应的必备素养和关键能力，第三节透视了“技道融合”人才培养的教学主张的课程现场文化育人的实施路径。

第一节 “技道融合”主张的课程目标定位

职业教育课程目标是人才培养目标的具体化，是课程内容、课程实施和课程评价的依据，主要包含三个目标要素，即素质（德智体美劳等全面发展）、能力（培养综合职业能力）和技能（成为现代农业、工业、服务业和民族传统工艺振兴需要的一线技术（技能）人才）。职业教育课程目标也随着职教“知识（学科）本位——能力本位——人格本位”课程模式的演变，不断适应社会发展的必然选择和人才成长与可持续发展的需要。[②]职业教育课程主要包括以技能为中心、以学生主体为中心及以社会需求为中心的三种课程价值取向，具体表现为行为目标、生成性目标、表现性目标。“行为目标”有利于培养学生掌握特定职业岗位的基础理论知识和基本操

① 石芬芳. 高职旅游专业通识课程目标的设计[J]. 高等职业教育（天津职业大学学报），2008，17(4)：28 - 30.

② 刘春生. 职教课程改革目标取向研究[J]. 西安交通大学学报：社会科学版，1999(2)：62 - 65.

作技能，“生成性目标”有助于培养解决实际问题的能力，“表现性目标”则有益于培养创新能力、职业道德等综合素质①。时代的进步和社会发展不断赋予职业教育新的使命，社会对人才培养目标提出了新的要求，“技道融合”人才培养课程的目标定位意味着职业教育课程目标应由单一的“行为目标”向“行为目标”“生成性目标”和“表现性目标”多元整合。

一、“技道融合”主张下审视职业教育课程“行为目标”定位

人才培养目标是教育类型与层次质量的规定性的反映，也是反映各级各类教育对人才培养总体要求的行动指南。职业教育课程目标的制定以培养学生掌握特定职业岗位能力要素为旨归，由分解的行为构成要素组成整合的行为能力，是课程目标价值取向的追求所在。② 透过繁复的历史轨迹深层勾勒职业教育人才培养目标赓续的“行为目标(behavioral objectives)”特征性规律，有利于拓宽“技道融合”人才培养课程目标主张的研究脉络。所谓职业教育课程“行为目标”，是指以特定的外显行为方式陈述的课程目标，它指明整个课程活动结束后学生身上所发生的行为变化，阐明学生应该做什么，要达到什么程度。职业教育“行为目标”取向在本质上是受“技术理性”或“工具理性”支配的，其关注的焦点是具有工具性和效用性的基础理论知识和基本操作技能。③ 依据图 3 - 1 - 1 所示，可将新中国成立 70 年来职业教育人才培养目标的发展过程划分为“五个”阶段：一是奠基期(1949 年—1977 年)，“技术本位”——“技术工人”人才培养目标的确立；二是重建期(1978 年—20 世纪 90 年代)，“技术本位”——“熟练劳动者”培养目标的确立；三是探索期(20 世纪 90 年代—21 世纪之交)，“技术本位”与应用型技术人才(“专门人才”“实用人才”)培养目标的确立；四是变革期(21 世纪初—2012 年)，“能力本位”——“技能型人才”培养目标的确立；五是繁荣期(2012 年至今)，“能力本位”——复合发展型“技术(技能)型人才”的培养目标确立。实现了从培养计划经济时期的“技术工人”“熟练劳动者”到能把握“智能＋”时代机遇的“技术(技能)型”复合人才的跨越式发展，展现出职业教育人才培养目标与时代共进、育大国工匠，致力于民族伟大复兴的使命担当。④

职业教育课程目标是一定的教育价值观在课程领域的具体化⑤。从人才培养目标演化进程和课程“行为目标”视角审视“技道融合”人才培养课程的目标定位：职业教育

① 胡娜. 职业教育工学结合课程目标体系研究[J]. 天津职业院校联合学报，2011，13(9)：91 - 94.

② 郑晓梅，谢长法. 论高等职业教育课程目标的价值取向[J]. 职业技术教育，2003，24(19)：40 - 42.

③ 王坤，谢长法. 职业教育课程目标研究综述[J]. 成人教育，2013，33(6)：65 - 67.

④ 闫广芬，李文文. 新中国成立 70 年来职业教育人才培养目标的“中国特色”[J]. 中国职业技术教育，2019(36)：27 - 33.

⑤ 李政. 职业教育现代学徒制的价值审视——基于技术(技能)人才知识结构变迁的分析[J]. 华东师范大学学报：教育科学版，2017，35(1)：54 - 62＋120.

课程目标——“由技进道，化知成志”：从培养被动的“职业人”转向涵育自觉的“志业人”。职业教育的目的在于帮助个体“发展内在的自我”“使学生成为具有真正人格的个体”，实现对“工作意义的自我认知及自觉”。[①] 课程实施——“转术为艺，能德并举”：德知技融合，职业教育课程育人要跨过简单强调职业技术（技能）和职业能力概念的边界，重视职业能力培养的同时，兼顾职业道德伦理与职业审美素养的涵蓄，[②]培养学生在职业生活的追寻中更充实完美的意义世界，进而实现职业教育人才培养目标在其本体价值意义上的彰显和终极目标追求，培养更多兼具职业能力和职业道德伦理、职业审美素养的适应社会发展的真正的“大国工匠”。[③]

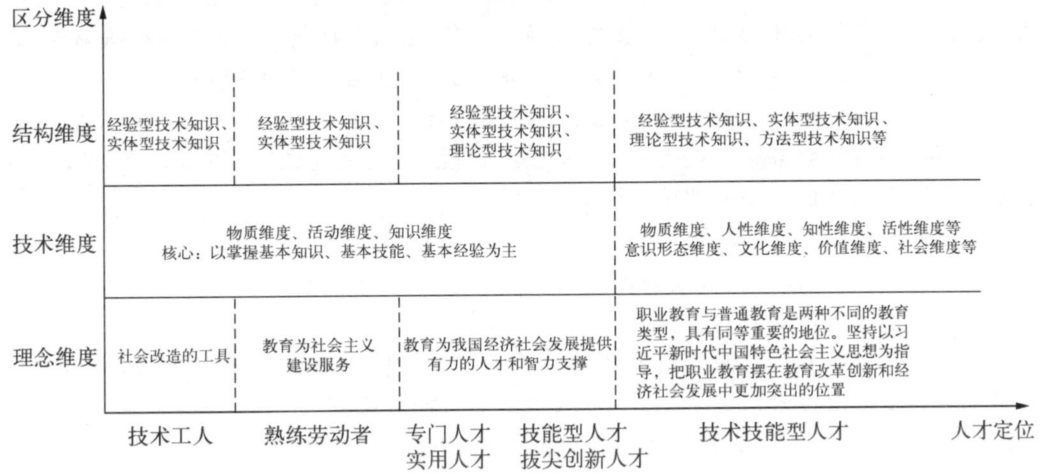

图 3-1-1 职业教育人才培养目标与教育理念维度、技术维度、知识结构维度变迁关系

二、“技道融合”主张下审视职业教育课程“生成性目标”定位

人才培养目标是职业教育人才观的集中反映，更是职业教育理想和使命的具体体现。[④] 职业教育培养的技术（技能）型人才除具备相当的基础知识与特定岗位的操作能力外，还应当具有一定的分析问题和解决问题的能力。而解决问题的能力主要有赖于大量的经验性知识（或实践性知识）和隐性知识，并且通过学生在具体活动过程中随着问题的不断解决逐渐积累形成。这一点正好与课程“生成性目标”的追求相吻合。所谓职业教育课程的“生成性目标（evolving purposes）”，是在教育情景中随着教育过程的

① 勒维克．技职教育哲学——多元概念的探讨[M]．台北：五南图书出版公司，2002：77－78．

② 李文文，闫广芬．实然与应然：职业教育发展逻辑考察——基于历史视角[J]．中国职业技术教育，2018(33)：51－55＋90．

③ 陈鹏，庞学光．培养完满的职业人——关于现代职业教育的理论构思[J]．教育研究，2013，34(1)：101－107．

④ 眭依凡．关于大学人才培养问题的思考[J]．教育发展研究，2006(3A)：30－34．

展开而生成的课程目标。“生成性目标”取向在本质上是对职业教育技术(技能)“实践理性”的追求,它是针对“行为目标”的不足而发展起来的。① 纵观新中国成立以来职业教育产教融合政策的发展,其演变脉络可以分为教育与生产劳动相结合(1949—1977年)、产教结合(1978—2013年)、产教融合(2014年至今)三个时期,②人才培养“生成性目标”主要存在“五种变化”“四种表述方式”和“三个问题”:“五种变化”,即经历了由培养“技术员、管理人员、技工”“实用人才”“应用型人才”到培养“技能型人才”“技术(技能)人才”的转变(如表3-1-1所示)。其中,20世纪90年代,一度存在“实用人才”“应用型人才”“技能型人才”等多种目标定位交叉共存的情况。“四种表述方式”:类型说(将职业教育培养目标定位为某类人才,主要包括“应用型人才”“实用型人才”“技能型人才”和“技术(技能)人才”四种表述),岗位说(将职业教育培养的人才的职业岗位进行定位,主要有四种提法:面向“生产、服务、技术、管理第一线”、面向“生产、服务、管理第一线”、面向“生产、建设、管理、服务第一线”、面向“生产、服务第一线”),特征说和综合说。“三个问题”:目标内涵不清晰、目标变动太频繁和目标分类不明确。③

人才培养目标是职业教育培养人的价值主张和具体要求,决定了职业教育培养什么样的人,决定了课程价值取向与课程目标定位。从人才培养目标政策演化进程和课程“生成性目标”视角审视“技道融合”人才培养课程的“融道于技”目标定位:职业教育课程目标定位——不再局限于培养具备基本知识与技能的熟练劳动者,而转向培养具备高素质的复合型技术(技能)型人才,不同历史时期政策对技术(技能)人才知识结构的内在要求是不同的,职业教育课程目标的定位也要以技术(技能)人才知识结构的延展为载体进而得以体现,同时呈现出发展性特征;课程实施定位——职业教育首先体现的是教育,其次呈现的才是职业教育,而教育最终指向人的回归。职业教育课程培养的人才不仅仅面向岗位、面向职业、面向市场,更要面向家国、面向时代、面向美好生活和“人类命运共同体”,逐渐由单一的服务经济社会发展的外铄指向,转向对受教育者复合型、内生知识结构的培育。④

---

① 郑晓梅,谢长法.论高等职业教育课程目标的价值取向[J].职业技术教育,2003,24(19):40-42.

② 杨院,许晓芹,连晓庆.新中国成立70年来职业教育产教融合政策的演变历程及展望[J].教育与职业,2019(19):26-31.

③ 查吉德.改革开放30年来职业教育培养目标的政策分析[J].中国职业技术教育,2013(3):20-24.

④ 闫广芬,李文文.新中国成立70年来职业教育人才培养目标的“中国特色”[J].中国职业技术教育,2019(36):27-33.

表 3-1-1 职业教育人才培养目标的政策演变历程

时间	中等职业教育学校名称	培养目标表述	人才规格定位
20 世纪 50 年代初	中等专业学校	培养具有爱国主义和国际主义精神，具有共产主义道德品质，拥护共产党的领导，热爱社会主义，立志为社会主义服务，为人民服务，逐步树立无产阶级的世界观和人生观，具有相当于高中文化程度，并在此基础上掌握本专业现代化生产所需要的基础理论、专业知识和实际技能，具有健康体魄的中级技术、管理人员。	技术管理人员
	技工学校	培养具有社会主义觉悟、必要的技术理论知识、全面的专业操作技能和身体健康的技术工人。	技术工人
20 世纪 60 年代初	技工学校	培养具有社会主义觉悟、中级技术水平和中等文化程度的技术工人。	技术工人
20 世纪 70 年代末	职业中学（职业高中、职业中等专业学校）	培养具有社会主义觉悟的、有相应的文化程度的、掌握一定专业基础知识和生产技能的、德智体全面发展的劳动后备力量和初、中级技术管理人员。	技术管理人员
20 世纪 90 年代初	职业中学（职业高中、职业中等专业学校）	培养中级技术工人，具有中级技术水平的农民，中等管理人员、技术人员和其他从业人员。	技术工人
	技工学校	按劳动力市场的要求，拓展培训领域，服务于社会，在以培养中级技术工人为主要目标的基础上，有条件的也可以培养高级技术工人、企业管理人员或社会急需的其他各类人员。	技术工人
21 世纪初	中等专业学校	培养在生产、服务、技术和管理第一线工作的高素质劳动者和初、中级专门人才。	专门人才
2009 年	中等职业学校	培养与我国社会主义现代化建设要求相适应，德、智、体、美全面发展，具有综合职业能力，在生产、服务一线工作的高素质劳动者和技能型人才。	技能型人才
2012 年	中等职业学校	重点培养现代农业、工业、服务业和民族传统工艺振兴需要的一线技术（技能）人才。	技术（技能）型人才

三、“技道融合”主张下审视职业教育课程“表现性目标”定位

职业教育课程设置的价值取向决定了课程设置和实施的倾向性。随着终身教育、继续教育、可持续发展等观念的确立，职业教育课程教育从单纯培养学生的职业岗位能力向培养学生的社会适应能力、综合职业能力、创新能力以及情感、态度、价值观等多种素质相融合的方向发展，追求工具性价值、效用性价值和发展性价值的统一。课程开发也呈现出学科本位——能力本位——人格本位发展的趋势，这种课程“表现性目标”取向适宜于培养学生的个性人格、创造精神。所谓职业教育“表现性目标（expressive objectives）”，是指每一个学生在与具体教育情景的种种“际遇”中所产生的个性化表现，不仅关注学生的综合能力、创新能力、个性等多种素质培养，还重视学生的职业意识、职业态度、职业探究能力的锻造。① 职业教育课程“表现性目标”取向具有唤起性、开放性，在本质上是对“解放理性”的追求，体现了“适合教育”的育人价值观，强调学生的个性发展和创造性表现。职业教育学生既是千差万别的活生生的具体个体，也是不断成长发展的生命个体。职业教育要努力树立人人皆可成才的职业教育观，“为每一个学生提供适合的教育”，促进学有所长，学有所获。职业教育“表现性目标”取向也是对“以生为本”教育理念的具体化评释和愈加精准的评释。课程目标要突出所有的教育教学活动，就要切实落实到每一位拥有不同特点和禀赋的学生身上去，满足个体发展需要。

职业教育的课程价值——满足社会对技术（技能）型人才的需求和满足学生自身发展的需要。同时，要兼顾学生的人文教育、个性化发展，注重培养学生的自主学习能力，为学生未来发展打下坚实基础。从课程“生成性目标”视角审视“技道融合”人才培养课程的“技道合一”目标定位：职业教育课程目标定位意味着创造适合学生自主发展的教育环境，把选择的自主权还给学生，放手由学生选择适合自身成长需求的课程组合，为每个学生提供可选择的丰富多彩的课程。一是基于学生成长意愿、理想与追求、兴趣特长与可塑性成长视角，构建适合不同学生多样化发展的培养目标；二是基于学生专业特长和个性视角，构建适合学生全面发展与个性化成长，体现选择性、多样性、丰富性的课程体系；三是基于学生的专业爱好和学习基础视角，创新因生施教的组织方式。贯穿“五是”教育理念：课程是一种引导学生自主成长的教育，是一种顾及学生自主内在需求的教育，是一种重视将与学习相关的人情境或事件纳入学生个人成长世界的教育，是促进学生成为知识信息的主动建构者的教育，是一种关注学生“整体成长行为”的教育。

四、“技道融合”主张下审视职业教育课程“整合目标”定位

当前世界职业教育的改革动向之一便是由“学校到工作（STW）”向“学校到职业生

① 王坤，谢长法．职业教育课程目标研究综述[J]．成人教育，2013，33(6)：65－67．

涯(STC)的变化"。[①] 职业教育课程目标一般体现为"四维"结构:一是促进社会和谐发展的课程目标;二是促进个体全面发展的课程目标;三是促进自然环境持续发展的课程目标;四是促进职业生涯发展的课程目标。[②] 职业教育课程在课程目标的价值取向上要由单一的"行为目标"向"行为目标"、"生成性目标"和"表现性目标"多元整合:一是充分体现课程(学科)交叉渗透的价值取向,打破学科之间的界限,以行动导向体系进行课程整合;二是体现能力本位的课程价值取向,在提升学生理论知识和相关专业技能的基础上,还要注重学生的可持续发展能力培养;三是体现人文与科学相结合的课程价值取向,塑造和培养具有人文情怀和伦理人性的"和谐发展的职业人",促进"职业人"与"全面发展的人"的和谐统一;四是体现学生本位的课程价值取向[③],适应学生未来就业和发展提升的需要,体现课程以学生主体为中心的价值取向;五是体现素养本位的课程导向,满足学生的生涯发展和可持续发展的需要,培养适应终身发展和社会发展需要的必备的核心素养。真正实现由"职业人"向"生活人"的过渡,从而既消解技术世界与生活世界相疏离而造成的种种紧张和不协调状态,也避免出现"单向度"培养"制器"的育人导向。

职业教育课程目标的价值取向反映职业教育的本质特征和内在要求,蕴含着职业教育的人才规格和质量标准。从职业课程要素(如图 3-1-2 所示)"整合目标"视角审视"技道融合"人才培养课程的"技道融合"目标定位,职业教育课程目标确定的依据主要有三方面:学生成长的需要、学科与职业的发展以及社会的进步。职业教育课程目标的定位应以知识与技能培养为起点,逐步形成能力和素质(三者的关系是相互作用和渗透的,如果把技能抽象为点,能力抽象为块,素质则是整体)。[④] 为此,职业教育必将以培养"个性化全面发展"的技术(技能)型人才为核心,进行课程"目标框架"的再设计,为学生创造"适合发展的课程教育",从技能本位走向核心素养本位,从"为职业而教""通过职业而教"走向"为全面发展而教""为学生个性发展而教",形成如表 3-1-1 所示的课程三级目标体系(以中职机电技术应用专业为例),表现为贯穿于劳动者职业生涯的就业能力和创业能力、工作能力、职业转换能力培养的相关课程博采众长的整合:一是在公共基础课程教学上,取"学科中心"课程之所长,注重基础知识之间的系统性、融合性;二是在专业技能课程实践教学上,取"活动中心"课程之所长,保证学生的知识获取、技能结构更趋于完整性和合理性;三是在专业课程开发上,取"能力中心"课程之所长,推动课程内容与职业标准、教学过程与生产过程有效对接;四是在课程实施形式上,取"问题中心"课程之所长,提高学生分析问题和解决问题的能力;五是在人才培养发展形

---

① 关晶.职业教育在后现代主义中的立据、挑战与改革趋向[J].职业技术教育,2009,30(7):5-9.

② 邓泽民,赵沛,吴学敏,刘京文.《职业教育学——原理与应用》第八章(摘编)职业教育课程论[J].中国职业技术教育,2009(33):8-9+26.

③ 王奕萍.高等职业教育课程价值取向的优化整合[J]现代教育管理,2012(5):83-86.

④ 胡娜.职业教育工学结合课程目标体系研究[J].天津职业院校联合学报,2011,13(9):91-94.

态上，取“个性中心”思想之所长，最大限度地满足学生对课程的个性化需求，从而实现职业教育课程知识领域整合(即理论知识和实践知识、文化基础知识与职业专门知识等整合)、课程技能领域整合(即再生性技能、重复性技能)与智力性技能(创造性技能)整合)、课程素质领域整合(即思想道德素质、身心健康素质、人文科学素质、职业基本素质和创新发展素质的整合)。

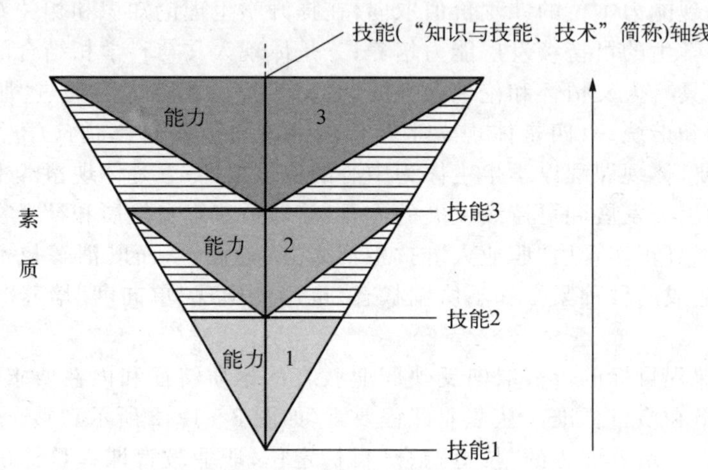

图 3-1-2　职业教育课程培养的技能、能力与素质关系(定位)图

表 3-1-2　中等职业学校机电技术应用专业课程三级目标体系

课程目标体系	一级目标体系	专业培养目标	综合素质	思想政治素质：具有政治认同、职业精神、法治意识、健全人格和公共参与的素质。 职业道德素质：具有良好的道德品质、职业素养、竞争和创新意识。 科学文化素质：具有人文底蕴(人文积淀、人文情怀和审美情趣等)和科学精神(理性思维、批判质疑、勇于探究等)的素质。 身体心理素质：具有健康的身体和心理，具有良好的责任心、进取心和坚强的意志。
			综合能力	交流表达能力：具有良好的书面表达和口头表达能力。 与人合作能力：具有良好的人际交往、团队协作能力。 解决问题能力：具有提出解决问题的意见(方案)、有效实施解决问题的方案、科学调整或改进解决问题的方案的能力。 信息处理能力：具有运用计算机进行技术交流和信息处理的能力。 自我提高能力：具有学习新知识和继续学习的能力。
			综合技能	行业通用技能：具有识读图样技能、工量具及仪表选用技能、材料及元器件选用技能、机电设备的使用技能、机电产品的制作技能。 职业特定技能：机电设备安装与调试技能、自动化生产线运行技能、机电产品维修技能、机电产品营销技能。 跨行业职业技能：具有适应岗位变化的技能、具有企业管理及生产现场管理的基础技能、具有创新和创业的基础技能。

续表

<table>
<tr><td rowspan="6">课程目标体系</td><td rowspan="3">二级目标体系</td><td rowspan="3">具体课程目标</td><td>知识与技能</td><td>根据专业需要及课程特点表述：学会、学懂、会做、能做、做好。</td></tr>
<tr><td>过程与方法</td><td>根据专业需要及课程特点表述：做中学、工作过程、工作方法。</td></tr>
<tr><td>情感态度与价值观</td><td>根据专业需要及课程特点表述：认同、体验、领悟、反应、品格、价值、态度。</td></tr>
<tr><td rowspan="3">三级目标</td><td rowspan="3">教学目标（从“行为、条件、标准、结果”四个维度，通过“任务＋谓语＋宾语”结构清晰进行描述）</td><td>行为目标</td><td>根据专业需要及课程特点表述：记忆层次（记忆、认识、界定、复述、重复、描述、列举），理解层次（比较、辨别、推论、解释、论证、预测）。</td></tr>
<tr><td>表现性目标</td><td>根据专业需要及课程特点表述：应用层次（应用、执行、实施、开展、推动、操作）、分析层次（分析、解构、重构、整合、选择、关联）。</td></tr>
<tr><td>生成性目标</td><td>根据专业需要及课程特点表述：评价层次（评价、检查、判断、批判、鉴赏、协调）、创造层次（开发、建立、制定、解决、设计、规划）。</td></tr>
</table>

第二节 “技道融合”主张的课程目标架构

核心素养已然成为当前教育政策的重要概念工具，被用来描述新的教育目标与课程目标，成为21世纪人才培养的基本要求。[①] 职业教育作为我国国民教育体系的重要组成部分，理应结合自身的独特性，回应基于核心素养的课程与教学改革。职业教育的核心素养关注胜任职业所需的必备能力和职业素养所需的关键品格。伴随着知识经济与智能制造时代的到来，具有普遍迁移性、广泛适应性的核心素养与社会需求更加匹配。构建职业教育学生核心素养体系对推动职业教育的发展具有重要的意义，核心素养概念在本土化演进过程中形成中国范式与政策指向。[②] 培育职业教育学生的核心素养，需构建核心素养的完整课程体系，建立相应的教学质量评价标准，完善核心素养匹配的课程设计，开发核心素养养成的教学模式。[③] 职业教育人才培养“技道融合”的主张，培养学生技术（技能）渗透生命后的行为素养、培养学生技术（技能）养成习惯后的创新能力等行为品质、培养学生人文启蒙理性后的求真求精的精神。培育学生核心素养

① 刘云杉.“核心素养”的局限：兼论教育目标的古今之变[J].全球教育展望，2017，46(1)：35－46.

② 乔为.核心素养的本质与培育：基于职业教育的视角[J].职业技术教育，2018(13)：20－27.

③ 李光，秦可越.职业教育核心素养培育研究[J].河北大学成人教育学院学报，2019，21(2)：70－74.

是职业教育应对新时代人工智能技术革命性的链式突破的需要，也是学生的生涯发展和可持续发展的需要。

一、“技道融合”人才培养课程素养目标框架的演变

当下核心素养跃升为中国教育界的新热点，也是当前教育改革关注的核心概念。尽管对于核心素养的内涵并未达成一致认同，但因其回答了新时期社会需要什么样的人才这一问题，也成为职业教育深化课程改革、落实素质教育目标的关键要素。事实上，核心素养最初是从经济社会发展角度提出的人才能力要求，指向每个人发展自我、融入社会及胜任工作所必需的一系列知识、技能和态度的集合，因此十分适用于与经济社会发展联系极为密切的职业教育。[①] 现代化产业快速发展与更新升级呼唤职业教育培养的技术(技能)型人才在内在能力结构等方面与之相匹配，劳动力所应具备的核心素养成为现代职业教育人才培养体系建设的内在主题。[②]

(一) 核心素养内涵与素养目标框架

核心素养一词起源于西方，“素养”常与“素质”一词混用，但又比“素质”的层次更高。表 3-2-1 所示为国际组织/国家/地区对核心素养的内涵诠释，对“核心素养”的研究，国际上主要有三种主流模式(如表 3-2-2 所示)：一是最早开展核心素养研究的是经济合作与发展组织(OECD)所提出的“核心素养框架”(“核心素养的三维度九项素养”)，它主要回答普通人要在社会中安身立命同时又能应对日新月异的技术发展应该具备哪些素养；[③]二是欧盟(EU)构建的“核心素养指标”，是指一个人要在知识社会中自我实现、社会融入以及就业所需要的素养，[④]每个核心素养均从知识、技能和态度三个维度进行描述；三是以美国为代表的“21 世纪技能框架”，主要指所有学生或工作者都必须具备的能力，确保学生从学校所学的技能能够充分满足后续大学深造或社会就业的需求，[⑤]包括学习与创新技能、信息和媒介以及技术(技能)、生活与生涯技能在内的三大类技能。[⑥] 2016 年研制出中国学生发展核心素养的内涵，将“全面发展的人”作为核心，分为文化基础、自主发展、社会参与三个方面，综合表现为人文底蕴等“新六大素养”，并又将六大素养细化为 18 个基本要点。虽然各个国家和地区对核心素养的表述各异，但是都重视工作中关键、必要、不可或缺的素养，强调时代性和普遍性。综合各

---

① 徐健.核心素养并非基础教育专有名词[N].中国教育报，2016-11-08(009).

② 花鸥，曾庆琪.成果导向教育理念下职业核心素养培育的实践逻辑及其课程建构[J].职教论坛，2019(6)：50-55.

③ OECD. Definition and Selection of Competencies(DeSeCo)[EB/OL]. http://www.oecd.org/dataoecd/47/61/35070367.pdf

④ 李艺，钟柏昌.谈“核心素养”[J].教育研究，2015，36(9)：17-23+63.

⑤ 乔为.核心素养的本质与培育：基于职业教育的视角[J].职业技术教育，2018，39(13)：20-27.

⑥ 林崇德.21 世纪学生发展核心素养研究[M].北京：北京师范大学出版社，2016：264.

个国际组织及有关国家和地区对核心素养的内涵对其进行界定：核心素养是指学生在接受相应学段教育过程中逐步形成的适应个人终身发展和社会发展需要的关键能力与必备品格。[①] 它是知识、技能、情感、态度和价值的综合表现。

表 3-2-1 国际组织/国家/地区对核心素养的内涵诠释比较

国际组织/国家/地区	核心素养的定义
经济合作与发展组织	核心素养使个人拥有良好的、成功的生活。表现为与他人具有亲密的关系，理解自我和自身所处的世界，与自身的生理和社会环境自主互动，拥有成就感和愉悦感。体现在对多样的社会和个人的包容性。
联合国教科文组织 欧盟	核心素养指向终身学习，主要理念是“学会求知、学会做事、学会共处、学会发展、学会改变”五大支柱。 素养是适宜于特定情境的知识、技能和态度的组合；核心素养是指一个人要在知识社会中自我实现、社会融入以及就业所需要的素养，其中包括知识、技能与态度。
美国	核心素养主要指所有学生或工作者都必须具备的能力，其发展目的在于培养具有 21 世纪工作技能及核心竞争能力的人，确保学生从学校所学的技能能够充分满足后续大学深造或社会就业的需求，成为称职的社会公民、员工及领导者。
英格兰	核心素养是指为了适应将来的生活，年轻人需要具备的关键技能，以及学习、生活和工作所需的资质。其中的关键技能，主要是一种普通的、可迁移的、对劳动者的未来发展起关键性作用的能力。
苏格兰	核心技能是指为了全面成为一个活跃与负责任的社会成员所必须具有的广泛的、可迁移的技能。
法国	表示基本的或核心素养，专用于义务教育中的基于学科和跨学科的素养，强调了这些素养是构建终身学习的基础。法国的素养模型认为一个人的职业能力是与知识、技能和社交能力三个方面密不可分的。素养是一种学习的动态过程，是知识的积累与传递过程。
德国	从职业教育角度首先提出了关键能力的概念，即指那些与特定的专业技能不直接相关的知识、能力和技能，是在各种不同场合和职责情况下作出判断选择的能力，是胜任职业生涯中不可预见的各种变化的能力，由于其普遍适用性而不易因科学技术进步而过时或被淘汰。

① 中华人民共和国教育部. 关于全面深化课程改革落实立德树人根本任务的意见[EB/OL]. http://www.moe.gov.cn/srcsite/A26/s7054/201404/t20140408_167226.html. 2014-04-08.

续表

国际组织/国家/地区	核心素养的定义
澳大利亚	核心素养也称为综合职业能力或关键能力，是指为有效参与发展中的工作型态与工作组织所必要的能力，其所强调的并非某个学科或某一职业领域所具有的知识和技能，而是学生终身发展所需要的能力，是一般性的。
中国台湾	核心素养是个人处于社会中所必须具备之关键的素养，不但是个人生活所需之必要的素养，也是现代社会公民的必备条件，更是社会发展所不可或缺的人力资本之重要素养。是成功地回应情境中的要求与挑战，顺利完成生活任务，获得美好的理想结果所应具备的素养。

表 3-2-2 “核心素养”研究的国际上三种主流模式与中国模式

组织	经济合作与发展组织	欧盟	美国	中国
一级素养	① 交互使用工具的能力； ② 在异质群体中有效互动的能力； ③ 自主行动能力。	母语交际；外语交际；数学素养和基础科技素养；数字素养；学会学习；社会与公民素养；首创精神和创业意识；文化意识与表达。	标准与评价、课程与教学、教师专业发展和学习环境、建构生活与职业技能、学习与创新技能和信息、媒体与技术(技能)。	人文底蕴；科学精神；学会学习；健康生活；责任担当；实践创新。
二级素养	① 能互动地使用工具，包括三项素养：互动地使用语言、符号和文本；互动地使用知识和信息；互动地使用(新)技术。 ② 能在异质群体中进行互动，包括三项素养：了解所处的外部环境，预料自己的行动后果，能在复杂的大环境中确定自己的具体行动；形成并执行个人计划或生活规划；知道自己的权利和义务，能保护及维护权利、利益，也知道自己的局限与不足。 ③ 能自律自主地行动，包括三项素养：与他人建立良好的关系；团队合作；管理与解决冲突。该框架对于 PISA 测试具有直接影响，进而对许多国家和地区开发的核心素养框架产生了重要影响。	/	/	人文积淀；人文情怀；审美情趣；理性思维；批判质疑；勇于探究；乐学善学；勤于反思；信息意识；珍爱生命；健全人格；自我管理；劳动意识；问题解决；技术运用；社会责任；国家认同；国际理解。

(二)职业教育核心素养内涵与素养目标框架

核心素养源自国际组织关于21世纪全球化浪潮和知识经济对人力资本要求的政策研究,本属职业教育范畴概念。从学生核心素养要素视角可将职业教育核心素养界定为:参与社会分工所必备的核心素养,是学校课程开发实施以及人才培养目标的预设前提,它指向学生能够胜任岗位工作、适应社会发展需求和个人全面发展所必需的一系列知识、技能和态度的集合,①具有情境性、生成性和综合性的特点。从职业核心素养培育的历史发展逻辑审视职业教育核心素养内涵:农耕时代,以公民道德培育为主;工业化初期,以简单岗位技能培养为主;工业化中期,以复杂过程性工作任务能力培养为主;现代知识社会,现代工业化社会劳动者应具备关键能力,以及支撑关键能力背后潜在的道德品质和职业素养。② 职业教育核心素养的育人目标要从培养“合格的职业人”(职业教育的人才培养基本目标)转向培养“全面发展的人”(职业教育人才培养的终极目的);教育理念要从“制器”转向“育人”。职业教育要培育学生的核心素养,必须构建课程素养教育目标框架——能力教育+品格教育(能力教育是素养培育的基础,品格教育是素养培育的关键)。品格教育更是重点指向“职业精神”或“工匠精神”的培育。③品格教育所养成的“职业精神”或“工匠精神”的社会价值已经大大超过了能力教育所培养的从事某类职业的能力④。这正体现了职业教育“技道融合”的人才培养教学主张。

二、“技道融合”人才培养课程素养目标框架的实践

核心素养概念在本土化演进过程中形成中国范式与政策指向。2014年教育部印发的《关于全面深化课程改革 落实立德树人根本任务的意见》(教基二[2014]4号)明确提出,“教育部将组织研究提出各学段学生发展核心素养体系,明确学生应具备的适应终身发展和社会发展需要的必备品格和关键能力。”⑤职业教育核心素养是中职校毕业生在其职业生涯中从事任何行业均普遍适用、任何职业或工作岗位都不可缺少的,除岗位专业知识、技能和能力素养以外,最基本、最关键的职业意识、职业精神、态度(职业人格)和职业能力等基本职业素养集合与岗位专业技能无关,也称为“职业关键素养”或“职业通用素养”。

---

① 徐健.核心素养并非基础教育专有名词[N].中国教育报,2016-11-08(009).

② 花鸥,曾庆琪.成果导向教育理念下职业核心素养培育的实践逻辑及其课程建构[N].职教论坛,2019(6):50-55.

③ 乔为.核心素养的本质与培育:基于职业教育的视角[J].职业技术教育,2018,39(13):20-27.

④ 徐国庆.能力重要还是素养重要[J].职教论坛,2015(15):1.

⑤ 中华人民共和国教育部.教育部关于全面深化课程改革落实立德树人根本任务的意见[EB/OL].(2014-03-30)[2018-12-20].http://old.moe.gov.cn/publicfiles/business/htmlfiles/moe/s7054/201404/167226.html.

(一)“技道融合”人才培养课程素养目标的评价指标

方健华博士将中职学生职业核心素养归纳为五大类(职业道德素养、职业关键能力素养、职业意识素养、职业理想素养以及职业人格素养),提出以“社会人到职业人”的发展为主线,构建了职业教育学生发展“轮台套筒式”综合素养的模型(如图3-2-1所示),确定出中职学生职业核心素养评价的一、二、三级指标。① 黄榕研究指出中职学生的职业核心素养应当包括以下五个部分:职业道德素养、职业技能素养、职业行为素养、职业作风素养及职业意识素养。综合职业教育学术界和实践界观点,可将“职业教育核心素养”的具体结构确定为:职业理想与信念素养、职业道德人格素养、职业能力素养等必备的品质和关键能力素养。② 徐国庆、陈宏艳等学者的研究结论值得借鉴:职业教育学生发展核心素养主要分为两个方面(具体的素养指标如表3-2-3所示):一是通用核心素养,即基于中国学生发展核心素养框架,根据职教学生特性和经济社会发展需要将其进一步具体化;二是职业核心素养。其包含职业范围内非专业能力的所有素质和专业能力的性质,是从事各种职业均需要的素养。③

表3-2-3 职业教育学生发展核心素养指标

通用核心素养	自主发展	积极进取、自信乐观、自我认同、学会共情、健康生活、情绪管理、反思能力
	社会参与	信息素养、社会责任、国家认同、技术应用、权利意识、规则意识、全球意识、绿色意识
	文化基础	创造力、批判思维、艺术素养、人文情怀、科学知识与运用
职业核心素养	职业角色	工作价值、岗位职责、职业道德、人际关系、质量意识、成本效率与风险、创新创业
	工作胜任	行业状态与工作系统、任务执行、问题解决、资源统筹、安全意识
	生涯发展	生涯规划、岗位迁移、自我管理、终身学习

(二)“技道融合”人才培养课程素养目标的构建维度

研究者井文、匡瑛等人基于扎根理论开展中等职业学校专业教学标准文本研究,初步构建了当代职业教育学生核心素养的理论框架。该框架由三维度和九要素构成,具备统筹微观个体发展和宏观社会发展的价值取向,兼顾发展核心素养和职业核心素养的内容建构,采用行为过程描述和行为结果描述的内涵界定。④ 现结合实践摘编如表3-2-4所示。

---

① 方健华.中职学生职业核心素养评价及其标准体系建构研究[D].南京师范大学,2012:99-109.

② 方健华.从能力本位到素质本位:中职生职业核心素养评价及其标准体系建构理论与实践[M].北京:高等教育出版社,2016:76-126.

③ 陈宏艳,徐国庆.基于核心素养的职业教育课程与教学变革探析[J].职教论坛,2018(3):57-61.

④ 井文,匡瑛.中职学生核心素养框架初探及培养路径——基于扎根理论的中等职业学校专业教学标准文本分析[J].职业技术教育,2019,40(3):14-18.

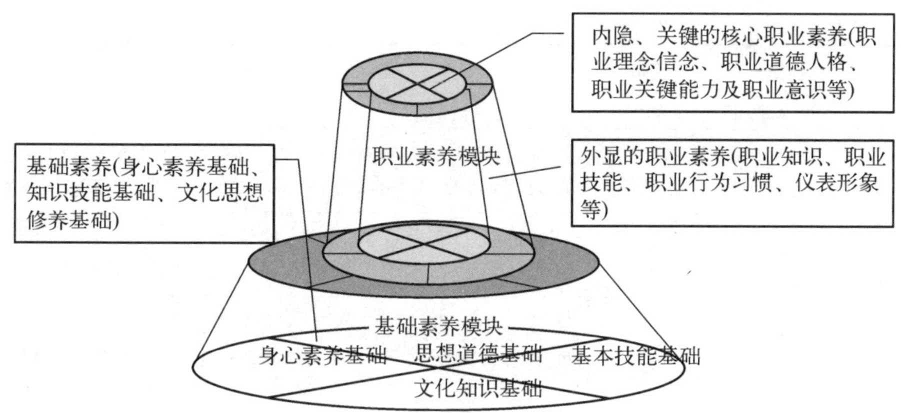

图 3-2-1 职业教育学生发展“轮台套筒式”综合素养的模型

表 3-2-4 职业教育学生发展核心素养目标的构建维度与指标

核心素养维度	一级指标素养	二级指标素养	主要评价指标内涵
文化基础	S1-1 人文底蕴	S1-1-1 人文积淀	具备必要的古今中外的文化基础知识;能理解和掌握人类文化思想中所蕴含的认识方法和实践方法等。
		S1-1-2 审美趣味	具备发现美、感知美、欣赏美、评价美的意识和能力;具有健康的审美取向和端正的审美情趣;能适应未来职业需求进行艺术表达和创意表现等。
		S1-1-3 守法明礼	具备必要的法律法规常识和业务礼仪知识;具备健全的法律意识和良好的礼仪风范;能够自觉明辨是非、依法办事、以善处事等。
	S1-2 专业认知	S1-2-1 岗位胜任	具备未来所从事职业必需的专业知识、行为技能、职业特质;能够根据岗位工作要求顺利完成该岗位的工作等。
		S1-2-2 价值认同	对所学专业或未来所从事的职业具有健康的价值认可等。
		S1-2-3 动向把握	善于关注意向行业发展动态;了解某行业或职业当前与未来的发展情况等。
	S1-3 科学素养	S1-3-1 勤学苦钻	能够正确认识学习的价值和意义;具有积极的学习态度和良好的学习习惯;勤于学习,刻苦钻研,有意识地提高自身专业知识和业务能力等。
		S1-3-2 理性思考	具备实证意识和严谨态度;对于所面临的事物和问题,能够逻辑清晰,运用科学的原理和方法进行推理和判断等。
		S1-3-3 善于观察	具备一定的洞察力;能够善听善看,分析思考,细察事物的现状、动向等。

续表

核心素养维度	一级指标素养	二级指标素养	主要评价指标内涵
生涯发展	S2－1 健康生活	S2－1－1 身心健全	具备健康心理和强健体魄，向上向善、自信自爱；积极参与体育锻炼，具有规律的运动习惯；具有优良的意志品质等。
		S2－1－2 安全工作	具备健全的安全意识；重视、珍惜自己及他人的生命；严肃认真对待自己的本职工作，绝不放过任何安全隐患等。
		S2－1－3 情绪管理	能够感知自身情绪和他人情绪；具备一定的情绪驾驭能力；能够对自身情绪进行调节和管理；具备一定的情商和抗挫折能力等。
	S2－2 方法能力	S2－2－1 学会学习	具备自主学习的意识；具有学习新知识、新技能的欲望、能力、方式、方法，能够自我提升、与时俱进等。
		S2－2－2 问题解决	具备必须的知识理解与技能应用能力；具备发现问题、分析问题、解决问题的能力；在实际环境中，能够根据具体情境和特定条件制定合理的问题解决方案等。
		S2－2－3 信息技术	具备适应信息化社会的意识、知识、技能等；掌握现代信息技术，具备基本的信息素养等。
		S2－2－4 职业应变	具备良好的应变能力，能够审时度势、随机应变，合理、准确地处理工作中遇见的问题及突发事件等。
	S2－3 社会交往	S2－3－1 协同合作	能够在开放的工作环境中，具备与他人协调合作的能力，互补互助等。
		S2－3－2 社交技能	具备一定的公共关系处理技能；具有一定的组织管理能力和良好的人际交往能力；在社交场合中能够顺利介入、适应、控制以及协调等。
		S2－3－3 有效沟通	能够通过对话和交流将自己的想法和思维准确、恰当地表达出来；无论从事任何职业，都能够向他人清晰、合理地表达信息等。
职业信念	S3－1 价值观念	S3－1－1 社会担当	具备现代社会契约精神；自觉承担起新时代赋予青年人的历史使命，履行公民义务，行使公民权利；主动作为，踏实工作等。
		S3－1－2 创新创业	具备创新和创业的意识，具有一定的创新能力；具有创意，具备企业家精神等。
		S3－1－3 节能环保	具备勤俭节约意识和绿色环保意识；在日常生活和未来工作中，减少不必要的资源浪费，提高资源利用率，造福社会等。

续表

核心素养维度	一级指标素养	二级指标素养	主要评价指标内涵
职业信念	S3－2 职场心态	S3－2－1 工匠理念	能够深刻认同和理解匠心文化，认可和弘扬工匠精神；具备精益求精、追求极致的职业精神；具备正确的劳动观念等。
		S3－2－2 奋发进取	坚持和发扬奋发进取精神，不怕困难，积极向上；公平竞争，努力前行等。
		S3－2－3 优质服务	能够提供满足服务对象合理需求和期望以及行业标准的服务；具备正确的服务理念，能够规范、高质量地进行服务等。
	S3－3 道德品质	S3－3－1 爱岗敬业	具备忠于职守的事业精神；具有主人翁意识；热爱岗位，严肃工作，干一行爱一行等。
		S3－3－2 质量意识	能够正确认识和理解质量工作和工作质量，具备与工作适切的质量行为；能够熟悉岗位质量管理规范，确保服务和产品质量等。
		S3－3－3 劳动纪律	具备纪律自觉性；重视行业规范，遵守职业准则，保持共同劳动过程中的行动一致等。

三、“技道融合”人才培养课程素养目标框架的凝练

现代社会的主流是变化，知识在变、技术在变、理念在变、生活方式在变、生产方式在变，而职业教育培养的学生，大部分毕业后直接就业进入社会，从学校到职场、从校园到社会、从学生到员工，角色跨度变化大。职业教育需要以培养“个性化全面发展”人才为核心，进行课程“目标框架”的再设计，构建适应社会变迁的核心素养（主要包含核心思维、核心行为、核心能力、核心精神——这是构成一个走向职场的人立足于社会的最重要素养①），更好地适应人工智能时代催生的“新产业、新业态、新技术、新产品、新模式”发展需要。在《中国学生发展核心素养》核心内涵基础上，结合国内外核心素养与职业核心素养实践探索，设计职业教育学生发展核心素养目标构建框架（如图 3－2－2 所示）。这种素养培养，为每位学生胜任工作、适应社会发展与实现个人终身发展培养必备的品质与关键能力，为学生职业需要与人生发展夯实基础。

（一）核心思维素养

思维是人特有的属性，是对新输入的信息与大脑储存的知识经验进行一系列复杂心智操作的过程。“技道融合”视域下职业教育人才培养的教学主张要寻求各类技术（技能）活动中各要素关系的和谐，形成科学的思维方式，主要涉及到正确认识社会、担

① 翁孝川．培养核心素养，职校生“以不变应万变”［N］．中国教育报，2016－08－30(007)．

当社会责任、融入团队合作、善于交流沟通等核心素养的培养。即培养学生选择性思维(学会科学的思维方式,处理好与自然、社会、他人、自身的关系,培养社会交往与协调能力)、合作性思维(主动融入集体之中,培养团队合作精神)、可持续发展性思维(正确对待自然与环境,培养人与自然和谐相处的创造思维与判断能力)、自我管控思维(具有健康积极的心态,有效管控自己的目标、言行、心理、情绪,培养岗位适应与耐挫能力)。

郝昭成在《自我管理思维随笔》中给出了自我管控思维的一些有效思维方式,对职业教育培养学生自我管控思维也有一定的启示:人生自我管理,强调立人思维——懂政治、懂业务、懂感情;立世思维——道德意识、法律意识、职责意识、协调意识、他人意识;立能思维——会学、会看、会干、会变;立律思维——强调自我、克服自我、改造自我、发展自我、超越自我;立信思维——靠品德凝聚人、靠制度管理人、靠能力折服人、靠成绩鼓舞人、靠思想教育人、靠实践锻炼人。①

(二)核心行为素养

行为方式主要表现为行为主体在实现行为目标过程中所采取的方法或所通过的途径。核心行为素养主要涉及到自我学习管理、数学概念和方法的运用、交流思想和分享信息的能力、中文外文应用等素养。这些核心行为素养是职校学生核心素养的重要组成部分。一是价值的导向。正确处理国家、集体、个人利益关系的原则,让学生理解工作、学习、生活的意义、价值和相互关系,教育和培养学生的国家意识。二是守纪的意识。具有规矩和法律意识,积极履行公民义务,理性行使公民权利,崇尚自由平等,维护社会公平公正,筑牢法律、纪律、规矩底线,依法办事,远离违法犯罪,勇于和善于同一切违法乱纪行为作斗争。三是责任意识。能爱岗敬业、乐业、勤业、精业,主动作为,敢于担当,履职尽责,对国家和社会负责,对自我和他人负责。四是道德意识。能自尊自律,文明礼貌,诚信友善,宽和待人,孝亲敬长,热心公益,志愿服务,养成良好的社会公德、职业道德、家庭美德、个人品德。五是廉洁意识。善于明是非,知荣辱,辨美丑,有较高的免疫能力,廉洁从职,远离各种不良诱惑,经得起各种考验。

(三)核心能力素养

能力是指顺利地完成某种活动所具备的稳定的个性心理特征。核心能力素养,主要涉及到计划组织能力、问题解决与执行能力、技术应用与实践能力、创新创业能力等核心素养。这些能力素养是一种普通的、可迁移、可携带,且伴随终身、可持续发展的能力,是为适应职业岗位变化性、发展性和适应性的“以不变应万变”的能力。职业教育课程教育中要培养学生具有学习能力(主要体现为学生更好适应社会进步、技术变化、企业转型、岗位转换的要求,形成从事新工作和掌握新技术的终身学习意识和能力);培养学生具有生存能力(主要体现为学生能珍爱生命,自主谋求良好的生存、发展,拥有幸福人生的安全意识、自我保护能力、良好的抗挫性等);培养学生具有综合职业能力(主要

---

① 郝昭成. 自我管理思维随笔[M]. 北京:中国税务出版社,2017:1-8.

体现为学生拥有从事职业岗位(活动)所需的特定专业知识、专业技能掌握和运用的专业能力,拥有工作方法、学习方法的掌握、选择和运用的方法能力,拥有适应社会和融入社会的社会能力)。

图 3-2-2 “技道融合”视域下职业教育学生发展核心素养目标构建框架

(四) 核心精神素养

精神素养就是具备某种精神特征的成因与实质,相应地具备感应精神特征与实质的能力。职业教育核心精神素养主要是指人才培养中学生形成具有职业特征的精神与操守,未来从事职业岗位具有敬业精神、奉献意识、责任感,涉及到社会主义核心价值观下的职业价值观、职业态度精神、职业道德法规、职业理想素养与工匠精神(敬业、精益、专注、创新)等核心素养的培养。职业教育课程教育中要培养学生传承和践行“中国精神”(主要表现为学生具有崇高的政治抱负,透彻理解与认同祖国文化,具有良好的报国情怀和勇于献身的奉献精神),培养学生传承和践行“工匠精神”(主要表现为学生的敬业、精益、专注、创新等方面的工作品质,不断寻求突破自我,吸收最前沿的技术,创造出最新成果)。

第三节 “技道融合”主张的课程目标实施①

《中国学生发展核心素养》总体框架中,学生发展核心素养被具体诠释为“学生应具

① 摘自拙作(入编时略作删改):周如俊.“8S”现场管理视角下中等职业学校的“校企文化”融合育人[J].江苏教育研究,2015(33):41-45.

备的，能够适应终身发展和社会发展需要的必备品格和关键能力”。在此框架中，核心素养是关于学生知识、技能、情感、态度、价值观等多方面的综合表现，是每一名学生获得成功生活、适应个人终身发展和社会发展都需要的、不可或缺的共同素养。[①]“技道融合”人才培养的教学主张中的一种理念就是职业核心素养作为学生发展核心素养在职业领域中对应的必备素养和关键能力，其三大要素相互关联，互为支撑。职业核心素养直接与职业环境和岗位能力相对接，关涉个体的社会适应性、岗位竞争力和职业发展性等，涉及职业生涯和人生幸福，其基本内核包括使命、责任、视野、实践和创新等。基于课程体系、产教融合、校园文化三级载体实施职业核心素养培育体系是破解当前知识技能和核心素养脱节问题的有效途径。[②] 文化育人也是当前职业教育的一块主阵地，一所学校的精神理应是一种文化的精神。培养有社会主义核心价值观、大国情怀、创新意识、创造能力的高技能职业人才，文化校园建设是关键。本节基于“8S”现场文化育人要素视角，探析“技道融合”人才培养课程的校园文化育人要素。

一、“技道融合”人才培养的“8S”现场文化育人要素的内涵

校园文化是职业学校的一种“教育场”，是学校精神、活动、秩序和环境的集中体现，能够从职业特征、职业技能、职业道德和职业人文素质等方面对学生进行潜移默化的培养。现代企业文化中职业核心素养主要体现在两个方面：一是员工形成遵纪守法、责任意识、注重质量、团队合作、坚守诚信等先进的工作价值观；二是企业形成现代产业科学的生产方式、合理的劳动组织和规范的管理流程等内容。这几年来，江苏省灌南中等专业学校尝试从学生成长的“五场”（“寝场”“餐场”“学场”“工场”“职场”）场域的环境融入企业“8S”现场管理要素，突出将工业文化要素融入育人管理——“产业文化进教育、工业文化进校园、企业文化进课堂”，促进学生在成长中自在、自律、自主、自信、自强，成为情感人、文明人、文化人、技能人、职业人。[③]

（一）企业“8S”现场管理要素

所谓“8S”现场管理，是指企业在生产（工作）现场对人员、设备、物品（料）、场地、方法、信息等相关生产要素进行有效的持续性现场管理的模式。因管理模式中 8 个要素——“整理（Seiri）”“整顿（Seiton）”“清扫（Seiso）”“清洁（Seiketsu）”“素养（Shitsuke）”“安全（Safety）”“节约（Saving）”“学习（Study）”的罗马文拼写第一个字母均为 S，所以简称为“8S”。“8S”管理有利于提升企业文化的素养，消除生产（工作）现场安全隐患，节约成本和时间。它是日本企业在战后迅速崛起并在激烈的竞争中立于不

---

① 唐小俊．职业核心素养：内涵分析及培养路径[J]．江苏教育研究，2017(27)：70－73．

② 张志军，郭莹．高职学生职业核心素养培育路径探究[J]．中国职业技术教育，2017(4)：52－56＋65．

③ 沈志美．“五位一体”构建职校新型管理模式——江苏省海安中等专业学校的经验[J]．江苏教育，2014(4)：19－20．

败之地的法宝之一。

(二)“8S”现场文化育人要素

随着企业规模化发展和现代生产技术的运用,现代化的企业更多关注员工的综合素养和职业品质。当前职业教育培养的学生走上工作岗位后大部分不能很快地适应企业对技术工人的要求,难以融入企业的管理中,存在着学校培养与企业用人对接上不匹配的问题。为此,引入企业的“8S”现场管理要素,推进“五场”文化育人教育(如图3-3-1所示),以“寝场”打造情感人(个性人),以“餐场”打造文明人,以“学场”打造文化人,以“工场”打造技能人,以“职场”打造职业人,促进学生的全面发展,培养学生的综合职业素养。

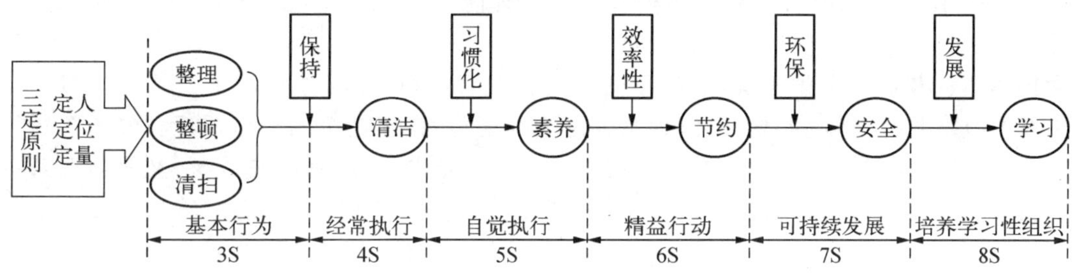

图3-3-1 “8S”现场文化育人要素

二、“技道融合”人才培养的“8S”现场文化育人要素的实施

现代化的企业更加关注员工的综合素养和职业品质。当前中职校培养的一部分学生走上工作岗位后难以适应企业对员工职业素养的要求,存在着学校培养与企业用人对接上不匹配的问题。“8S”现场文化育人要素系统培养了学生现代意义上的职业素质综合能力,加强了学生独立人格、健全心理、创新精神、适应能力和社会责任感等方面的人本教育,内化学生技术精神,实现了对学生的就业能力、创业能力、工作能力和职业转换能力的培养。近几年,江苏省灌南中等专业学校以满足国家、社会、行业、用人单位需求为宗旨的“五场”共融的全方位、全过程人才培养模式,即充分利用“8S”现场文化育人要素,通过校园“五场”场域的育人环境,逐步实现“感、攒、展、看、练”的职业核心素养培育体系。

(一)“寝场”的现场文化育人——培养情感人

进入宿舍“感”素养。“寝场”职业核心素养教育从某种意义上说是一种氛围与习惯教育。宿舍现场是中职校学生日常生活与学习的重要场所,也是对接校园文化与企业文化、培养学生职业素养的重要阵地,引导学生从一个人的个体生存走向一群人的团队生活。当前中职校学生“宿场”管理中存在的问题有:一是学生“生活自理能力弱”。表现为新生“床位”凌乱不堪,无一丝生气和舒适美感。二是“处事待人唯我独尊”。大多学生呈现的是以自我为中心,同舍成员人际关系冷漠或紧张,表现为"寝场"中缺失和谐共处的生活氛围。三是"无视规章宣泄情感"。少数学生忘乎所以,经常故意破坏寝室公共设施,把宿舍作为宣泄情感和发泄不满的主要场所。四是"隐藏性的违纪违法场所"。极个别学生在"寝场"喝酒、吸烟、赌博、勒索钱财,有时打架斗殴,影响极坏。为此,江苏省灌南中等专业学校展开"寝场"现场育人,主要从职业核心素养如内务整理、清扫清洁、劳动态度、遵章守纪情况等方面入手,进行量化考核,对宿舍分最美宿舍、文明宿舍、合格宿舍、不合格宿舍四种类型,进行每天一检查、每周一评估、每月一次授牌表彰与激励。具体做法包括:一是"寝场"Logo 制作。倡导班级确立寝室愿景、班训、班歌、班主任寄语等内容,设计制作 Logo,形成特有的寝室文化墙。二是"寝场"内务大比拼。通过军事化的规范管理,培养学生生活自理能力,让学生明白生存之道、生活之态,提高学生自主意识、自律意识,形成自主能力、自治能力。三是"寝场"任务大承包。宿舍集体活动和宿舍文化建设,宿舍环境自我管理大承包,能够强化学生团队精神,让学生努力改变自己,适应大众环境,提高人际交往能力,构建健全的人格,找到"寝场"的舒适感、幸福感和归宿感。四是"寝场"周末大讲堂。定期举办"宿舍是我家,文明靠大家"等宿舍域场的建设活动,进行"最美宿舍"评比、"最佳内务寝室"评比、"最有文化寝室"评比,以"五自"教育为学生管理特色,将"寝场"学生"自主管理""自我教育""自我完善""自我提高""自我欣赏"作为学生职业核心素养培养的补充和提升。①

(二)"餐场"的现场文化育人——培养文明人

步入餐厅"攒"素养。职业核心素养只有在问题情境中借助问题解决的实践才能培育起来。海尔总裁张瑞敏说过:"把每一件简单的事做好就是不简单,把每一件平凡的事做好就是不平凡。"食堂现场是中职校学生生活、用膳与文明礼仪体现的最主要场所,也是学生良好生活行为与习惯养成的重要场域。江苏省灌南中等专业学校实行"餐场"记载卡打分累计的常态考核,作为德育课程考核的重要组成部分,目的在于引导学生"学会尊重、学会生活,养成习惯、培养素养",从自发的遵守、规范走向自觉的尊重、文明。一是"职业素养"考核。要求学生要像企业员工一样,成为一个具有良好工作素养习惯的人,严格遵守用餐规章制度,按规定的就餐时间、窗口、餐位进行打餐、用餐,清理餐位,把握好人与自身、人与他人、人与岗位、人与社会、人与自然的关系,实现学生从"学习人""自然人"向"岗位人""社会人"角色的转变。二是"学习习惯"考核。播放富士康、海尔、华为等公司员工就餐的影像资料,引导学生自觉遵守"餐场"秩序,在规定的地点自觉排队,有序地走进食堂就餐,让学生明白尊重规则是现代人基本的文明素养,在未来工作岗位中尊重规则就是对他人的尊重。三是"节约意识"考核。倡导"节约光荣、浪费可耻"的"光盘行动",教育学生从"餐场"的一点一滴做起,尊重他人劳动成果,多想一粥一饭的来之不易,珍惜每一粒饭、每一分钱、每一滴水、每一度电,把"勤俭节约"当作学

---

① 周如俊.基于"四位"视角的校企制度文化对接路径[J].福建教育,2014(3):11-12.

校生活的一种美德、一种时尚、一种习惯。四是“清洁行为”考核。要求学生讲究卫生，严禁随地扔杂物、随意吐痰，严禁随便乱倒剩菜、剩饭，对剩菜剩饭必须倒在指定桶内，用餐后的餐具放入指定的位置，提倡用完餐后自己洗餐具，确保食堂餐位清洁卫生。

(三)“学场”的现场文化育人——培养文化人

融入学场“展”素养。中职校公共基础课程与专业平台性课程学习的教室(场所)是一所学校形成文化教育与职业素养培养的开始。中职校要使“学场”的“整理”“整顿”“清扫”“清洁”等行动成为一种学习惯例和制度，引导班级的一切活动都始终围绕着学生未来的职业活动展开，塑造整洁有序的学习、生活、实训环境，培养学生的职业素养、敬业精神、创业精神以及良好的职业习惯，从而使学生“融入社会、介入企业”，实现学校教育与企业接轨。江苏省灌南中等专业学校构建了一个全新的“8S”教学单元职业核心素养育人现场，把企业的运作方式、经营模式、企业文化、素养培养、竞争机制等核心内容融入教学(学习)过程中。一是“状态”育人。要求学生每日常态化对教室(实训室)内的黑板、讲台、墙壁、地面等进行全方位的整理、整顿、清扫、清洁，使学场保持完美和最佳状态，消除发生安全事故的根源。二是“环境”育人。制定环境管理评价标准，要求学生随时随地保持课桌、讲台、工作台上的物品整齐清洁，严格按统一规定位置，有序摆放学习用品、学习(教学)工量具等，营造一个良好的学习与实训环境，使学生能愉快地学习与实训。三是“素养”培养育人。“学场”的“素养”培养主要体现在严格遵守规章制度的习惯和作风。体现为示范的作用。教师要求学生做到的，自己首先自觉做到，教师的行动既要像“师傅带徒弟”一样起表率作用，又要像“车间主任管理员工”一样层级管理。体现为制度的约束。要求学生按照企业一线的员工那样准时上下班，进入实训场所学习时必须着齐工装，整队进出实训工场，凭“学卡”上岗；每天的实训要像企业一样，有班前会布置任务，结束检查公布，班后会激励。体现为渗透教育。用职业道德和为人之道案例对学生进行职业道德教育，让学生成为一个在未来职场遵守规章制度，具有良好学习、职业操守与素养习惯的人。

(四)“工场”的现场文化育人——培养技能人

深入“工场”“看”素养。职业核心素养只有让学生亲眼观看、亲身感受并非符号化存在的职业核心素养形式才能更好养成。中职校要突出“工场”(技能实训场所)五项要素构建，职校化的教学管理、工作化的环境布置、现场化的项目实施、学徒化的师生关系、企业化的校本课程，形成校企文化管理的内外融合、融入、融通、融接的职业能力递进培养模式。为此，江苏省灌南中等专业学校以适应职业岗位需求为导向，创新教学环境，构建具有鲜明中职校特色与企业文化要素的校内实践教学环境，融合职业核心素养培养。一是校内实训基地建设浓厚的企业文化环境。实训基地的布置融入企业文化的标语：“安全第一，预防为主。生命宝贵，安全第一”“把简单的事情做好了就不简单了”“爱岗位尽心尽职，钻业务精益求精”“找方法才能成功，找借口只会失败”……此外，悬挂、张贴生产标识、操作规程、职业行为规范等。这样既体现了职业道德的规范和职业思想品质要求，同时又把岗位的职业素质要求与教学要求有机结合在一起，促进校园文化与企业文化紧密结合。二是构建开放型的校内“大实训”环境。营造与生产、建设、管理、服务第一线工作现场相接近、具有鲜明中职校特色的实践教学环境，开辟“专业墙”“企业墙”“创业墙”，以适应职业岗位需求为导向，着力促进知识传授与生产实践、教学流程到工作流程、教学环境和企业环境紧密衔接，使学生的学习行为举止、实训工作规范、安全守则遵守、制度管理要求、现场文明管理等方面均与企业要求无缝对接。三是构建“三维四层一贯穿”现场技能教学体系。形成以能力培养为主线，以学生“三维”发展（职业技能、技术精神、职业素养）为取向，以“四层”递进能级技能（基本技能、专业技能、综合技能与岗位技能）为训练方式，以创业创新能力培养贯穿融合于一体的实践教学体系，实现专业、学业、职业、就业和创业的实践教学“五业”贯通。①

（五）“职场”（岗位现场）的现场文化育人——培养职业人

跨入职场“练”素养。职业教育培养学生不仅要“练”技能，更要“练”素养，最终使之将所学习到的知识、技能、态度、价值观等核心素养灵活地应用于未来的实际工作环境。中职校要引入现代企业运行机制，实现校内实训基地企业化现场管理，逐步培养学生良好的职业情感、职业精神、职业规范、职业素养。一是实行“岗场”的“双向互动”现场育人。例如江苏省灌南中等专业学校汽车运用与维修专业基于“教学工厂”理念构建了“前店后校”融合式新型人才培养模式，实施“前店后校”校内实训基地“双向互动”管理体系，推行了教学系统与产教工厂之间“双向互动”的管理运行机制，搭建企业化育人环境、生产实践环境、教学实习环境、职业训导环境，组建汽修培训中心，建立校内“系部实验（习）室——实训教学专业实训场（室）——产教工厂”三级实训教学管理体系，实训基地每个部门均由学校教师、企业派驻的专职技术人员及相关专业学生构成，推进教学与生产（学校与企业、校长与厂长、教师与师傅、教位与岗位、学生与员工、职业氛围与实训场景）的有效对接与融合。二是实行“岗场”的素养考核育人。学校在校内实训教学岗位引入企业现场管理规范，制定《工作交接制度》《实训管理奖惩制度》《实训教学考勤与休息休假制度》等管理制度，推行“8S”现场文化育人管理要素考核（如表3－3－1所示）②：整理——把必要的和不必要的区分开，把不必要的去除掉；整顿——把必要的放在指定位置，实现标准化；清扫——使部门内部消除脏乱，及时发现缺点；清洁——保持整理、整顿、清扫的清爽状态，无脏乱；素养——自觉遵守规定事项，养成良好习惯；节约——优化、合理配置各种资源，杜绝铺张浪费；安全——生产、技术、机器设备稳定可靠，按规定操作，消除隐患；学习——使自己学习、生活得到持续改善，培养学习性组织，

---

① 周如俊．“2.5＋0.5”学制分段后中职校实践教学体系的构建研究——以机电技术应用专业为例[J]．2014(12)：66－69.

② 百度文库．8S 现场管理考核表[EB/OL]．http://wenku.baidu.com/view/f0136124ccbff121dd3683b3.html，2010－09－24.

表 3-3-1 中职校“8S”现场文化育人管理要素考核表

系部:________ 专业:________ 学生:________ 学号:________ 实训场所(现场):________ 检查人:________ 日期:________

现场管理要素及评价分值	现场管理要素内涵	现场文化育人管理目的	实训场所现场育人管理标准	评价分值	现场管理检查结果(用“符合”/“不符合”描述实训现场事实结果)	得分
1S:整理(8分)	分清实训场所有用和无用的物料(品),清除掉不要用的物料(品)。	腾出来“空间”活用。	1. 禁止有用物料(品)和无用物料(品)混放。	2		
			2. 禁止实训场所留有杂物、废物。	2		
			3. 区别放置常用与不常用的物料(品)。	2		
			4. 及时清除废杂物料(品)。	2		
2S:整顿(8分)	依据实训场所管理的有关规定,将要用的东西清晰标示,并定位、定量摆放整齐。	节省时间快速找物料(品)。	1. 分类存放有用物料(品),空间布局合理。	2		
			2. 各类实训设备、工具、物料(品)按操作顺序整齐摆放。	2		
			3. 实训场地规范、整洁、美观、统一。	2		
			4. 各类物料(品)标识明确,查寻(找)方便。	2		
3S:清扫(8分)	清扫(除)实训场所内的脏污,并禁止污染的发生。	清扫(除)实训场所“脏污”,确保场所明亮、干净。	1. 日清实训场所地面,保持地面干净。	2		
			2. 日清实训场所的台(桌)面,保持台(桌)面的清理整洁。	2		
			3. 日清实训场所卫生责任区,保持责任区内清爽干净。	2		
			4. 保持实训场所物料(品)柜(架)、周转箱等内无杂物。	2		

续表

现场管理要素及评价分值	现场管理要素内涵	现场文化育人管理目的	实训场所现场育人管理标准	评价分值	现场管理检查结果(用“符合”/“不符合”描述实训现场事实结果)	得分
4S:清洁(8分)	将1S、2S、3S实施的做法常态化、规范化、制度化,并维持成果。	制度化来维持成果,显现“异常”所在。	1. 维持实训场所墙壁、地面六面光亮。	2		
			2. 维持实训设备、工具整洁干净,维修保养有记录。	2		
			3. 维持实训场所卫生值日分工明确,职责范围、内容清楚。	2		
			4. 维持实训场所不留卫生死角。	2		
5S:素养(16分)	师生人人依据实训场所管理有关规定实训,从心态上养成好习惯。	改变实训教学(学习)“品质”,养成讲究、细致、规范、认真的习惯。	1. 实训场所用语清晰文雅、举止规范有礼貌。	2		
			2. 实训场所穿工作服、配戴实训证件(学生证)。	2		
			3. 实训中不窜岗、不越岗、不擅自离岗。	2		
			4. 实训时间不做与实训工作(学习)无关的事。	2		
			5. 不在实训场所争吵、打弄、追逐、戏闹。	2		
			6. 实训场所上下楼梯、过通道靠右走,遇搬运物料(品)等工作人员让行。	2		
			7. 不染发、散发、烫异发,不穿奇装异服、不穿高跟鞋实训。	2		
			8. 每次实训结束时将实训场所(现场)整理好后离开。	2		

续表

现场管理要素及评价分值	现场管理要素内涵	现场文化育人管理目的	实训场所现场育人管理标准	评价分值	现场管理检查结果（用“符合”/“不符合”描述实训现场事实结果）	得分
6S:安全（20分）	制定正确、规范的实训操作流程，配置适当的实训所管理人员进行监管与指导；对实训场所不合安全规定的因素及可能出现的安全隐患及时举报消除；加强实训师生安全意识教育；签订实训操作安全责任书。	实训场所人人讲安全，安全为人人，达到预知危险、防患未然的目的。	1. 使用实训场所设备时按操作规程操作。	2		
			2. 实训场所物料（品）堆码高度合理安全。	2		
			3. 实训场所特殊实训岗位（如焊接）等人员要持证实训。	2		
			4. 禁止穿拖鞋（高跟鞋）进入实训场所。	2		
			5. 禁止带危险品（如易燃、易爆品）进入实训场所。	2		
			6. 按管理规定正确使用、放置工具。	2		
			7. 禁止在实训场所吸烟和使用明火。	2		
			8. 禁止带外来无关人员进入实训场所。	2		
			9. 保持实训场所通道畅通无阻。	2		
			10. 每次实训后设备停机，关好场所门窗、电源、水源。	2		
7S:节约（14分）	减少实训场所时空、人力、成本、库存、物料消耗等因素。	加强节约意识教育，养成降低实训场所物料（品）成本习惯。	1. 当天实训任务当天毕，杜绝拖欠和积压。	2		
			2. 实训场所安排合理，实训现场内无闲置人员。	2		
			3. 实训时按实训计划领料，杜绝错发、重发和漏发物料（品）。	2		
			4. 一次性把实训工序做好，操作返工少。	2		
			5. 实训时人人忙而不乱，操作规范有条理。	2		
			6. 实训操作用料科学，杜绝浪费物料（品），废料（品）控制在最低限度。	2		
			7. 实训场所出现问题要处理及时得当，不回避和推卸责任。	2		

续表

现场管理要素及评价分值	现场管理要素内涵	现场文化育人管理目的	实训场所现场育人管理标准	评价分值	现场管理检查结果（用“符合”/“不符合”描述实训现场事实结果）	得分
8S:学习（18 分）	深入研习实训场所各项技术操作要领，从实践和书本中获取知识，同时不断地向他人长处学习，达到完善自我、提升综合素质的目的。	使实训班级（班组）得到持续改善，培养学习性组织。	1. 每次实训有学习、记录与反思。	2		
			2. 实训场所班级（班组）每周实训简短培训 1 次以上。	2		
			3. 及时参加班级（班组）内部的实训学习培训。	2		
			4. 每次实训时学生之间团结互助、互相交流、互相学习。	2		
			5. 实训学习时不以自己之长比他人之短。	2		
			6. 实训时经常为学校实训工作提供合理化建议。	2		
			7. 实训时虚心接受他人意见。	2		
			8. 实训时发现错误立即改正。	2		
			9. 实训场所实训操作有误时找原因不找理由。	2		
累分						
实训场所的问题反思记录						

强化教学现场的生产化管理，严格要求学生在实训操作中不仅要熟悉行业的技术规范、操作规范、安全规范，而且要养成严格按岗位生产工艺加工产品、工量具摆放整齐有序、设备及时维护保养等安全、文明生产的习惯。

三、"技道融合"人才培养的"8S"现场文化育人要素的体会

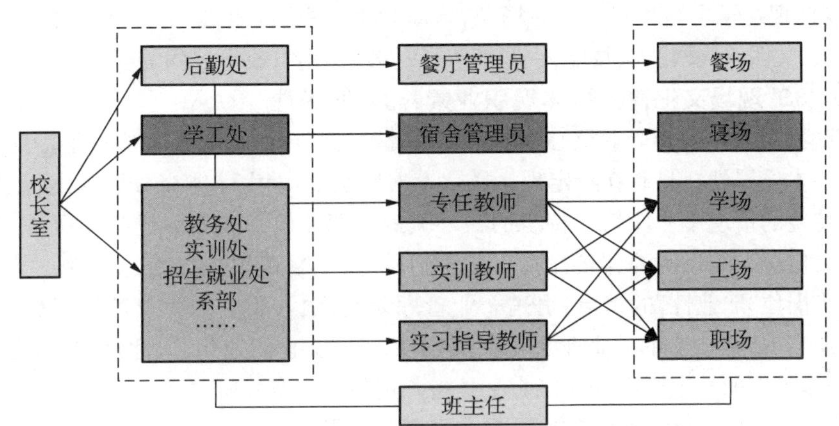

图 3-3-2 "五场"共融的育人管理机制

中职校教书育人、管理育人、服务育人、环境育人，归纳起来就是文化育人。校园文化是职业学校的一种"教育场"，是学校精神、活动、秩序和环境的集中体现。培养良好的职业核心素养是中职学生在未来工作中取得良好发展的前提，"8S"现场文化育人的真正意义是融入更多的对职业特征、职业技能、职业道德和职业人文素质的潜移默化的培养，把职业核心素养育人融入到教育教学的全过程，贯穿到教育教学各个环节各个方面，加强学生独立人格、健全心理、创新精神、适应能力和社会责任感等方面的人本教育。

(一)"8S"现场文化育人要体现职业素养的"共育性"

"共育性"主要体现职业核心素养培育的"渐进性"特征。职业核心素养形成与发展是产教融合、"8S"现场文化育人的长期的、渐进的、从量变到质变、不断积累与提高的过程。职业核心素养培养是社会教育、企业培训、家庭教育、学校教育、自身养成共同作用的结果，素养培养的广泛性、多层次性决定了职业核心素养要在校园文化各种因素的影响下不断成长。"8S"现场文化育人要成立"五场"共融的育人管理组织结构，①构建"五场"共融的育人管理机制(如图 3-3-2 所示)，建立"五场"育人管理考核体系，形成多方衔接的职业素养培育工作网络，提高全员、全过程、全方位育人能力。

---

① 沈志美."五位一体"构建职校新型管理模式——江苏省海安中等专业学校的经验[J].江苏教育，2014(4)：19-20.

（二）“8S”现场文化育人要体现职业素养的“融合性”

“融合性”主要体现为职业核心素养培育的“一体性”特征。职业核心素养是核心的职业理想与信念素养、职业道德人格素养、职业能力素养等必备的品质和关键能力的有机融合，是多样化培养一体化的过程。校企文化共融育人把“8S”现场育人过程视为：“知识的建构＋情感丰富、细腻的纯化＋ 态度与价值观的形成和完善以及思想的升华＋智慧能力的培养”①，主要体现在学生“五场”成长的场域，培养学生自在、自律、自主、自信、自强，把学生打造成情感人、文明人、文化人、技能人、职业人，以实现学生自我发展的需要。

（三）“8S”现场文化育人要体现职业素养的“实践性”

“实践性”主要体现为职业核心素养培育的“情境性”特征。情境性是职业教育核心素养与生俱来的本质属性。只有在特定现场文化育人情境中，学生才能充分展现出特定的素养，也只有在特定的情境中才能培育特定的核心素养。职业核心素养形成与发展是产教融合、“8S”现场文化育人的长期的、渐进的、从量变到质变、不断积累与提高的过程。“8S”现场文化育人突出岗位“职业性”的特点，引进企业管理元素，融入相应的职业道德、职业理想和职业人文素质培养，营造浓郁的企业文化氛围，实现校园文化职业化、人性化、整体化的整合和统一，使培养出来的学生既有职业能力又具备一定的人文素养。

（四）“8S”现场文化育人要体现职业素养的“导向性”

“导向性”主要体现为职业核心素养培育的“价值性”特征。职业核心素养所关注的重点既不在于单纯的知识技能，也不在于单纯的兴趣、动机、态度，而在于重视运用知识技能、解决现实问题所必需的思考力、判断力与表达力及其人格品性。② “8S”现场文化育人强化人才培养过程的实践性、开放性和职业性，重视学生校内学习与实际工作的一致性。职业素养培养贯穿学生职业成长过程，要广泛开展企业社会实践、职业能力测评、职业生涯规划书编写、职业生涯规划大赛举办、模拟面试开展等活动，使学业职业生涯规划贯穿于学生学习生活的整个过程，推进专业文化、企业文化在校园的全方位、立体化建设。

（五）“8S”现场文化育人要体现职业素养的“系统性”

“系统性”主要体现为职业核心素养培育的“综合性”特征。职业核心素养包括职业理想与信念素养、职业道德人格素养、职业能力素养等关键能力与必备品格，既不是单纯的知识、技能和能力，也不是单纯的情感、态度和价值观，是对能力和品格的综合，体现在个体对解决问题的能力与其在解决问题中所需人格和道德品质的综合，即核心素养的综合性体现在问题的解决过程中。③ “8S”现场文化育人过程中要广泛收集和吸纳来自校内师生员工和社会各方面的反馈信息，对偏离职业素养育人目标的行为进行适时调整，对有助于“8S”现场文化育人目标的行为予以强化。

---

① 杨剑.浅析传播专业大学生创造性思维缺乏的原因以及对策[J].传播与版权，2018(1)：138－140。

② 钟启泉.基于核心素养的课程发展：挑战与课题[J].全球教育展望，2016，45(1)：3－25.

③ 乔为.核心素养的本质与培育：基于职业教育的视角[J].职业技术教育，2018，39(13)：20－27.

第四章　“技道融合”主张的课程体系

当前职业教育课程从学科体系转向行动体系已是大势所趋，职业教育课程体系构建理念，正从岗位（专业）定向教育向综合职业能力教育和终身教育转变。职业教育课程范式也从学科逻辑转向行动逻辑，正处于行动体系课程模式相互借鉴吸收和主流趋势形成时期，职业教育的课程设置应该遵循“工作需求原则”，即工作中需要的即为课程中所教的，要注重经验与技术融合。“技道融合”人才培养课程的教学主张认为，职业教育课程体系构建要培养学生领悟到技术（技能）知识理论形态与经验形态的融合存在的意义和技术（技能）修炼自由真谛与实现“道通为一”的境界。职业教育课程体系构建也要将素质培养贯穿于职业教育的教育教学全过程，培养和拓展学生的综合职业素质。本章共分三节内容：课程体系是培养目标的具体化，第一节主要阐述了“技道融合”人才培养的教学主张的课程体系构建；职业教育课程模式开发影响课程体系建设的效度，第二节主要归析了“技道融合”人才培养的教学主张的课程模式开发；课程的模式实施最终要回归高素质育人的本源，第三节主要从素质教育视角论述了职业教育“技道融合”人才培养的教学主张的课程模式实施。

第一节　“技道融合”主张的课程体系建构

课程体系是职业教育的指导思想，决定着学生学习的知识结构，是培养目标的具体化。职业教育多元主体的融合促进了多种要素的融合，进而带来职业教育课程体系多样性功能的融合。职业教育课程体系主要反映在基础课与专业课、理论课与实践课、必修课与选修课之间的关系：在课程体系结构上，按照什么逻辑关系设置课程，处理课程与课程之间的组合关系；在课程内容结构上，怎样处理课程内部知识的组织方式；在教学序化上，教师用怎样的逻辑顺序进行教学。当前职业教育课程体系构建理念，正从岗位（专业）定向教育向综合职业能力教育和终身教育转变。现行的职业教育课程体系在一定程度上忽视了学生学习方法的培养、学习习惯的养成、个性的发展、创新精神和创新能力的培养。基于可持续发展教育理念提出的 PGSD 能力分析模型，实现了职业教育课程体系构建从职业人才需求到教育教学的过渡互通。在 PGSD 能力分析模型基础上，遵循可持续发展性和人本性原则，结合有关文献与实践，阐述了职业教育“课证行赛、层类交互、学用融合、多导多选”课程体系构建具体策略，推动了课程结构关系的“时空”维与“深度”维的目的性创新。

一、“技道融合”人才培养课程体系培养的 PGSD 能力分析模型

联合国教科文组织 1972 年提出了“学会生存”，到 2015 年《教育 2030 行动框架》，提出了“终身学习和可持续发展”。[①] “技道融合”人才培养的教学主张指出，职业教育课程体系构建与学生能力培养要正确处理学生就业需求和可持续发展、终身发展需求之间的关系。联合国教科文组织在《2012 年全民教育全球监测报告》中将工作技能分为了基础技能、可转移技能和职业技术（技能），美国 21 世纪技能合作组织提出了 21 世纪技能（21st Century Skills），OECD 提出了 21 世纪核心素养（21st Century Competencies）；欧盟提出了关键素养（Key Competences），我国基础教育领域正在全面研究和实践核心素养（Core Competencies），这些都对职业教育课程体系构建与技术（技能）型人才培养有价值导向作用：更加重视软技能、可转移技能、非认知技能的形成和培养，更加关注可持续发展教育。[②] 目前职业教育课程体系构建由岗位工作领域转换成学习领域课程，是以岗位胜任力为培养目标的存量式教育，教师传授知识或技能，学生处于被动、依附等浅层次学习状态，学习者的学习力受到了不同程度的抑制。PGSD 能力模型是“技道融合”人才培养的教学主张的一种职业教育课程体系建构方法。

（一）PGSD 能力体系与 PGSD 能力分析模型内涵[③]

“能力”一词，英语词汇中主要有“competencies”“competency”“competence”“literacy”等表述，其意是“胜任力”“素养”等，主要指的是在特定情况下运用知识（包含信息、理解、技能、态度和价值观等）以满足个体能够实现工作需要或达到某个职位的绩效要求的一种状态或综合品质。PGSD 能力表示广义能力的释义，其中，P 代表职业能力（Professional & Vocational Competencies），是胜任职业活动所需的技术（技能），是职业人才从新手到熟手必备的能力，以增加存量式教育为目标；G 代表通用能力（General Competencies），包括语言、数学、科技、人文与社会、艺术、运动与健康、信息技术等；S 代表社会能力（Sociology Competencies），包括职业道德、法律法规、安全、环境保护、沟通交流、与人合作、项目管理、跨文化与国际视野、公民责任等；D 代表发展能力（Development Competencies），包括学会学习、批判性思维、解决问题、创新思维、创业

---

① 国家教育发展研究中心专题组. 迈向全纳、公平、有质量的教育和全民终身学习——《教育 2030 行动框架》之前言、愿景、理念与原则[J]. 世界教育信息，2016，29(1)：7－11.

② 国家教育发展研究中心专题组. 迈向全纳、公平、有质量的教育和全民终身学习——《教育 2030 行动框架》之总体目标和策略方法[J]. 世界教育信息，2016，29(1)：12－15.

③ 王春燕. 基于可持续发展教育理念的职业教育课程开发——PGSD 能力分析模型的构建及应用[J]. 中国职业技术教育，2019(18)：65－70.

意识等。通用能力、社会能力、发展能力统称为职业人才的可持续发展能力，以激发流量式教育为目标，它源于职业能力但高于职业能力。PGSD 能力是一个有机整体，是高水平职业技术（技能）人才应具备能力体系。

PGSD 能力分析模型如图 4－1－1 所示，实现了工作过程从动作技能需求向智力技能需求过渡的四维能力支撑，实现了从职业人才需求到教育教学的过渡。PGSD 能力模型从专业相关的职业领域出发，分层剖析经济与社会的发展变化中职业领域对不同层次和类型专门人才的需求，确定各层次人才培养所面向的职业岗位群。再通过“鱼骨式”能力分析会，解析典型职业活动、工作任务以及胜任职业活动所需要的职业能力，以此为载体，进而深入挖掘语言、数学、科技、人文与社会、艺术、运动与健康、信息技术等通用能力，职业道德、法律法规、安全、环境保护、沟通交流、与人合作、项目管理、跨文化与国际视野、公民责任等社会能力，批判性思维、问题解决、创新思维、创业意识等创新能力。

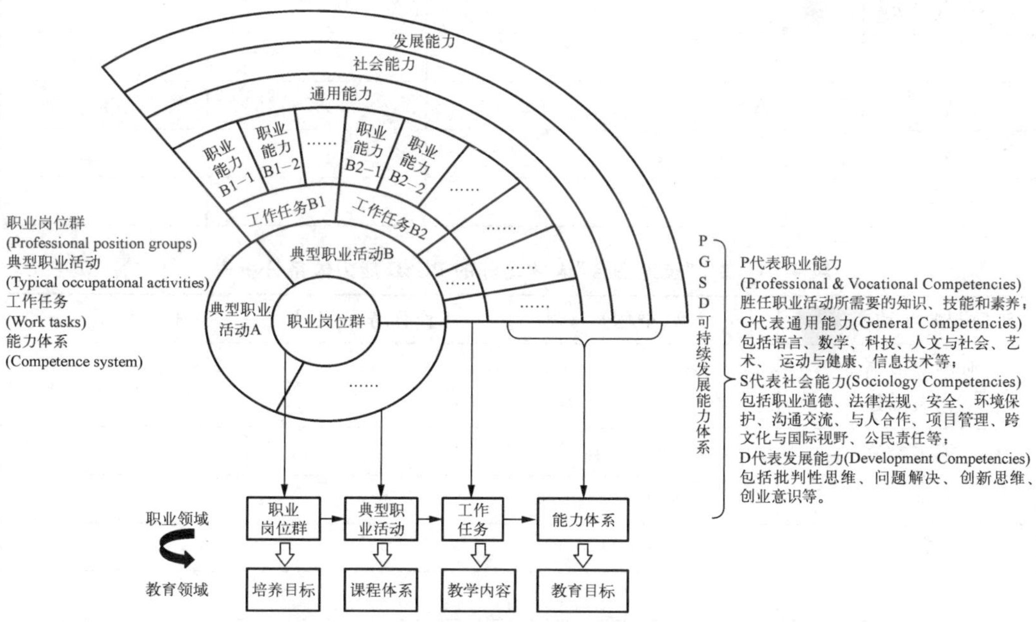

图 4－1－1 “技道融合”人才培养的 PGSD 能力分析模型

（二）PGSD 能力分析模型的分析方法

PGSD 能力分析模型的分析方法主要有：第一步，职业人才需求调研；第二步，举行“鱼骨式”能力分析会（如图 4－1－2 所示），主要包括分析人员、空间布局、设备工具与分析过程等内容；第三步，进行 PGSD 能力分析，主要包括典型职业活动和工作任务分析（如表 4－1－1 所示）、PGSD 能力体系分析（如表 4－1－2 所示）。

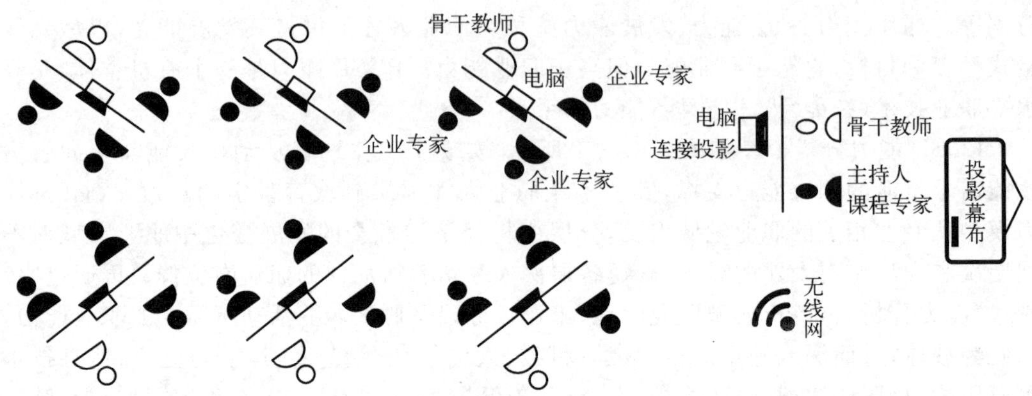

图 4-1-2 “技道融合”人才培养的“鱼骨式”能力分析会布局图

表 4-1-1 “技道融合”人才培养的典型职业活动和工作任务分析表

典型职业活动	工作任务			
	1	2	3	……
A	A1	A2	A3	
B				
……				

表 4-1-2 “技道融合”人才培养的 PGSD 能力体系分析表

典型职业活动及编号	A(举例)	工作任务及编号	A1、A2、A3……
典型专业活动相关描述			
能力类别	编号	内容	
职业能力	P-A1.1		
	……		
	P-A2.1		
	……		
通用能力	G-A1		
	G-A2		
	……		
社会能力	S-A1		
	S-A2		

续表

典型职业活动及编号	A(举例)	工作任务及编号	A1、A2、A3……
	……		
发展能力	D-A1		
	D-A2		
	……		

二、“技道融合”人才培养课程 PGSD 能力分析模型的体系构建[①]

基于可持续发展教育理念提出的 PGSD 能力分析模型，构建了“课证行赛、层类交互、学用融合、多导多选”课程体系及其实施程序。其中，“课证行赛”就是把职业证书要求、行业岗位标准、技能大赛内容和学校课程融合在一起。“层类交互”指的是课程内容既有层次上的国家课程、地方课程、校本课程，也有类别上的公共基础课、专业技能课、专业综合实践课。比如“必修课程模块”属于国家法定必须开足开齐的课程，“选修课程模块”属于供学生任选或限选的校本性课程。其中前者又由公共必修课程和专业技能必修课程(平台性课程与方向性课程)组成，后者分“限选课程”和“任选课程”两种。“学用融合”既指内容编排上理实并重(“专业技能必修课程”和“任选课程”中都应设置实践性内容模块)，又指教学方法上理实一体，还指课时分配上理实均衡。“多导多选”指的是多导师指导学生多元、多次选择。职业学校组建由成长导师(指导学生制定个人发展规划)、课程导师(指导学生选择合适的课程)、专业导师(协助学生选择专业与职业方向)、就业或升学导师(为学生提供就业或升学咨询与指导)组成的导师团，指导学生依据《学习成长指导手册》，借助网络双向互动选择平台进行多类型、多次选择(专业、课程、职业、升学、就业等)。[②]

(一) 从问题出发，探寻职业教育课程发展的“新生态”

职业人才需求调研通过问卷、访谈、智能挖掘技术等进行，调研职业教育课程发展存在问题与发展生态。当前职业教育在课程目标价值取向上，普遍存在“技能唯上”的工具性教育问题，缺失非功利性“博雅主义”的个性化培养价值导向；在课程内容选择导向上，普遍存在公共基础课程的“应试之殇”、技能课程的“考证之殇”、精英课程的“应赛之殇”等问题，缺失提供适合学生成长、体现个性化发展的菜单式“课程超市”；在教学实施上普遍存在“知识＋技能本位”导向的翻版式“知识本位”的教育问题，缺失适应社会变迁、从事新岗位、适应新工作和掌握新技术的创新、创业意识和发展能力的核心素养

---

① 周如俊.“适合的教育”从课程供给的“选择”开始——从中等职业教育谈起[J].江苏教育，2018(4)：29-34.

② 庄西真，曹雨平，臧志军等.德知技融合、因类施策、多元发展——整体提高职业学校人才培养质量的江苏实践[J].江苏教育，2019(52)：71-74.

的培养。[①]

1. 课程培养目标要从“唯技化”走向“人本化”。职业教育人才培养要满足职业动态发展的需要、适应学生个性发展的需要，实现人本化目标的需求。在关注培养学生的“硬技能”——具备适岗就业的“看家技能”基础上，还要重视培养学生“看家技能”之外的“软技能”——适应社会发展和终身发展需要的“核心素养”。

2. 育人要从“批量化”走向“个性化”。为每位学生创造合适的课程教育与学习机会，充分发挥学生各自天赋的潜能，这是对教育规律的一种遵循，更是对学生身心发展规律的一种尊重。职业教育要从工厂流水线式的批量化生产走向“有教无类”“因材施教”。

3. 课程要从“隔断化”走向“整合化”。职业教育要对日常课程(公共基础课程教学与专业技能课程教学)与课外拓展课程教学(课外技能兴趣小组课程教学，各类各层次的技能大赛集训课程教学，高职升学辅导课程教学)进行融合，形成可供学生选择、满足学生个性发展需要的“课程超市”。

4. 教学要从“灌注化”走向“适切化”。当前以工作过程为导向的系统化课程模式改革就是建立在对传统意义上的学科体系课程的“扬弃式”解构和对现代意义上的“行动体系”课程的“整合式”“重构”上，“从而在知识总量相对不变的情况下，以职业功能、职业资格和职业工作过程为导向，对课程内容进行开发、重组、转换，使课程内容与职业资格不再割裂，专业理论知识与技能实践不再分离”。[②]

(二) 从素养出发，设计课程目标的新框架

通过 PGSD 能力分析模型中的“鱼骨式”能力分析会，设计课程目标的新框架。2016 年《中国学生发展核心素养》总体框架确立，作为高中阶段的职业教育学生“发展核心素养”培养也应涉及到“文化基础、自主发展、社会参与”3 个方面所表现出的“人文底蕴、科学精神、学会学习、健康生活、责任担当、实践创新”等内容。它是学生应具备的，能够适应学生终身发展和社会发展需要的必备的核心素养。[③] 职业教育需要以培养“个性化全面发展”技术(技能)型人才为核心，进行课程“目标框架”的再设计，为学生创造“适合发展的课程教育”，从技能本位走向核心素养本位，“为全面发展而教”，“为学生个性发展而教”。在《中国学生发展核心素养》核心内涵基础上，结合国内外核心素养与职业核心素养实践探索，融合有关课程组合实践(如图 4-1-3 所示)，笔者基于“四维”视角，设计职校生发展核心素养目标构建框架(如图 4-1-4 所示)。职业教育课程目标素养培养，贯穿“基础类课程”“专业方向课程”“专业综合实践与高职升学综合课程”教育与人才培养始终，为每位学生胜任工作、适应社会发展与个人终身发展培养必

---

① 方健华. 中职学生职业核心素养评价及其标准体系建构研究[D]. 南京师范大学，2012：99-109.

② 周如俊，李伟. 哲学视域下对职业教育课改中“五个融合”的审视[J]. 职教通讯，2011(9)：71-76.

③ 辛涛，姜宇，林崇德等. 论学生发展核心素养的内涵特征及框架定位[J]. 中国教育学刊，2016(6)：3-7+28.

备的品质与关键能力，为学生职业需要与人生发展夯实基础。[①]

1. 核心思维素养。即课程教育中培养学生选择性思维、合作性思维（主动融入集体，培养团队合作精神）、可持续发展性思维、自我管控思维。涉及到正确认识社会、担当社会责任、融入团队合作、善于交流沟通等核心素养的培养。

2. 核心行为素养。即课程教育中指导学生在对待工作、学习、生活中出现的问题上，在处理个人私事、集体大事、国家利益关系等方面，践行社会主义核心价值的行为准则，培养学生的国家意识、集体意识与团队意识，理解工作、学习、生活三者的意义与价值以及相互关系。涉及到自我学习管理、数学概念和方法的运用、交流思想和分享信息的能力、中文外文应用等核心素养的培养。

3. 核心能力素养。即课程教育中培养学生更新理念的学习能力、从事新岗位与掌握新技术的能力、解决新问题的适应能力，是为适应职业岗位变化性、发展性和适应性的“以不变应万变”的能力。涉及到计划组织能力、问题解决与执行能力、技术应用与实践能力、创新创业能力等核心素养的培养。

4. 核心精神素养。即课程教育中要培养学生形成具有职业特征的精神与操守，以及未来从事职业岗位的敬业精神、奉献意识、责任感。涉及到社会主义核心价值观下的职业价值观、职业态度精神、职业道德法规、职业理想素养与工匠精神（敬业、精益、专注、创新）等核心素养的培养。

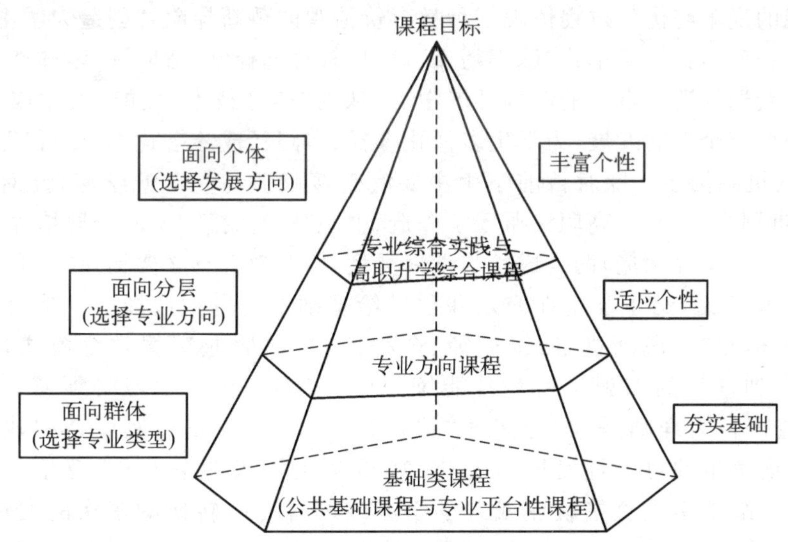

图 4－1－3 “技道融合”人才培养课程体系的结构模型

① 翁孝川. 培养核心素养，职校生“以不变应万变”[N]. 中国教育报，2016－08－30(007).

图4-1-4 "技道融合"人才培养课程体系的核心素养目标构建框架

(三)从课程"体系"出发,创新课程选择的"新表达"

从PGSD能力体系和课程体系出发,创新课程选择的"新表达"。职业教育课程体系组织方式的变革与优化过程体现一种教育价值观的革新导向,"创造为学生提供适合课程教育的条件",打造菜单式"课程超市",增加教育选择性、适应性、多样性,保证每一个学生有机会选择适合自己的课程开展学习,从而"拓宽技术(技能)人才成长通道,促进学生全面而有个性的发展,为学生多样化选择、多路径成才搭建'立交桥'"。

1. 开发机制构建。针对目前学生主要有直接就业与高职升学深造(对口入学深造、五年一贯制高职招生、高职注册入学深造、中职高职衔接"3+3"分段培养深造、中职本科"3+4"分段培养深造)两类成长与学习类型,职业教育有必要构建"适合"学生学习与发展的课程体系,给予学生在充足课程供给基础上的自主选择。一是突出课程的"育人性"。构建"三段渐进、四维途径、全程体验"的职业道德教育模式,把职业道德教育融入到学生的知识学习和技能练习中,培养工作与学习必须遵守的职业伦理规范和道德行为准则。[①] 二是彰显"选择性"。学生的充分发展是构建选择性课程之本,尊重学生的可塑性发展与变化,尊重学生的兴趣与专长,尊重学生的成长与转向意愿,给予学生直接就业或升学学习或两者之间转换的多次的发展选择,赋予学生更多的学历(培训)、学制、专业、课程、教学方式、教学情境等教育选择权

① 庄西真.江苏整体提高职业学校人才培养质量[N].中国教育报,2018-04-24(009).

利。[①] 三是强化“专业性”。专业课程教育，贯通就业教育与升学教育过程始终，在夯实专业教育的基础上，开发(开设)满足直接就业(或继续升学)需求的课程系统(课程内容)，建设既具备职业教育课程专业性特征，又能适当融合升学成长教育的开放性课程体系，创造学生可以自主选课的“课程超市”，满足学生个性化发展需要。四是凸显“融合性”。关注学生的可持续发展，培养学生学习能力、创新能力是现代职业教育课程育人的核心理念。职业教育本质上是一种“折中”的教育类型，选择性的课程体系构建的重要内容是对课程内容进行整体优化与系统重构。公共基础课程应贯串于课程教育的全过程，文化素质基础教育和职业核心素养培育倡导“双轮驱动”同步，即既要重视学生专业技能课程教育培养，也要突出公共基础课程教育以及职业素养和人文素养的培育。

2. 体系建构。为每个学生发展与成长提供可选择的“课程超市”。一是课程内容。其一般由“必修课程模块”(属于国家法定应开足开齐的课程)和“选修课程模块”(属于校本性课程，供学生任选或限选)两类模块组成。其中前者一般由公共必修课程和专业技能必修课程(平台性课程与方向性课程)组成；后者分“限选课程”和“任选课程”两种。“限选课程”旨在保证学生学习与成长方向的一致性，保障学生选定学习课程的相对系统性和丰富性，原则上要按二选一及以上“选比”向学生提供“限选课程”的科目；“任选课程”可以涵盖比较广泛的内容，包含普识课程、人文选修、专业选修、技能拓展(考级)、专题讲座、社团活动、社会实践等内容。二是课时确定。选择性课程体系一般按如下比例分年段设置：公共基础必修课程和限选课程学时(含军训国防教育)占总课时数约40%；专业技能课(含顶岗实习、专业认识与入学教育、毕业教育)占总课时数约50%，其中任选课程(人文任选课程与专业任选课程课时比约为4∶6)占总学时数约10%。“专业技能必修课程”和“任选课程”中都应设置实践性(实验实训实习)内容模块。原则上，为继续升学学生提供的实践性教学课时不低于总课时数的30%，为直接就业学生开设的实训实习课时数不低于总课时数的50%。

(四) 从课程实施出发，拓展课程行动“新路径”

依据PGSD能力分析模型有关理论，职业教育课程体系构建要坚持“以学习者为中心”的教育理念和“以学习为中心”的课程改革理念，从学习者的“学习单元”“应达到的能力要求”“获得的学习成果”和“所需要的课时”四个维度设计，为每个学生提供可选择的适合自己的课程，实现个性化教育，满足学生差异性发展的现实需求。

1. 规划指导。创造适合的课程教育，既是学生自身发展的需要，更要体现国家教育方针的指向。学生课程选择能力的培养关键是引导学生树立正确的价值观与职业成长观。学校要组建“四导”选择性课程教学团队：“成长导师”——指导学生制订个人发

---

① 浙江省教育厅. 关于印发《浙江省职业教育课程改革方案》的通知[EB/OL]. http://www.zjedu.gov.cn/news/27092.html. 2014-11-12.

展规划；“课程导师”——指导学生选择合适的课程；“专业导师”——协助学生选择专业与职业方向；“就业（升学）导师”——为学生提供就业（升学）咨询与指导。此外，学校可向学生与家长提供选择之旅的高清“地图”——《学习成长指导手册》，为学生合理选择课程、专业、职业、升学就业方向提供“指南”。

2. 平台打造。当前“互联网＋”技术的快速发展为职业教育创造“适合的教育”提供了网络系统选择课程与自主学习的可能。构建网络双向互动选择平台，实现在学校（教师）与学生（家长）之间选课和资源学习的互动，构筑数据互通的信息化选课与学生自主学习网络系统，为学生在平台选课、寻找资源帮助学习、观测自己学业发展情况与及时选择就业或升学提供云数据支持。

3. 课程管理。在打造“课程超市”基础上，加强对学生选择课程和制定人生规划的科学指导，推行学生学习与发展“导师制”；适应校企合作、教产融合、工学结合、“双主体”育人、“现代学徒制”等模式推进需要，实施学期“2.5＋0.5”学段动态“组合制”；依据课程内容展开差异教学，实施理论课与实践实训课有机融合，推行“理实一体”教学“新机制”；探索大班与小班有机组合、分层教学与分类教学有机整合，创新选择性课程教学方式；实行长课与短课有机结合、长学期与短学期有效组合，尝试灵活的教学管理制度，实行学习毕业“弹性学制”。①

4. 技术推进。职业教育“选择性”课程也正从教学范型向学习范型转向。推进“互联网＋”信息化教学进课堂，重视“微课”“慕课”和“翻转课堂”等信息化教学方法在“适合的教育”中的运用。设计教学过程时要注重意义建构的关键性环节的设计，协助学生所学知识（技能）建构与创造的活动，激发师生合作学习集体荣誉投入感；选择教学情景时要创建关联学生生活与跨界课程知识的实践学习社群（QQ 群、微信群等），为学生个体创造不同的实践经历体验与学习反馈，建立师生互帮互助的学习共同体合作感；实施教学时要通过课堂活动实践与应用寻找到与所学内容载体的关系，实施集成式学习，为学生建立学习的成就感和对所创造的学习产品（任务）的成功感。

第二节　“技道融合”主张的课程模式开发

当前职业教育课程范式从学科体系转向行动体系已是大势所趋，也即职业教育课程范式从学科逻辑转向行动逻辑②。“技道融合”人才培养课程的模式开发理念是职业教育必须针对“解决综合性实际问题”进行学习，将学习过程、工作过程与学生的能力和

---

① 浙江省教育厅. 关于印发《浙江省职业教育课程改革方案》的通知[EB/OL]. http://www.zjedu.gov.cn/news/27092.html. 2014-11-12.

② 闫智勇，吴全全，徐纯. 职业教育课程模式的演进历程与发展趋势[J]. 职教论坛，2019(1)：48-55.

个性发展联系起来。职业教育课程开发模式大致经历了学科体系课程模式向学科整合课程模式过渡的加和量变阶段、从学科整合课程模式向主题导向课程模式过渡的部分质变阶段、从主题导向课程模式向行动体系课程模式过渡的创新优化阶段,形成了比较成熟的课程开发模式:一是学科系统化与学习理论导向课程开发;二是基于职业能力导向的课程开发;三是工作过程系统化的课程开发。目前,正处于行动体系课程模式相互借鉴吸收和主流趋势形成时期,主流课程模式已经形成,工作过程系统化课程更加完善,对于不同类型不同层次的职业教育学习者而言,面向对象和面向过程的课程模式设计路径均会有自己的各自优势,要取长补短。

一、“技道融合”人才培养课程的模式开发的类型

对职业教育课程开发模式演进历程和发展趋势的认知影响职业教育课程内涵建设的效度。从课程发展历程来看,职业教育课程开发模式经历了学科体系课程模式、主题导向课程模式、行动体系课程模式的嬗变(如图 4-2-1 所示)。目前国内行动体系课程模式是真正具有职业教育特色的课程模式,包括模块化课程、项目类课程、一体化课程、学习领域课程和工作过程系统化课程等多种类型。“技道融合”人才培养课程的体系开发的主张是职业教育课程开发模式是学科体系课程模式向行动体系课程模式转化的不断创新优化的过程(如图 4-2-2 所示):课程开发范式已经形成共识,多种课程模式还将长期共存;主流课程模式已经形成,工作过程系统化课程更加完善;智能技术促进产业升级,课程模式必须深化改革,从课程 1.0跃升到课程 4.0。

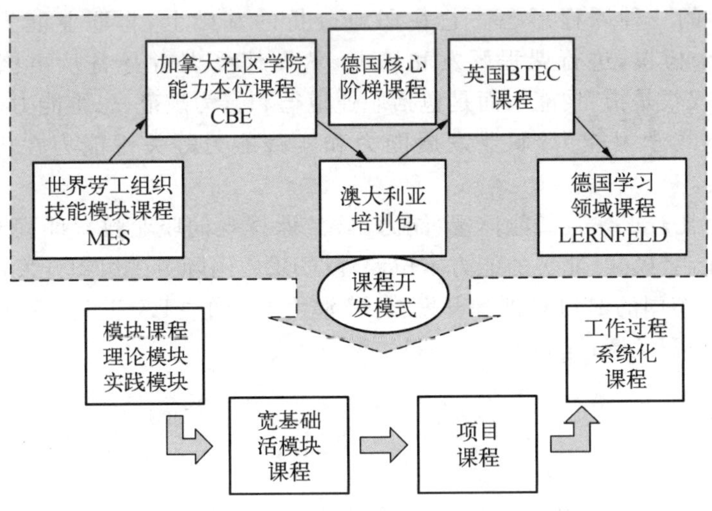

图 4-2-1 职业教育课程开发模式发展趋向

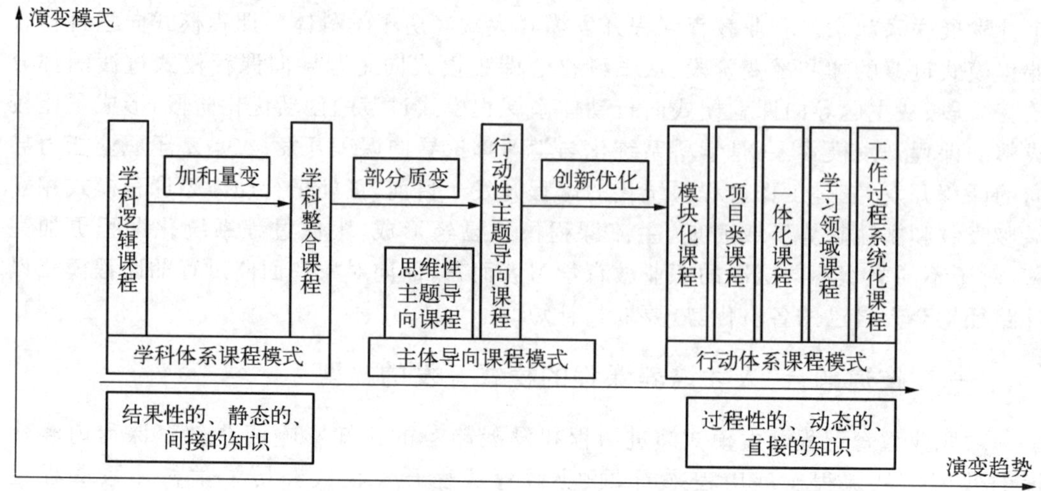

图 4-2-2 职业教育课程开发模式发展简图①

(一) 国外课程的模式开发的模式嬗变

职业教育课程模式嬗变的动力之源，来自于职业教育人才供给与经济社会对技术(技能)型人才需求之间这对永恒的矛盾关系。世界职业教育课程发生了三次重大转向，②形成了多种突出能力培养的成熟的职业教育课程模式：一是学校形态的职业教育与学科本位课程；二是学校为本、企业参与形态的职业教育与能力本位课程；三是校企结合形态的职业教育与素质(人格)本位课程。比较盛行的课程模式是能力本位课程模式，该模式是以某一职业岗位或职业岗位群所需的知识、技能与态度为目标而设计的一种课程形态。它在职业分析的基础上，将职业能力分解为若干部分，组成多个模块，进行课程开发和培训，从而使受训者具备从事该职业的能力。其中“能力”不仅仅是指“技能”，而是包括职业道德和行为规范、思维能力、表达能力、团队合作能力、继续学习能力、职业发展能力和实践能力等关键能力在内的综合职业能力。

目前，国外比较成熟且最能体现“能力本位”课程观的职业教育课程开发模式主要有德国的“双元制”模式、北美的能力本位课程(CBE)、国际劳工组织开发的技能模块培训课程(MES)、英国的 BTEC 课程开发模式、澳大利亚的“TAFE”课程开发模式、德国的学习领域课程开发模式(如表 4-2-1)。③

① 刘冰，闫智勇，吴全全. 职业教育课程开发模式的源流与趋势[J]. 中国职业技术教育，2018(33)：5-11.

② 吕莉敏. 发达国家职业教育课程改革特点述评[J]. 职教论坛，2009(24)：59-60+58.

③ 李琼. 职业教育课程开发模式综述[J]. 职业技术教育，2009，30(22)：51-53.

表 4-2-1 国内课程的体系开发模式的发展类型

课程模式类型	课程模式特征	课程开发过程	课程模式缺陷	已形成的模式类型
MES:模块式职业技能培训模式	将职业技术培训视为一个相对独立的系统,从工作需要出发,针对具体技能的课程开发模式,适于就业技能的模块组合。	由国际劳工组织制定的课程开发方案,将一个技能型工作或工作任务按其工作步骤划分为不同的模块,通过模块的叠加可以完成这一工作任务。	纯粹针对职业培训的MES课程模式很难兼顾到职业性与教育性。	MES:基于职业培训的课程开发模式
CBE:基于能力本位的课程开发模式	以职业分析为起点,以能力为核心,课程设计采用模块式方案。	广泛应用了DACUM课程开发方法:将单项能力组合成综合能力的方式,将能力等同于技能或行为,只强调外在行为的变化。	把能力看作是一系列孤立的行为,忽视了真实职业世界中人们操作行为的复杂性以及智力性操作中判断力所担当的重要角色,忽视了工作的整体特性和经验成分,缺乏操作价值。	加拿大等北美国家的“CBE模式”
“双元制”:基于校企合作的课程开发模式	以企业为主体,力求把社会需求或企业需求与教育需求和个人需求结合起来,以职业活动为核心的阶梯式课程结构,在一定程度上具有“三段式”的结构特点。	通常第一学年为职业基础教育年,集中学习文化课和三门职业基础课,学生要从职业类别(群)中选择学习内容;第二学年转入某一职业领域进行专业训练;第三学年则向特定职业(专业)深化,专业程度呈阶梯式逐渐上升。	“双元制”课程模式的运行以企业为主、学校为辅,而中国不存在这样的外部环境,缺乏“双元制”得以实施的课程开发平台和机制。	德国“双元制”课程模式

续表

课程模式类型	课程模式特征	课程开发过程	课程模式缺陷	已形成的模式类型
BTEC 课程开发模式	把职业岗位要求作为课程开发的基础和逻辑起点，将通用能力和专业能力一起列入教学目标，强调通用能力的培养。	采用的是模块化的课程结构，不仅能及时反映新知识、新工艺和新技术的要求，增强教学内容的适用性，而且易于满足不同学生的要求。	BTEC 是英国商业与技术教育委员会，其主要任务是课程的开发、教学大纲的编写及国家职业资格证书的颁发。国内职业技能等级证书制度还处于推进阶段。	英国 BTEC 课程开发模式
TAFE：基于促进就业的课程开发模式	注重学生职业技能的培养，所有课程按行业、工业标准提出的要求实施，最终目的是促进学生就业。	TAFE 开发课程所依据的“培训包”，是与国家的职业资格框架体系相统一的成套资源体系，在“培训包”中不仅强调具体的工作能力、技能的培养，而且注重内在能力和情感的变化及一般能力的培养。	澳大利亚从国家层面开发“培训包”，而我国需要职业学校（教师自己）来设计“培训包”，需要教师具备系统的工作分析和课程开发能力。	“TAFE”模式是澳大利亚的技术与继续教育模式
学习领域课程开发模式	基于工作过程的职业教育课程理念和设计方法。学习领域课程方案遵循设计导向的现代职业教育指导思想，以培养学生具有建构工作世界的能力为目标。	学习领域课程方案是根据“培训职业”的典型工作任务开发出来的，每一个学习领域都针对一个典型的职业工作任务。一般来说，一个职教专业的课程由 10～20 个学习领域组成。	德国国家课程，规定了每个专业的学习领域的个数和内容，而我国需要教师自己来设计学习领域，要求教师具备系统的工作分析和课程开发能力。	德国学习领域课程开发模式

(二)国内课程的模式开发的模式嬗变[①]

职业课程开发是实现课程的功能适应社会、经济和技术发展需求的,持续决定和不断改进的课程动态优化的过程。综观我国近30年来职业教育课程模式开发演变过程,其始终与工业生产、产业发展模式发展具有紧密的联系,在借鉴国外基于工作分析的课程开发方法(如CBE理念、DACUM课程开发方法以及德国“双元制”职业教育采用的课程)的基础上,围绕着如何处理和优化理论学习与实践学习的关系进行展开,以职业能力培养作为课程发展方向,关注学习者的生涯发展而不仅仅是当前岗位工作需求,强调“基于工作的学习”(Work-Based Learning)等课程开发理念。目前我国职业教育的课程开发模式存在“课程1.0”到“课程4.0”模式:一是理论与实践并行的课程(课程1.0);二是理论服务于实践的课程(课程2.0);三是理论实践一体化的课程(课程3.0);四是融合发展模式的课程(课程4.0)。课程4.0关注信息化发展要求以及“基于工作的学习”(Work-Based Learning)的特点和规律。这些课程体系开发模式同时并列存在(如表4-2-2所示),厘清课程的体系开发模式的发展过程,对把握未来的职业教育课程发展方向,特别是开展“课程4.0”的探讨具有重要现实意义。

表4-2-2 国内课程的体系开发模式的发展类型

课程模式类型	课程模式特征	课程开发过程	课程模式缺陷	已形成的课程模式
理论与实践并行的课程1.0	理论教学与技能训练相对独立,强调知识的完整性和系统性。	是对工作所涉及学科理论知识进行“选择和简化的过程”,即所谓的“教学简化”。	忽视了工作世界的整体性特征,学生很难获得针对复杂工作的经验。	基于学科体系的课程开发:三段式课程模式、平台式课程模式。
理论服务于实践的课程2.0	从岗位需求出发,将知识学习作为习得技能的支持手段和能力发展的基础,强调通过知识技能积累实现能力提升,对知识没有系统性和量的要求。	将具体职业或岗位的工作分解成相对独立的职责,再分解成若干任务与对应的专项能力(技能),通过岗位能力归类建立课程框架并组织课程内容。	较少关注职业认知能力发展等教育性目标,忽略隐性知识的影响,不关注复杂工作要素的内部联系(即人类工作的整体性特征和经验成分)。	基于学习理论导向的课程开发:集群式课程模式、CBE课程模式、MES课程模式、“双元制”课程模式。

① 赵志群.我国职业教育课程模式的发展[J].职教论坛,2018(1):52-57.

续表

课程模式类型	课程模式特征	课程开发过程	课程模式缺陷	已形成的课程模式
理论实践一体化的课程3.0	“工作过程系统化”(或称“工作过程导向”):课程目标是发展综合职业能力;学习内容是职业的典型工作任务;学习过程具有工作过程的整体性,学生在综合的行动中思考和学习。	由工作对象、工作条件和工作要求所决定的典型工作任务以及相应的行动空间;关注“技术发展”“职业活动”和“职业教育”间的相互关系,关注整体化的工作情境。	受传统的学校教学管理制限制;课程存在形式化、表面化、概念化的倾向。	基于实践导向的课程开发:项目课程模式;基于工作过程导向的课程开发:学习领域课程模式、工学结合课程模式、工作过程导向(系统化)课程模式;基于综合能力的课程开发:多元融合的课程模式。
融合发展模式的课程4.0	基于工作的学习,关注教学资源建设与现代“互联网+”技术运用;学生(员工)的关键能力只能在工作过程中学习和获得。	关注信息化发展要求以及“基于工作学习”的特点和规律;工作岗位重新成为重要的学习场所。	创设具有“学习潜力”的(模拟)工作岗位,是课程4.0开发需要解决的关键问题。	基于“互联网+”的混合式教学课程模式;基于“人格(素质)本位”的课程模式。

二、“技道融合”人才培养课程的模式开发的流程

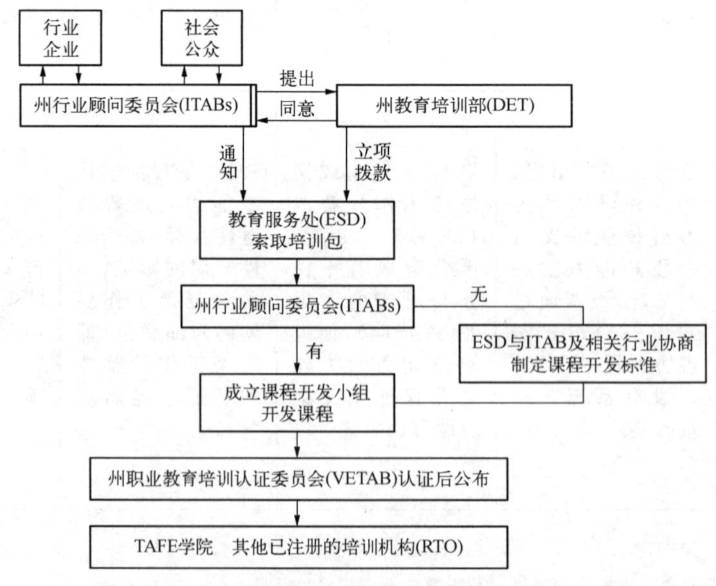

图 4-2-3　澳大利亚职业教育与培训课程开发流程

职业教育课程开发(也称课程设计、课程编制)是课程内容的整合与重组形式的选择,是对教学目标、课程结构、教学内容、教学方式和教学方法进行多层次的规划和设计。课程开发主要体现为两个要素:第一个要素解决的是课程内容如何选择的问题;第二个要素解决的是课程内容如何排序的问题。[①] 职业教育课程体系开发一般包括四个阶段:确定课程目标、选择课程内容、组织课程内容和实施课程评价,其具体的开发流程因各国的职业教育的体系、管理及运行机制的不同而有所差异。

图 4-2-3、图 4-2-4 与图 4-2-5 所示分别是澳大利亚职业教育的课程开发流程与中国职业教育课程开发流程图,它们的共性特征主要有:一是课程开发进行广泛调研,课程的开发及审核,都针对行业、企业、政府主管部门、学术团体、相关教育机构及社会公众进行了广泛的调研;二是课程开发的影响因素分析,职业教育课程既要从行业出发考虑职业所需的专业能力,也要从教育角度出发考虑人的全面发展;三是课程体系建构导向,打破学科式教学体系,从行业的技术现状及发展趋势入手,进行职业分析、构建能力体系,并转换成行动课程体系;四是课程开发过程具有相似之处,如成立课程开发机构、进行广泛的专业调研、以职业活动为导向进行教学分析、具有相似的审核程序等等。

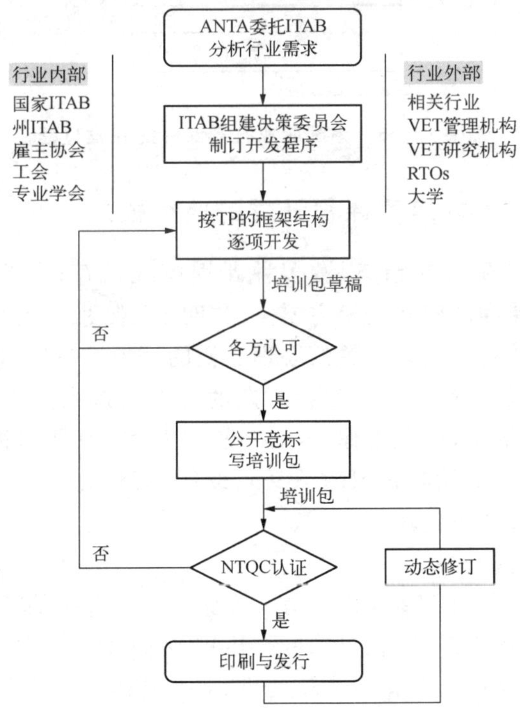

图 4-2-4 澳大利亚职业教育与培训课程培训包(TP)的开发过程

---

① 姜大源.工作过程系统化课程的结构逻辑[J].教育与职业,2017(13):5-12.

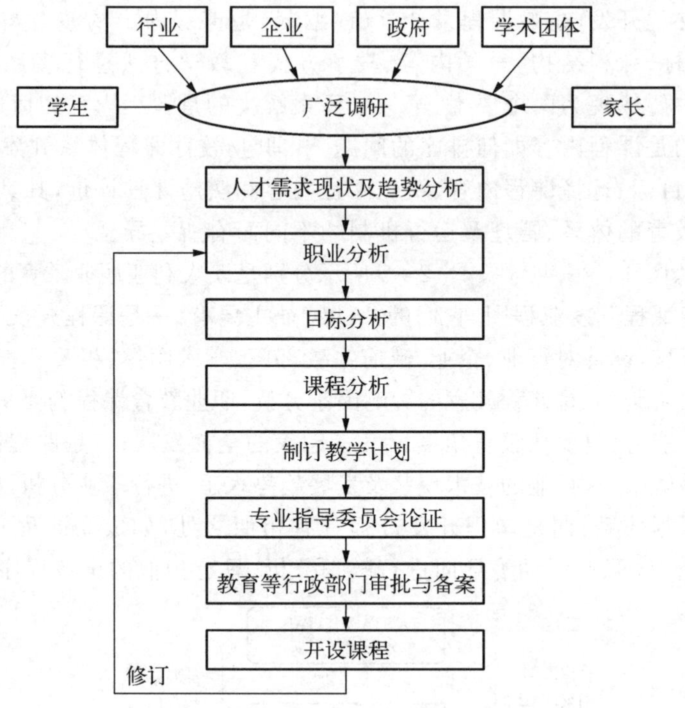

图 4-2-5　中国职业教育课程的开发过程

三、“技道融合”人才培养课程开发的典型模式

职业教育课程开发模式的趋势是：多种课程模式共存；主流课程模式已经形成。“技道融合”人才培养课程的模式开发主要关注“四个”维度：一是以职业生涯为目标，重视与学生终身职业生涯发展密切相关的心理品质的培养；二是以职业能力为基础，按照工作的相关性确定课程设置，开发学生在复杂的工作关系中做出判断并采取行动的能力；三是以工作结构为框架，按照工作结构来设计职业教育课程框架；四是以工作过程为主线，按照工作过程中活动与知识的关系来设计课程；五是以工作实践为起点，促进学生从学习者到工作者的角色转换。

(一) MES 课程模式开发

MES 课程模式开发流程是：第一步，将某一“职业领域”的某一“工作场”的某一“工作/工种”划分成若干个“模块”，并把它们按“工作规范”的要求和逻辑顺序排列起来，形成“技能模组”；[①]第二步，按“工作任务”的工作流程或者工作步骤确定“技能模组”中的每个“模块”；再次，按照认知(Cognitive)、行动

① 李志政. 关于使 MES 中国化的思考[J]. 北京成人教育，1991(9)：12-14.

(Psychomotor)及态度(Affective)几个方面,确定完成该“工作任务”所需的全部技能;[①]最后,根据这些“‘技能’再编写成相应的‘学习单元’(教材)”;[②]“实施教学时,一个一个单元、一个一个模块地进行学习与考核”。其概念体系及开发流程如图4-2-6[③]。

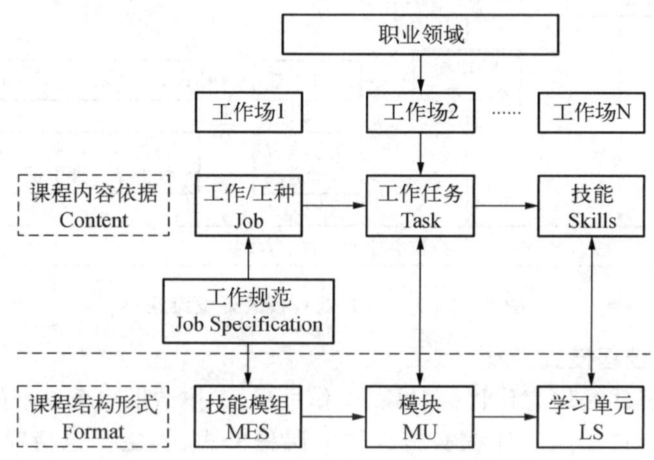

图4-2-6 MES课程模式开发流程

(二) CBE课程模式开发

CBE课程模式的开发流程是:第一步,分析社会职业,确定专业方向;第二步,运用DACUM方法,进行工作分析,确定每项职业所需要的综合才能(一般每项职业需具备8～12项综合才能);第三步,分析每项综合才能所需要的专项技能,以此作为确定教学内容和教学方法的主要依据;第四步,为专项技能制定相应的单元“模块(Module)”(不超过7个);最后,任课教师根据每个单元“模块”的要求,制定信息单、作业单、技能单和评价单,并在课前发给学生。[④] 其概念体系及开发流程如图4-2-7。

---

① 刘翅.从CBE、MES看现代职业技术教育的几个特点[J].比较教育研究,1998(2):50-52.

② 李志政.关于使MES中国化的思考[J].北京成人教育,1991(9):12-14.

③ 张永林,刘登高.技能训练是工人岗位培训的核心:推荐MES培训模式(一)[J].北京成人教育,1989(7):12-14.

④ 陈强华.对CBE的介绍、认识及建议[J].孝感职业技术学院学报,2000(4):55-56.

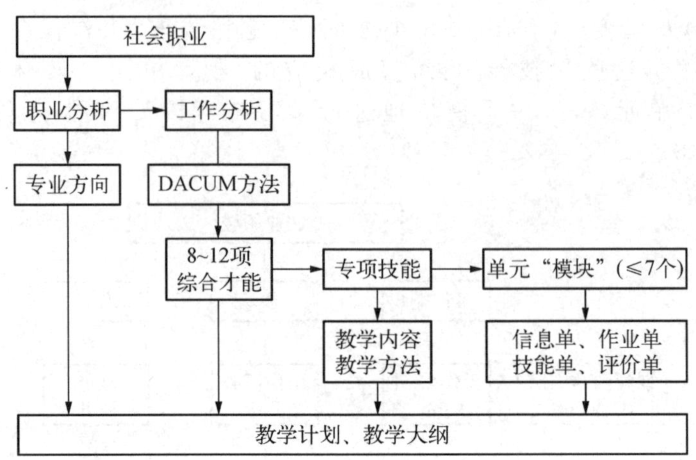

图 4-2-7 CBE 课程模式开发流程

(三) 项目类课程模式开发

项目类课程模式是以工作目标对象、工作过程、工作结果三个要素的部分或者全部作为课程内容设计起始点和课程实施载体的课程模式。① 主要包括项目课程、结果导向课程(Outcome-based Education,简写为 OBE)和面向对象的课程等多种类型(如表 4-2-3 所示)。② 其开发流程如图 4-2-8 所示。③ 其中项目课程是以制造产品(或者提供服务)的真实过程、工艺流程或者归纳后的工作过程为载体的课程,其课程结构主要包括工作领域(即岗位名称)、工作任务(即工作步骤)和职业能力(即工作要求)三层架构。④ CDIO 课程则是以"产品研发到产品运行的生命周期"这个抽象化的和具有普遍意义的工作过程为载体的课程,它包括构思(Conceive)、设计(Design)、实现(Implement)和运作(Operate)四个步骤。

表 4-2-3 项目类课程模式的发展类型

课程内容设计起始点	课程模式名称	典型代表
工作目标对象、工作结果	项目课程、结果导向课程和面向对象的课程	项目课程
工作过程	工作性的任务课程、工作过程导向课程和 CDIO 课程	CDIO 课程

① 徐国庆.职业教育项目课程:原理与开发[M].上海:华东师范大学出版社,2016:21.

② 王刚.CDIO 工程教育模式的解读与思考[J].中国高教研究,2009(5):86-87.

③ 陈启元,任胜兵,胡志刚等.工科大学生 CDIO 能力成熟度评估与改进体系研究[J].中国高等教育,2009(8):31-33.

④ 徐国庆.职业教育项目课程:原理与开发[M].上海:华东师范大学出版社,2016:26.

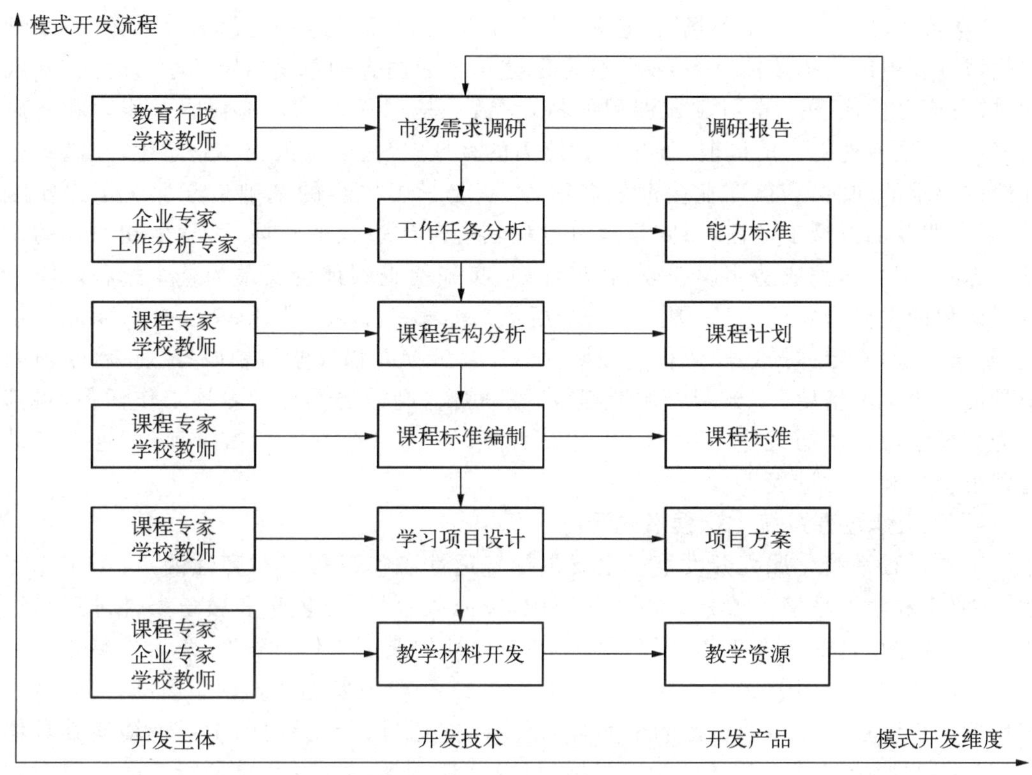

图 4-2-8 项目类课程模式开发流程

(四)学习领域课程模式开发

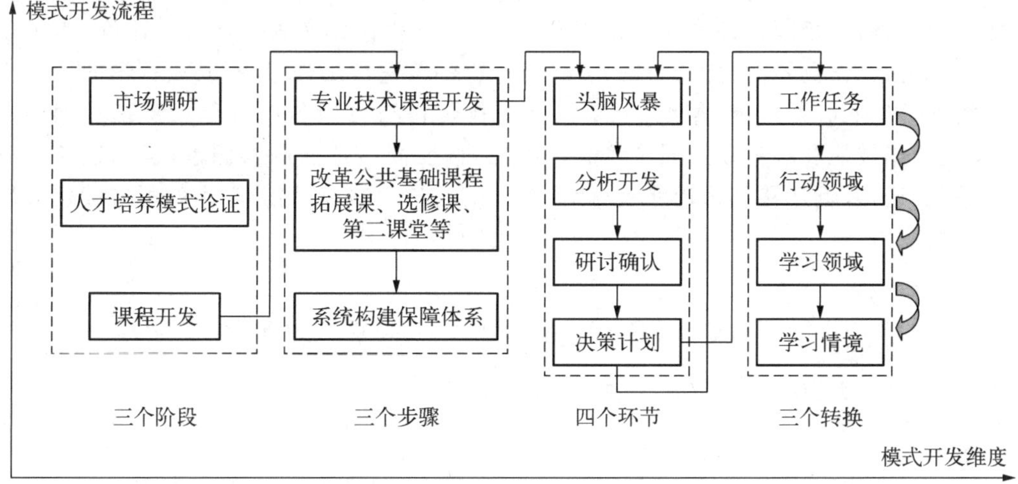

图 4-2-9 学习领域课程模式开发流程

“学习领域”，又名“学习场”。它是“一个由学习目标表述的主题学习单元；一个学习领域课程由能力描述的学习目标、任务陈述的学习内容和总量给定的学习时间（基准学时）三部分构成”①。学习领域课程的特点是：一是课程目标是综合职业能力和素质培养，在发展专业能力的同时，促进关键能力的发展；二是学习的主体是学生，在满足企业岗位要求的同时，获得职业生涯发展潜力；三是学习内容的基础是来源于工作实践的、某一职业的典型工作任务；四是学习过程具有工作过程的整体性，学生在综合的行动中思考和学习，完成从明确任务、制定计划、实施检查到评价反馈的整个过程。学习领域课程的主要开发程序（如图 4-2-9 所示）是：第一步，运用 BAG 法分析职业工作过程；第二步，确定并描述职业行动领域；第三步，转换并描述学习领域；最后，将学习领域具体化为学习情境。② 学习领域课程教学的时候，则需要设计学习性工作任务，将其作为实现学习情境的载体，并按照“资讯—计划—决策—实施—检查—评价”这个行动过程组织教和学的过程。

（五）工作过程系统化课程模式开发

工作过程系统化课程开发范式主要包括普适性工作过程、（教育性的）典型工作工程、参照系和学习情境等要素。在教育领域，按照教育学、心理学和教学条件进一步结构化、系统化设计的典型工作过程，称之为“教育性的典型工作过程”。学习情境是学习领域的具体化。学习领域是建立在教学论基础上、由学校实施的指向学习的行动领域，它包括实现专业人才培养目标的全部学习任务，并通过行动导向的学习情境使其具体化。③ 学习领域由“能力描述的学习目标、任务陈述的学习内容和总量给定的学习时间（基准时间）三部分构成”。工作过程系统化课程开发模型主要包括三个方面（如图 4-2-10 所示）：第一，根据认知心理学的研究成果，将真实的工作过程归纳为典型工作过程，典型工作过程的典型工作环节为七步左右，其教育学的意义主要是培养学生的操作技能。第二，借鉴德国行动教学中的“资讯—计划—决策—实施—检查—评价”六个步骤，作为概括工作世界的普遍“行动—认知”过程的普适性工作过程，其教育学的意义主要是培养学生的心智技能（策略）。普适性工作过程与典型工作过程需要相互耦合运用，实现操作技能和心智技能同步培养。第三，按照同一范畴的参照系，根据迁移的三个水平（自迁移、近迁移和远迁移）设计三个以上的学习情境，培养学生的可持续发展能力和创新能力。④

---

① 姜大源，吴全全．当代德国职业教育主流教学思想研究：理论、实践与创新[M]．北京：清华大学出版社，2007：31-32，141，107，161-168．

② 赵志群．我国职业教育课程模式的发展[J]．职教论坛，2018(1)：52-57．

③ Bader R，Schäefer B. Lernfeld Gestalten：Vom Komplexen Hangdlungsfeld zur Didaktisch Strukturierten Lernsituation[J]. Die Berufsbildende Schule，1998(7-8)：229-234．

④ 姜大源，吴全全．当代德国职业教育主流教学思想研究——理论、实践与创新[M]．北京：清华大学出版社，2007：33．

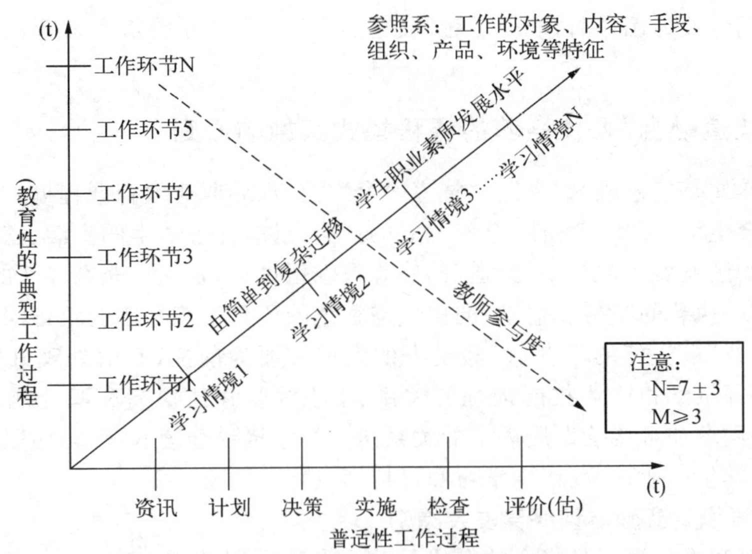

图 4－2－10 工作过程系统化课程模式开发流程

第三节 "技道融合"主张的课程模式实施[①]

职业教育以培养现代农业、工业、服务业发展需要的一线"高素质"技术(技能)型人才为目标,"技术(技能)型"人才表现为具备相应工种(或岗位)的职业能力。职业素质是"高素质技术(技能)人才"培养的重要内涵,是增强高职学生就业竞争力的首要因素,只有通过构建职业素质教育课程模式,将其融入人才培养方案,同时建立组织实施及保障系统,才能达到全面实施职业素质教育的目的。[②] "高素质"不仅体现在具备相应工种(或岗位)的职业能力,还体现在具有完备的综合职业素质。正是这种"高素质"使学生具备了可持续发展的能力。职业教育课程体系构建要培养学生领悟到技术(技能)知识理论形态与经验形态的融合存在的意义和技术(技能)修炼自由的真谛,进而最终达到"道通为一"的境界。为此,职业教育要实现培养"需要工作的人"向培养"工作需要的人"的转变,必须将素质培养贯穿于职业教育的教育教学全过程,培养和拓展学生的综合职业素质,使学生在寻业、从业或创业过程中更具竞争力、持久性和灵活性。本节以

---

① 摘自拙作(入编时略作删改):周如俊.素质教育视角下中等职业教育课程体系的构建——以机电技术应用专业为例[J],江苏教育研究,2014(9):69－74。原刊内容入编《职业教育素质教育论》一书"第三章"(尹伟民.职业教育素质教育论,南京:江苏凤凰教育出版社,2014:76－93.

② 李国艳,吴宝.高职院校职业素质教育课程体系的构建研究[J],中国职业技术教育,2015(18):87－89＋93.

机电技术应用专业为例，探讨职业教育“技道融合”人才培养的素质教育课程模式的实施问题。

一、“技道融合”人才培养的课程模式实施的原则

教育的本质是使人成为“人”。“技道融合”主张倡导职业教育课程模式建设要培养积极参与社会生活、有社会责任、全面发展的社会公民，促进学生的生活、道德、情感、理智与技术的和谐发展。“技”中之“道”的修炼与领悟过程，是一个充满艰辛的“专业与敬业”旅程，需要“执着的坚持和追求”的勇气与智慧的历程凝炼。职业教育课程模式实施必须施行以“技”求“道”的教育，以满足人的发展需要为前提，有效处理好“三大”关系（公共基础课程教学和职业技能训练的关系、学生综合素质提高和职业能力培养的关系、学生就业需求和可持续发展需求的关系），为学生接受继续教育、转换职业提供必要的条件，满足学生就业立业、终身学习和可持续发展的需要。

（一）课程模式实施体现终身发展原则

终身教育和终身学习是当今社会成员的生存和发展的内在需求。《国家中长期教育改革和发展规划纲要（2010—2020 年）》指出，“到 2020 年，形成适应经济发展方式转变和产业结构调整要求，体现终身教育理念、中等高等职业教育协调发展的现代职业教育体系”；“要在终身教育理念下发展职业教育”。职业教育课程模式构建体现在课程结构、课程内容、教学实施贯穿于学生个人职业生涯的终身发展，培养学生由一技之长向全面发展、阶段性发展并最终向终身发展转变，体现学生就业、升学、发展的统一。

（二）课程模式实施体现职业人文精神原则

职业教育的课程模式实施，不仅要注重学生实用技术（技能）的训练，还要加强培养学生独立人格、健全心理、创新精神、适应能力和社会责任感等方面的人文教育，形成职业技术精神（探索精神、怀疑精神、批判精神、实证精神、独立精神、源理精神、求效精神、创新精神、协作精神等等）。而上述这些精神的养成既是在从事职业工作的实践过程中，更是在从事工作实践前的素质教育中。蕴涵信仰、价值、态度和人性等丰富的人文教育，是职业教育培养高素质劳动者的核心内容。

（三）课程模式实施体现多元整合原则

职业教育的教育性、职业性、实践性、终身性，决定了职业教育的课程实施的多元性。体现为课程模式在课程类型、课程内容（知识、技能、态度）、课程性质、课程形态和教学方法等构建上呈现“多元整合性”，形成模块化、综合化、阶段化、柔性化、个性化相结合的课程结构和灵活的教学安排，突出学生的综合职业能力（专业能力、方法能力、社会能力）培养。

（四）课程模式实施体现移植扬弃原则

职业教育课程模式实施表现在公共基础课程教学上，取“学科中心”课程之所长，注重基础知识之间的系统性、融合性；在专业技能课程实践教学上，取“活动中心”课程之

所长，使学生的知识、技能结构更趋于完整性和合理性；在专业课程开发上，取“能力中心”课程之所长，使课程的设置适应各行业的企业的需要；在课程实施形式上，取“问题中心”课程之所长，引导学生掌握学习的方法，提高分析问题和解决问题的能力；在人才培养发展形态上，取“个性中心”思想之所长，体现学生的个性化价值取向和行为方式，最大限度地满足学生对课程的特殊需求。①

（五）课程模式实施体现工作过程导向原则

打破以学科为本位的三段式课程模式，注重学思结合、知行统一，重构“三以一化”（以能力为本位、以职业实践为主线、以项目课程为主体）模块化课程体系，推行项目教学、场景教学、主题教学和岗位教学，是当前职业教育课改的“必须”。职业教育课程模式有效实施应当包括学科体系课程和行动体系课程两大类型课程的扬弃融合。即在知识培养总量相对不变的情况下，以职业功能、职业资格和职业工作过程为导向，对课程内容进行开发、重组、转换，实现课程内容与职业资格从割裂向融合转变，专业理论知识与实践从隔离向整合转变，形成与职业功能具有一致性的工作过程知识与技能，从而既保留课程的基础性特征，也凸显其职业教育特色。

二、“技道融合”人才培养的课程模式实施的类型

素质是能力的内在依据，能力是素质的外在表现。素质教育视角下课程模式构建要在确保课程目标具有明确的职业化方向的前提下，吸取各种课程模式之长，实施课程内容综合化、课程形态多元化、课程组合模块化、课程安排阶段化（按基础→定向→专长分阶段实施）、课程学习个性化（由被动学习为主动个性化学习）。目前素质教育视角下“技道融合”职业教育课程模式实施可以从三个层面进行：一是构建以人文教育为导向的“技道融合”人才培养素质教育课程模式；二是构建以工作岗位对职业能力培养要求为导向的“技道融合”人才培养素质教育课程模式；三是构建以工作过程系统化为导向的“技道融合”人才培养课程模式。

（一）以人文教育为导向的“技道融合”人才培养素质教育课程模式

职业教育是高中阶段教育的重要组成部分，其课程设置分为公共基础课程和专业技能课程两类。公共基础课程分为必修课程、选修课程两大类，专业技能课程分为必修课程（平台课程、方向性课程）、选修课程。例如机电技术应用专业课程体系结构（如图4-3-1所示），在此课程结构基础上设定人文课程内容（如表4-3-1所示）。

1. 课程模式涵盖内容丰富，涉及领域广。人文课程必须包括公共基础课程（思想政治课程、文化基础课程以及选修课）以及相关专业技能课程的素质教育内容所涉及的每一个学科领域，课程设置要整体考虑，不能有缺环。

---

① 覃宇环.“多元整合、动态优化”的高职课程模式研究[A].第二届亚太地区信息论学术会议论文集（上册），2011：397—400.

2. 课程模式弹性度高，可供选择的课程跨度大。根据人文素质教育的内容和学科范畴设计人文课程模块，每个模块由系列课程组成，各个模块之间具有一定的联系，使课程模式凸现整体功能。各模块课程的选定应注意科学性、时代性和实践性。

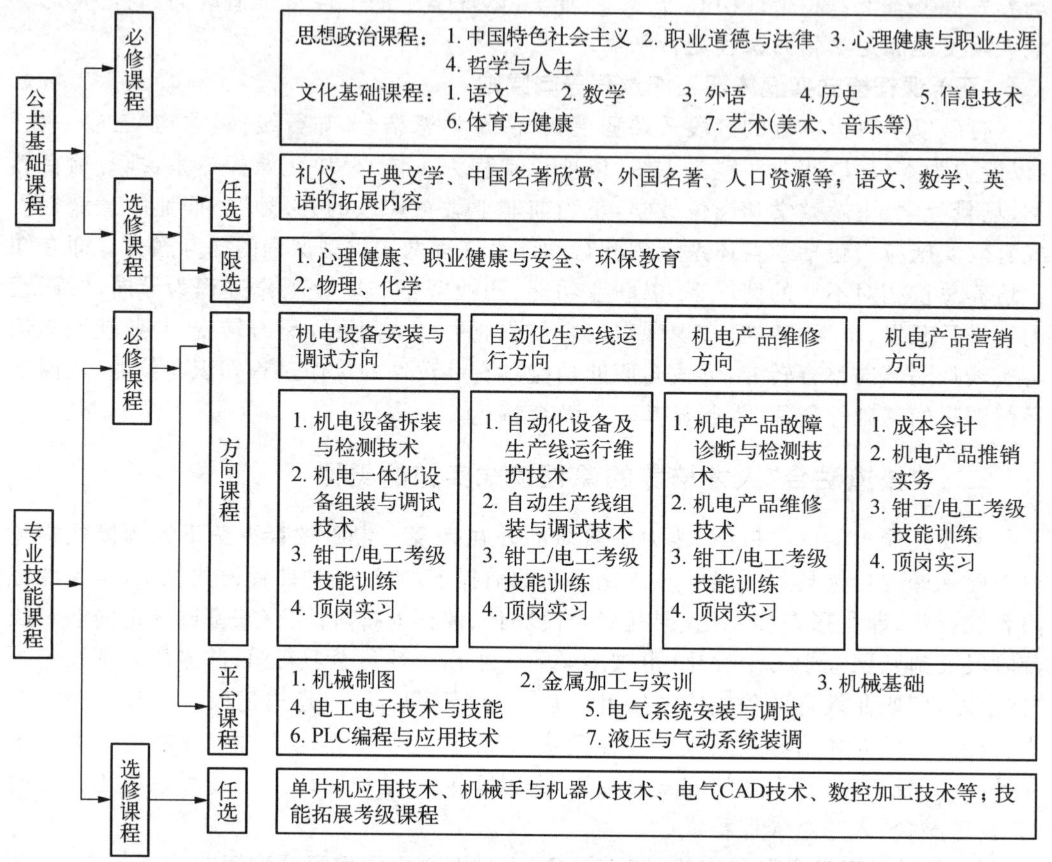

图 4-3-1 以人文教育为导向的职业教育机电技术应用专业素质教育课程结构框图

表 4-3-1 职业教育人文教育课程模式结构

学科范围	学生能力培养方向
哲学与人生、职业生涯与规划、历史与地理	价值判断能力
经济政治与社会、职业道德与法律	社会认知能力
文学（古典文学、中国名著欣赏、外国名著）	形象思维能力
艺术（摄影、美术、音乐、影视、书法）	审美能力
心理健康、职业健康与安全、礼仪教育	心理承受能力和人际交往能力

3. 课程模式内容灵活，课程比例有严格要求。推进"素质教育进课堂"工作，实现

公共基础课程、专业技能课程教育和人文素质教育的紧密融合。其中公共基础课与专业技能课总学时比为 4∶6,上下浮动不超过 2%。任选课学时占总学时的比例不少于 10%(其中人文选修课程与专业选修课程课时比约为 4∶6)。必修与限选公共基础课程(含军训、入学教育、毕业教育)学时约占总学时的 36%左右。必修与限选专业技能课程学时约占总学时的 54%左右。

(二)以工作岗位对职业能力培养要求为导向的“技道融合”人才培养素质教育课程模式

这种课程模式构建主要突出现代意义上的职业能力(主要涵盖专业能力、方法能力、社会能力)培养,表现贯穿于劳动者职业生涯的就业能力和创业能力、工作能力、职业转换能力的培养,形成学生职业素质综合能力(如图 4-3-2 所示)。

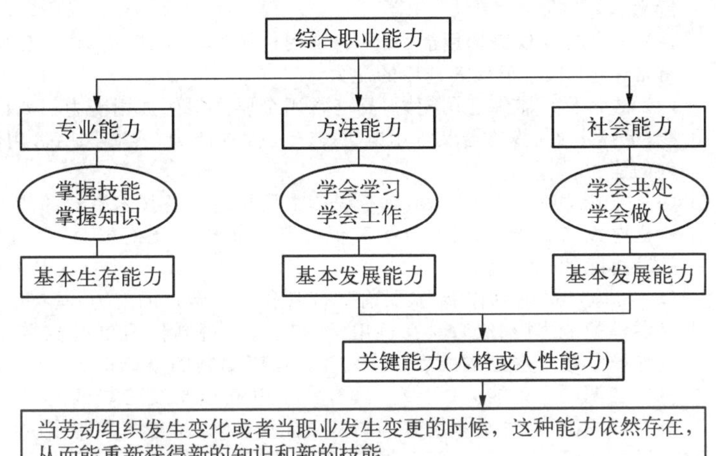

图 4-3-2 职业教育综合职业能力内涵框图

表 4-3-2 职业教育机电技术应用专业职业(岗位)面向分析表

<table>
<tr><th>专门化方向</th><th>职业(岗位)</th><th>职业资格要求</th><th colspan="2">继续学习专业</th></tr>
<tr><td>机电设备安装与调试</td><td rowspan="3">机修钳工
维修电工
装配钳工
工具钳工</td><td rowspan="3">机修钳工(四级)
维修电工(四级)
装配钳工(四级)
工具钳工(四级)</td><td rowspan="4">高职:
机电一体化技术、
机电设备维修与管理、
自动化生产设备应用</td><td rowspan="4">本科:
机械设计制造
及其自动化、
机械工程、
电气工程及
其自动化</td></tr>
<tr><td>自动化生产线运行</td></tr>
<tr><td>机电产品维修</td></tr>
<tr><td>机电产品营销</td><td>营销员</td><td>营销员(四级)
维修电工(四级)
装配钳工(四级)</td></tr>
</table>

例如《江苏省职业教育机电技术应用专业指导性人才培养方案》在此模式构建基础上对职业(岗位)面向(如表 4-3-2 所示)、综合素质及职业能力作如下界定。

1. 课程模式建设强调形成学生的专业能力。这是学生的基本生存能力，也是学生胜任职业工作的本领。可细分为从业基本能力、上岗基础能力、专项工作能力、专业拓展能力。专业能力的呈现方式是知识与技能的有机结合，实施路径是学生在未来的职业实践中，将获得的相关职业的技术(技能)理论知识和技术(技能)实践知识加以融合、转化。专业能力，又称为职业能力，还可细分为行业通用能力、职业特定能力与跨行业职业能力(如表4-3-3所示)。

表4-3-3　职业教育机电技术应用专业职业能力分类

职业能力类型	内涵
行业通用能力	(1) 识读图样能力：具有识读中等复杂机械零件图、装配图，电气原理图、接线图，液压、气动系统图的能力；具有使用计算机绘图软件抄画机械和电气图样的能力。 (2) 工量具及仪表选用能力：具有常用机械加工工具、量具、刀具选用的能力；具有常用电工、电子仪表选用的能力。 (3) 材料及元器件选用能力：具有常用金属材料的选用能力；具有识别和选用导线、低压电器、传感器及常用电工电子元件的能力；具有选用常用液压和气动元件的能力。 (4) 机电设备的使用能力：具有识读常用机电设备技术资料的能力；具有操作常用机电设备的能力；具有维护和保养常用机电设备的能力；具有机电设备常见故障排除的基础能力。 (5) 机电产品的制作能力：具有识读各种工艺卡片的能力；具有手工制作简单机械零件的能力(初级)；具有运用常用机电设备制作简单机械零件的能力；具有制作简单电子产品的能力；具备PLC程序编制的基础能力；具有简单机电设备机械装调的基础能力(初级)；具有常用电气控制线路装调的基础能力(初级)；具有常用液压、气动系统装调的基础能力；具有机电产品制作质量控制的能力。
职业特定能力	(1) 机电设备安装与调试：具有编制和实施机电设备机械或电气安装工艺的能力(中级)；具有典型机电设备整机调试的能力(中级)；具有机电设备机械修复或电气故障排除的能力(中级)；具有运用PLC及变频技术对机电设备实施电气控制改造的基础能力。 (2) 自动化生产线运行：具有编制和实施自动化设备及生产线机械或电气安装工艺的能力(中级)；具有自动化设备及生产线运行和维护的能力；具有自动化设备及生产线整机调试的能力(中级)；具有运用PLC及变频技术对自动化设备及生产线实施简单改造的能力。 (3) 机电产品维修：具有编制和实施机电产品机械或电气安装工艺的能力；具有典型机电产品整机调试的能力(中级)；具有典型机电产品机械或电气故障诊断及检测的能力(中级)；具有机电产品机械修复或电气故障排除的能力(中级)。 (4) 机电产品营销：具有典型机电产品成本核算的基础能力；具有典型机电产品营销的能力；具有典型机电产品装调、运行的能力(中级)；具有机电产品售后服务的能力。
跨行业职业能力	(1) 具有适应岗位变化的能力。 (2) 具有企业管理及生产现场管理的基础能力。 (3) 具有创新和创业的基础能力。

2. 课程模式建设强调形成学生的方法能力。这是学生的基本发展能力,也是学生在职业生涯中不断获取新技能和新知识、掌握新方法的重要能力。方法能力强调方法的逻辑性和合理性,呈现方式是学生获得一种思维结构或面临新的工作情境时,能从容有效地应对新的工作,学习新的知识,处理新的问题。实施路径是学生能够在新的工作情境中,超越已有的知识、方法和工作经验,去不断地学习、创新解决问题的方法,灵活有效适应新的情境。

3. 课程模式建设强调形成学生的社会能力。社会能力是指学生未来从事职业活动所需要的行为能力(是学生在未来的职业活动中,在一个开放的社会中工作、生活所必备的基本素质)。这也是学生的基本发展能力。可细分为人际交往、职业道德、公共关系等能力。社会能力呈现的是在学生的综合素质中建立的一种情意结构,是学生在学会共事、学会做人的过程中形成的一种正确的行为规范、价值观念和积极的人生态度,强调的是对社会的适应性和行为的规范性。

(三) 以工作过程系统化为导向的“技道融合”人才培养课程模式

这种课程模式构建的是以能力为本位、以职业实践为主线、以项目课程为主体、理论与实践相融合、教学内容与岗位需求相适应,并且体现终身教育理念、中高职相衔接的课程体系。

1. 课程模式的核心内涵。所谓工作过程系统化,指一些具有完整工作过程的、具有递进性的工作任务体系。它以职业能力培养为整合主线,以岗位需求为整合依据,以工作过程为整合基础,以工作结构为整合框架,整合课程各要素、各成分、各组成部分的排列与组合的方式,有效整合课程的“职业活动发展”“学科知识发展”“学生心理发展”“学习动机发展”逻辑顺序关系,将学习过程、工作过程与学生能力和个性发展有机融合,体现“三个联系”:一是课程开发与工作过程紧密联系,通过分析、综合,把工作过程中的各个部分归入一定的顺序,并使各个部分之间互相关联,构成一个有机的整体,重新设计课程,实现课程自身的工作过程系统化;二是课程设计与工作过程紧密联系,按照教育教学工作过程的顺序,有组织、有计划地开展课程的开发与建设,实现课程建设的工作过程系统化;三是课程实施与工作过程紧密联系,对学生从入学到走上岗位的整个在校期间进行全方位、全过程的教学设计,实现课程教学设计的工作过程系统化。

2. 课程模式的基本特征。一是以工作过程为导向。课程在内容设置上应尽可能涵盖完成典型工作任务所必需的工作内容或程序,并以工作过程作为参照系,打破学科系统的、在分析典型工作任务基础上确立的相关工作和学习的内容。二是在工作情境中教学。以项目、任务等具有相对完整的工作过程(资讯、决策、计划、实施、检查、评估)的主题学习单元实施教学,将理论学习和实践操作整合于同一学习活动过程中,教学与工作双向互动循环促进。三是重视关键能力的培养。课程在目标设定上体现所对应的职业能力需求。目标的确定,不只源自开发者对课程的理解和定位,而且来自完成课程所对应的典型职业工作任务所需要的相关专业知识、专业技术及可持续发展能力。

3. 课程模式的建设标准。一是表述课程目标。体现为能力目标表述的明确性(获得这种能力必须是课程的培养目标);能力目标表述的对接性(课程内容的组织中必须能找到与这种能力对应的“落脚点”,理论学习和实践操作通过同一“工作对象”建立起直接联系)。二是描述课程内容。课程内容描述始终是“工作与学习的内容”,应包含工作任务、技术实践知识、技术理论知识以及拓展性知识,并按照工作程序和认知程序一体化的逻辑顺序由易到难、由单一到综合地进行组织,呈现螺旋式上升。三是提出实施建议。主要包括教与学的建议、评价建议及保障措施建议等。对教学建议的描述应包含专业工作的对象,专业工作的工具、方法和组织以及对专业工作的要求三个维度;对学生学习质量的评价则需对照教学目标,从做工和做人两个维度提供适度可操作的评价指标,并给出定性评价和定量评价相结合的建议;对课程实施所需的师资条件、设备要求等相关保障措施也要在标准中予以明确。①

三、“技道融合”人才培养的课程模式的实施路径

职业教育课程模式中融合素质教育主要有四种方式:德育课程、文化课程与专业技能课程渗透式融合;技术理论知识与技术实践知识的整合式融合;学历证书与职业资格证书、培训证书的嵌入式融合;中职课程与高职课程的衔接式融合。这四种内容融合体现在公共基础课程和专业技能课程之中,贯穿职业教育整个教学过程。

(一)素质教育与公共基础课程的融合

职业教育公共基础课程具有基础性和工具性双重功能定位:提高学生的科学文化素质和身心素质,培养和训练学生的能力,开拓视野,发展智力、个性和特长,培养健康的体魄和高尚的审美情趣。为学生学习专业知识、形成职业技能、转换职业岗位、接受继续教育提供必要的文化基础和条件。因此素质教育视角下公共基础课程的实施要以提高学生全面素质为根本,以培养学生职业实践能力为重点,构建知识结构、能力结构、人格品质结构的三位一体融合课程。

1. 德育课程与素质教育融合。一是坚持德育为先与育人为本融合。发挥德育课堂的主渠道、主阵地作用,将社会主义核心价值体系融入学校教育教学的各门课程,渗透到教学、实习和社会服务的各个环节。二是实施德育工作与人文素养教育的融合。以职业意识、职业理想、职业道德和就业创业教育为主要内容,培养学生成为遵纪守法、诚实守信、敬业合作、有职业理想和创新精神的合格职业人。三是进行课程拓展与德育实施融合。利用课内外、校内外的各途径,把思想道德要求、职业指导、职业规划、人文教育、市场意识、竞争意识、纪律观念、诚信和敬业精神等内容融通在课程教学之中,为学生在职业世界中寻找自己的生存和发展空间奠定基础。

2. 文化课程与素质教育融合。一是根据专业需要、学生的兴趣爱好和终身学习的

① 朱萍.职业学校专业课程标准的开发[J].江苏教育,2011(Z3):20-21.

需要，开设物理、化学、历史、地理、心理健康、人文教育综合课程、自然科学教育综合课程、艺术（音乐、美术等）类课程等，引导学生树立正确的世界观、人生观、价值观；二是将艺术课程纳入学校必修公共课，积极选用《名画百幅赏析》《名曲百首赏析》《古诗百篇赏析》读本，丰富学生的人文素养和精神世界，提高学生的文化品位和审美素质；三是组织开设人文艺术讲座、竞赛、学生社团活动等，增强文化自觉与文化自信，培养学生的团结协作精神、法治观念、社会责任感和敬业精神。

（二）素质教育与专业技能课程的融合

职业教育专业技能课程的课程功能定位是：培养学生掌握必要的专业知识和比较熟练的职业技能，提高学生就业、创业能力和适应职业变化的能力。因此专业技能课程中融合素质教育主要体现在四个方面。

1. 课程设置中融合素质教育。一是在核心（平台）课程设置上，体现以能力为本位的特点，既要满足行业多岗位转换甚至岗位工作内涵变化、发展所需的知识和能力，又要使学生具有知识内化、迁移和继续学习的基本能力；二是在方向性课程设置上，把素质教育贯穿到职业理论知识教学、实践教学和日常生活的各个环节中，提高学生步入社会的适应能力；三是在选修课程设置上，结合职业资格证书的获取，努力使学生通过对相应课程的学习达到相应的职业资格能力，获得相应的职业资格证书，培养学生上岗就业的职业素质综合能力。

2. 课程实施中融合素质教育。一是校内实训教学。引入与企业、车间的一线工作现场相一致的真实的职业环境，采用项目教学、模拟创业公司、案例教学、情景熏陶、角色扮演等多种教学方式，使教学过程对接生产过程，教学环境融合企业文化，教学内容体现生产经营流程，培养学生的职业道德、职业意识、职业技能和就业能力。二是校外实习教学。在产业园区、企业车间等生产一线建设稳定的教学课堂，校企共同完成实训实习任务，实现学生与企业的“零距离”接触，增强学生对岗位的适应性、对社会的适应性，实现从学生到职业人的角色转换。

3. 课程改革中融合素质教育。突出创业教育（主要包括创业意识、创业精神、创业品质、创业能力培养四个方面），培养学生的创业精神、创业心理素质和创业能力。一是与课程改革相结合，在专业课程中融入经营、管理、法律、公关、成本核算等教学内容，培养学生的创业素质和创业能力；二是与就业指导和职业咨询相结合，培养学生的就业竞争意识和创业意识；三是与地方经济建设和社会发展相结合，通过产教结合和产学研结合的方式，培养学生的创新精神和创新能力。

4. 课程活动中融合素质教育。把人文素质教育和综合职业能力培养有机融入到各项活动之中，让学生在实践活动中陶冶情操、完善人格，拓宽学生的“职业”视野。一是主题（社团）活动。将专业技能节、文化艺术节、体育节等各类主题文化活动，建设成为学生展示自我、提升职业素质的重要平台。二是专题讲座交流。经常邀请著名企业家、专家教授、社会名流、政府官员到学校作专题讲座或举办座谈会、文化沙龙等，介绍国家政策、社会热点、主流文化等，传递企业文化真谛，感悟企业文化魅力。三是暑期社会实践。通过学校与社会、行业、企业的联系，让学生在吃苦耐劳训练、沟通能力训练、合作能力训练、奉献社会训练中认识社会、增长使命感。[①]

① 沈时仁.高等职业教育职业素质养成体系的构建[J].宁波大学学报(教育科学版),2010,32(6):76-80.

第五章 “技道融合”主张的教学行动

职业教育要培养适应现代农业、工业、服务业和民族传统工艺振兴需要的一线技术(技能)人才的目标,决定了实践教学体系是一个多因素、多层面、多结构的复杂系统。完整的职业教育实践教学体系应包括教学目标体系、教学内容体系、教学方法体系、教学管理体系和教学考核与评估体系等要素。在实践教学体系观照下,职业教育教学模式应是具有相对稳定性的、具体的教学活动结构框架。职业教育教学中“技”中之行动“道”,就是通过学生“活动”或“行动”在真实情境中的训练、体验、浸润而获得,通过亲知行知等途径体悟的职业实践技术的认知。现代职业教育技术(技能)教学活动中蕴含着深刻的“道”,需要按照教学活动规律与教学管理规律来寻找现代技术(技能)教学活动的合理的、最优的实施途径。本章共分三节内容:“技道融合”人才培养的实践教学体系构建,是职业能力培养、职业素养养成的统一体,第一节主要分析了“技道融合”人才培养的教学主张的教学体系内容;教学模式是具体的可操作的教学方式,第二节主要细析了“技道融合”人才培养的教学主张的教学模式类型;建设教学标准化体系是职业教育教学制度化发展的治理逻辑,第三节主要从素质教育视角出发论述了职业教育“技道融合”人才培养的教学主张的教学实施策略。

第一节 “技道融合”主张的教学体系建构①

现代职业教育教学活动中的“道”,是指实际技术(技能)操作活动之中的无形的、合乎事物自然本性的最优途径或方法。“技道融合”人才培养的教学主张就是坚持“德技融合、素质本位、知能并重、做学合一”教学导向。② “德技融合”,即坚持思想品德与技术(技能)并修的教学方向,着力培养学生的工匠精神、职业道德、职业技能和就业创业能力;“素质本位”,即坚持教学着力于培养学生具有职业理想信念、职业道德人格、职业

① 摘自拙作(入编时略作删改):周如俊.“2.5+0.5”学制分段后中职校实践教学体系的构建研究——以机电技术应用专业为例[J].江苏教育,2014(12):66-69;周如俊.职业院校实践教学体系的构建综述研究:基于职业能力培养视角[J].职教论坛.2014(3):77-81.

② 刘克勇,方健华,王新国.深度融合:江苏职业教育面向未来的发展理念与路径抉择[J].中国职业技术教育,2018(18):34-38.

关键能力、职业基本意识等职业核心素养；“知能并重”，即坚持教学从“单纯传授知识（技能）”转向“知能并重”、职场与学场合一；[①]“做学合一”，即教学坚持“学中做、做中学”培养模式，实施“理实结合、虚实结合、工学结合”教学模式。而实践教学是培养学生职业素养和职业能力的最主要途径和手段。因此基于江苏省“2.5＋0.5”的学制分段改革（学生校内学习 5 个学期，校外顶岗实习不超过 1 学期）背景，中职校有必要研究并构建与专业培养目标相适应的、循序渐进、螺旋上升的实践教学体系。

一、“技道融合”人才培养的实践教学体系的内涵诠释

（一）“技道融合”人才培养的实践教学体系的基本内涵

“技道融合”人才培养的“融技于道”“融道于技”“技道合一”的教学主张意味着职业教育人才培养应着力追求技术（技能）活动各种相关因素的和谐共生。著者构建了“技道融合”人才培养的实践教学体系，即基于“2.5＋0.5”的学制分段改革背景，围绕专业人才培养目标，在制定教学计划时，通过课程设置和各个实践教学环节的配置而建立起与中等职业教育知识、技术（技能）相辅相成的教学体系。结合《江苏省中等职业教育机电技术应用专业指导性人才培养方案》课程结构可分析，实践教学体系内涵即是指在校内教学 2 年、校外顶岗实习时间原则上不超过 0.5 年要求下，由公共基础课程与专业技能课程的实验教学、实训教学和认知实习、顶岗实习等实践教学活动中的各要素、各环节构成的有机联系的整体。

实践教学体系的主要环节。一个完整的实践教学系统是由目标、内容、建设、管理、评价再到目标形成“一体五翼”闭环实践教学系统（如图 5－1－1 所示），[②]本节仅从实践教学系统的内容方面进行阐述。“技道融合”人才培养的实践教学体系（实验、实训、实习）是基于专业知识、职业岗位能力和职业素质结构的要求而设置的不同的实践教学环节，[③]是三个不同类型的实践教学形式体系（如表 5－1－1 所示），同时也是相互关联和相通的，各自在实践教学中完成不同

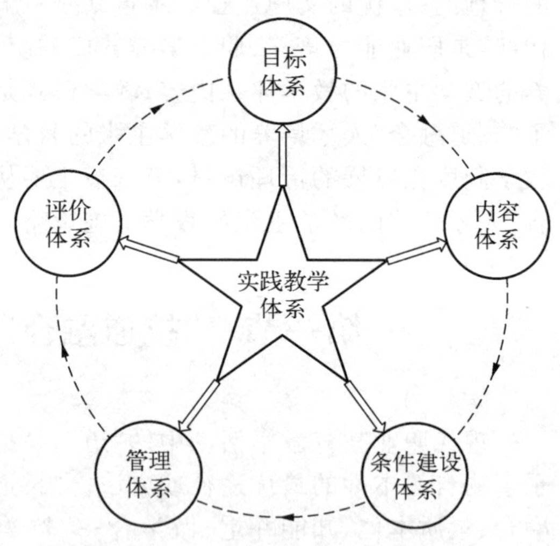

图 5－1－1 “技道融合”人才培养的“一体五翼”闭环实践教学系统

① 姜汉荣. 中职“双场合一”教学：理论基础及操作要义[J]. 中国职业技术教育，2017(32)：114－117.

② 戴建华. 基于产业链的实践教学体系构建[J]. 职业教育研究，2020(4)：39－43.

③ 应金萍. 论高职实践教学体系的构建及作用[J]. 职教论坛，2005(6)：39－41.

的任务。实践教学体系的构建必须以综合职业能力(如图 5-1-2 所示)培养为核心,以工作过程系统化为导向,将三种不同类型的实践教学形式按时间、内容等先后排序、交叉渗透的系统融合,并形成有效的各自子系统,着力培养学生综合素质(思想品德素质、身心素质、科学文化基础素质、职业技术素质、创业素质)。

表 5-1-1 中职校教学实践环节类别

实践教学类别	教学目的	课程类型	教学地点
实验	基本技能的实践、职业与专业感知	部分公共基础课程(包括选修课程)、专业技能平台课程	实验室、实训室(校内为主、兼顾校外)
实训	专业技能实践、职业岗位认知	专业技能平台课程	实训基地(校内为主、兼顾校外)
实习	综合性技能实践、职业岗位实践	专业技能方向性课程(包括选课程)	实习基地(校外为主、兼顾校内)

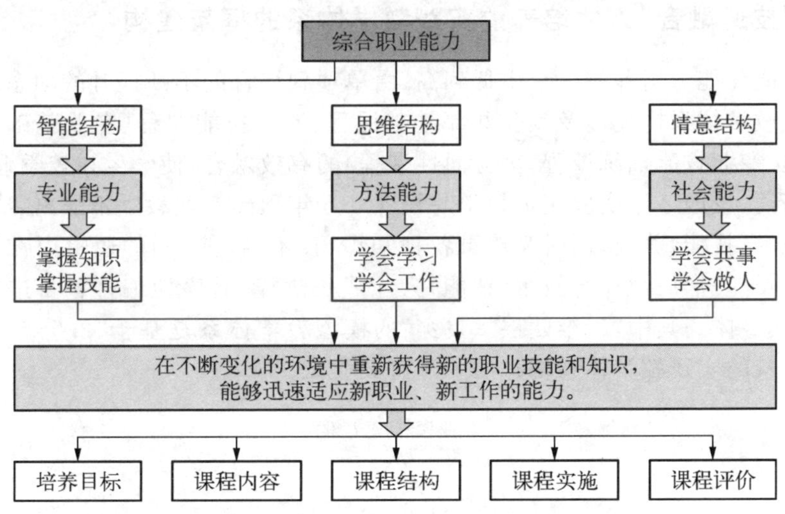

图 5-1-2 “技道融合”人才培养的综合职业能力框图

(二)“技道融合”人才培养的实践教学体系的构建价值

实践教学是培养职业素养和职业能力的最主要途径和手段。“技道融合”人才培养的实践教学体系的构建,是职业能力培养、职业素养养成的统一体。

培养学生职业素养。构建实验、实习、实训教学要素以及教学活动构成要素系统融合的实践教学体系,强化职业道德规范训导、职业操作技能训导,增强学生对职业的认同与热爱,使学生的职业岗位定位、职业意识的形成、职业规划确立、职业素养熏导等“从无到有,从低到高”,实现“职校人——准职业人——职业人”角色的自然转向。

提升学生就业能力。学生的真正就业能力是由技能、理论、素养共同构成的。职业教育课程的三大功能(促进学生的就业能力、促进学生的智力发展、促进学生的人格完善)是一个系统化的工程。职业教育要构建科学、有效、易行的教学实践体系,培养学生过硬的专业能力、妥善处理各种事务的方法能力和学习能力、组织协调能力、思维能力等社会能力,形成从事某种职业必须具备的并在职业活动中表现出来的综合能力。

内化学生技术精神。实践教学体系构建,不仅注重学生实用技术(技能)的训练,还注意加强学生独立人格、健全心理、创新精神、适应能力和社会责任感等方面的有关信仰、价值、态度和人性等的人本教育,形成职业技术精神(探索精神、怀疑精神、批判精神、实证精神、独立精神、源理精神、求效精神、创新精神、协作精神等等)。

提高学生创业能力。形成公共基础课程、专业技能课程、创业创新拓展课程等三位一体、教学与创业基地建设、创业与实践活动融合的实践教学体系格局,突出创业技术选修课、模拟创业过程的活动课程、展示创业业绩的环境课程,①有效培养了学生的就业竞争意识、创业意识、创业素质、创业能力。

二、“技道融合”人才培养的实践教学体系的框架建构

职业技能和能力培养是一个由低到高、由单项到综合的不断提升的动态发展过程。中职校实践教学体系构建涉及到公共课基础课程、专业技能课程(专业基础理论课程,即平台课程、专业技能训练课程,为方向性课程)的有效融合,使学生在校学业期间课程间保持不断线,校内 2 年实验实训教学与校外 0.5 年顶岗实习教学不隔离,从而既有利于学生的技术(技能)养成,同时又尊重各种知识、技术(技能)间的逻辑内在联系,按其知识、技术(技能)形成规律与技术(技能)人才成长规律,有序地编排各自进程,使其紧密衔接,浑然一体。其中“三维四层一贯穿”的模型教学体系是基于“2.5+0.5”的学制分段改革背景的实践教学体系构建的一种有效尝试。

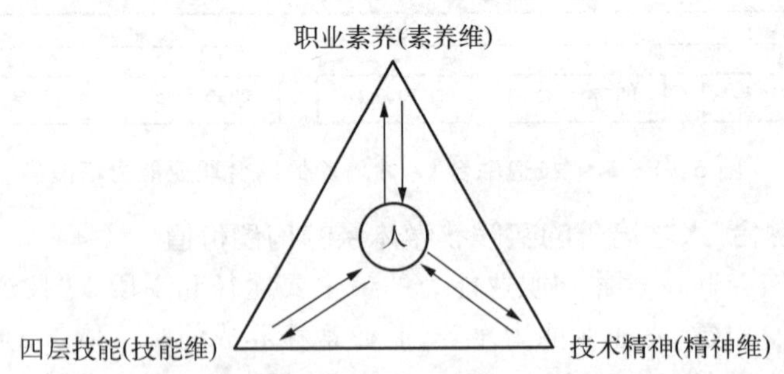

图 5-1-3 “技道融合”人才培养的实践教学体系培养“三维”架构

① 毛建国.职业学校创新教育与创业教育的关系[J].职业技术教育,2001,22(4):16-19.

(一)“技道融合”人才培养的实践教学体系构建的核心模型

按照“三化五扣”原则(实训环境真实化、设备设施生产化、服务功能多元化,紧扣课程体系、紧扣实训任务、紧扣生产过程、紧扣真实工作、紧扣职业要求),构建了以能力培养为主线,以学生“三维”(职业技能、技术精神、职业素养)发展为取向(如图 5-1-3 所示),以“四层”递进能级技能(基本技能、专业技能、综合技能与岗位技能)为训练方式,以创业创新能力培养贯穿融合于“四层”为一体的螺旋上升的“三维四层一贯穿”模型(如图 5-1-4 所示)。这种体系构建模型能够有效处理好中职校公共课基础课程、专业技能课程间的“职业活动发展”“学科知识发展”“学生心理发展”和“学习动机发展”的逻辑顺序关系,实现专业、学业、职业、就业和创业的实践教学“五业贯通”,体现了中等职业教育实践教学的职业性、人本性、生产性与实践性特征。

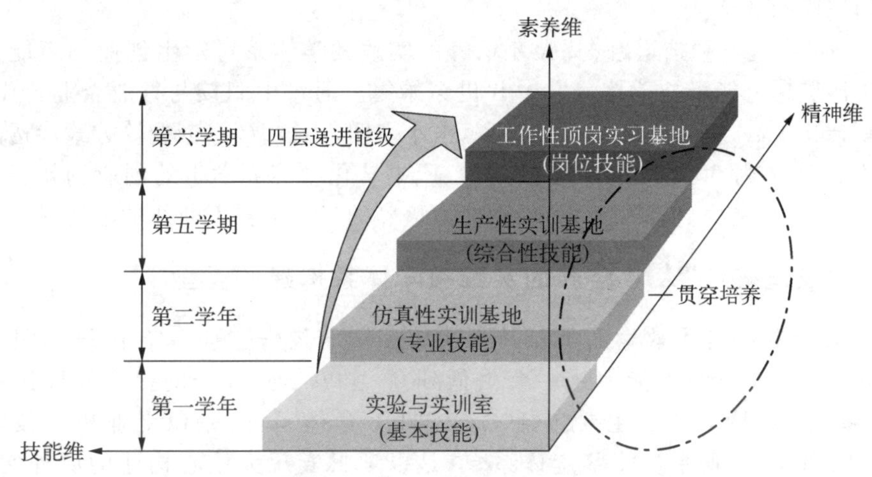

图 5-1-4 “技道融合”人才培养的“三维四层一贯穿”实践教学体系模型

(二)“技道融合”人才培养的实践教学体系构建的模型解读

1. “三维”发展取向。即“技道融合”人才培养的实践教学体系培养“三维”发展(职业技能、技术精神、职业素养)的技术(技能)型人才的价值取向。一是指面向行业企业,以人的发展为培养取向,培养以“四层递进能级”技能为主要内容的“技能维”,体现中等职业教育的职业性;二是培养以职业技术精神(思维)为着力点的“精神维”,体现中等职业教育的人本性;三是培养以学生的职业道德、责任意识为核心的职业素养的“素养维”,体现中等职业教育培养学生的(可持续)发展性。

2. “四层”递进能级技能。即“技道融合”人才培养的实践教学体系对学生基本技能、专业技能、综合技能与岗位技能四层递进能级式有序培养。第一层次是基本技能训练层。通过边教边学边做和“做学合一”教学模式改革,实现知识学习与技能训练相结合。这是解决职业实践怎样做的“知其然”问题,主要是针对公共基础课程(包括选修课程)、专业平台课程及构建的课程群在校内项目化实验或实训室内完成的训练。第二层是专业技能培养层。通过项目教学、场景教学和模拟教学等教学方法，使教学过程对接生产过程，教学环境有机融合企业文化，这是解决职业实践做得好的“知其所以然”问题，主要是针对公共基础课程（包括选修课程）、专业技能平台课程及课程群在校内的仿真性实训基地内完成的训练。第三层是综合技能培育层。通过校内生产性实训与校外岗位阶段性实践有机结合，实现以学为主的“工”，及校外以工为主的“学”。这是解决“人”的可持续发展的职业生涯问题，主要是针对专业技能方向课程及其构建的课程群在校内生产性实训基地内完成的训练。第四层是岗位技能培训层。通过校外工作性顶岗实习基地的各个生产模块的知识学习、技能训练，充分体现了职业岗位的分层需求，保证每名学生都能找到相应的工作岗位。这是解决“人”的对岗位的适应性向职业人的角色转换问题，主要是针对专业方向课程及课程群在校外真实职场氛围、工作性顶岗实习基地内完成的训练。

3. “一贯穿”。即“技道融合”人才培养的实践教学体系对学生创业创新能力的培养融合于四层递进能级技能培养之中并贯穿始终。通过中职校与行业企业合作，成立创业创新转化中心，坚持立体式开发服务，由小发明、小技改、小创造等方式渗透融合在各层训练之中，在师生技术开发、产品开发、成果转化中培养学生的创业创新意识和能力，实现综合应用能力、实践能力和创新能力培养的三年培养不断线的渗透融合。

三、“技道融合”人才培养的实践教学体系构建的类型

职业教育专业实践教学的类型特征决定了中职校学生应具有很强的职业技能和职业能力，职业技能和能力是一个由低到高、由单项到综合的提高发展过程。目前职业教育实践教学体系主要包括三类实践教学体系：一是以专业单项技能考核为核心构建的学生职业技能鉴定体系；二是以项目实现为核心构建的课外实践（含实习）活动体系[①]；三是以综合实训为核心构建的课内实践教学体系。这三类教学实践教学体系涉及到公共课基础课程、专业技能课程（包括专业基础理论课程，即平台课程；专业技术（技能）训练课程，即方向性课程）三种课程，在校学业期间，课程间必须保持不断线与相互渗透，从而既有利于学生的技术（技能）养成，同时又尊重各知识、技术（技能）间的内在联系，按其知识、技术（技能）形成规律，有序地安排各自进程，使其紧密衔接，浑然一体。

以下介绍国内职业教育常采用的比较成熟的三类“技道融合”人才培养的实践教学体系。

① 秦敬祥. 构建以职业能力培养为核心的高职实践教学体系[J]. 现代教育科学，2010(7)：138-140.

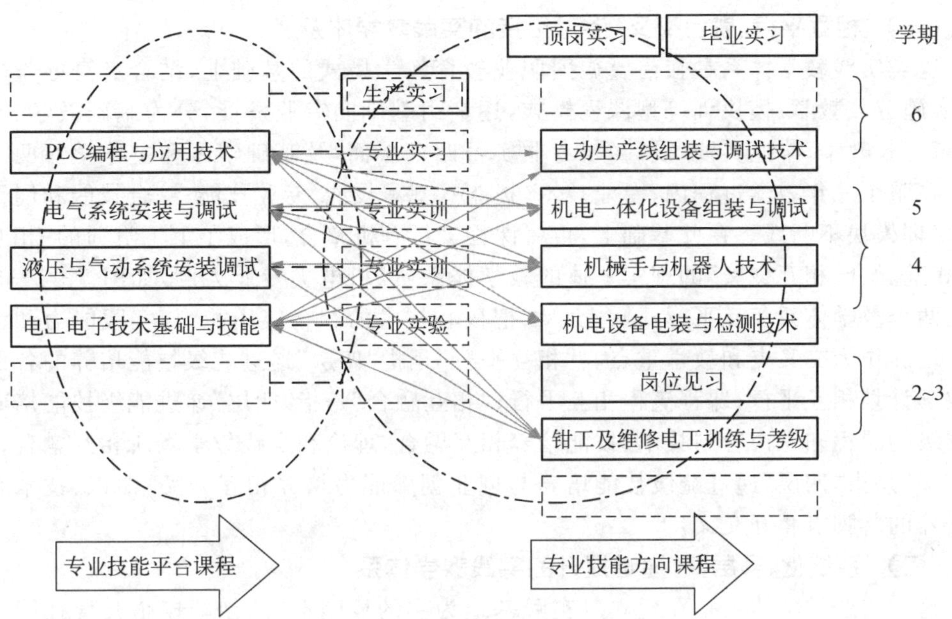

图 5-1-5 “相互平行”“相互融合”“相互交叉”的实践教学体系

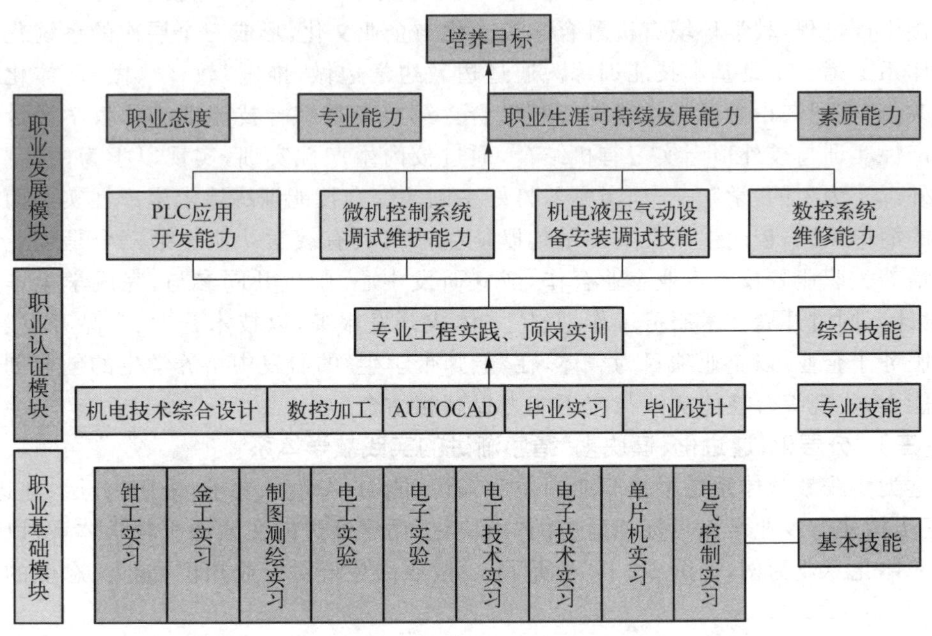

图 5-1-6 “分层化、递进化、模块化”循序渐进的实践教学体系

（一）“相互平行、融合交叉”渗透衔接的实践教学体系①

这类实践教学体系是在借鉴德国职业教育教学模式的基础上，结合自身办学的条件，实施分段教学、模块训练型课程模式，逐渐由基础向专业发展，分为基础教学、专业教学、专长教学、毕业实践（设计）与专业实习四个层面，及基础学习和主体学习两个阶段。在整个三年教学过程内，专业技术（技能）（基本技能、专业技能、综合技能和岗位技能）培训模块不断线。在此基础上，再将课程进行有机整合，形成了上下贯通的“相互平行、相互融合、相互交叉”的理实一体的教学体系（以机电类专业为例，如图 5-1-5 所示）：两个教学体系相互平行，融合交叉，把核心技术的综合应用能力、实践能力和创新能力培养作为交叉点和教学重点。“相互平行”是指“四层”递进能级技能培养的各层级的教学计划相互平行，课程流程相互平行；“相互融合”是指“四层”递进能级技能培养的各层级的课程知识内容与技术、技能培养相互融合，理论和实践教学场所相互融合；“相互交叉”是指“四层”递进能级技能培养与创业创新能力培养相互交叉，知识、技术和技能培养的落脚点相互交叉。

（二）“系统化、多层次”递进提升的实践教学体系②

这类实践教学体系是在建立以实践基地为主的校园形态、创新校企共育技能型人才的体制基础上，通过现代化“教学工厂”“企业课堂”“技能教室”或企业“技术设计服务区”等场景方式，采用项目教学、案例教学、场景教学和模拟教学等教学方法，使教学过程对接生产过程，教学环境有机融合学校文化与企业文化，形成三个层次的系统化实践教学体系。第一个是基本技能训练。通过边教边学边做，推进“教、学、做”一体化教学模式改革，实现知识学习与技能训练相结合。第二个是综合技能训练。教学设计是校内生产性实训与校外顶岗实习有机结合，通过校内生产性实训，实现以学为主的“工”，为校外以工为主的“学”——顶岗实习打好基础。综合技能训练追求生产性实训而非生产化的简单顶岗，校内生产性实训基地既能生产又具有教学功能。第三个是创业创新能力培养。职业院校与行业企业合作，成立研发中心，师生共同参与，完成学生毕业实践（设计），同时开展技术服务工作，坚持立体式开发服务，以技术开发、产品开发、成果转化服务于企业，以企业项目为载体，在“老师带学生”的研发中培养学生的创业创新意识和能力，实现综合技能实践与应用能力提高相结合。

（三）“分层化、递进化、模块化”循序渐进的实践教学体系③

这类实践教学体系是根据职业岗位对知识、能力、态度的要求，采用“分层、递进”方式，逐步构建与专业培养目标相适应的“模块化”循序渐进的实践课程教学体系（以高职机电一体化专业为例，如图 5-1-6 所示）。按照岗位群对专业知识、能力、态度的不同

---

① 吕景泉. 借鉴德国职教经验　打造中国高职品牌[J]. 天津成人高等学校联合学报，2004，6(5)：6-10.

② 丁金昌. 高职系统化、多层次实践教学体系研究[J]. 教育发展研究，2010，30(23)：75-78.

③ 张小军. 高职教育“三维四层”实践教学体系的构建[J]. 中国职业技术教育，2013(26)：56-60.

需求，将实训教学体系分成4个模块，4个“模块”的技能训练目标对应4个岗位分层的职业技能要求。每一模块中的技能训练项目有相应的训练大纲，实习(训)体系与理论教学体系相互独立、互为支撑。此外，考虑学生的知识结构、学习能力基础的差异，贯彻因材施教的原则，形成分层递进的模块化实践课程体系。通过各个模块的知识学习、技能训练，使每位学生都能根据自己的实际情况掌握与之对应的理论知识和专业技能，充分体现职业岗位的分层需求，保证每名学生都能找到相应的工作岗位。

五、“技道融合”人才培养的实践教学体系的实施路径

职业素质养成教育是职业院校通过课堂教学、课外活动、实习实训、社会实践等途径培养学生形成职业素质的行为总称。职业院校不仅要培养学生胜任职业岗位工作的职业素质，而且要培养学生适应岗位变化的核心能力。职业素质的形成过程涵盖知识、技能、道德与品质的迁移、整合与类化，职业能力的培养必须贯穿于整个职业教育全过程。

(一)“技道融合”人才培养的融合性教学

以职业能力培养为核心，按照实践教学的基本技能、专业技能和综合技能三大能力层次模块，强化实践性课程结构的综合化和模块化，既要加强职业技能训练的针对性、技术应用能力的综合性和职业素质的养成性，又要强调训练层次的模块化、宽口径和通用性。一是核心(平台)课程体系既要满足行业多岗位转换甚至岗位工作内涵变化、发展所需的知识和能力，又要使学生具有知识内化、迁移和继续学习的基本能力。二是综合(方向性)课程体系要把职业能力培养贯穿到职业理论知识教学、实践教学和日常生活的各个环节中，提高学生步入社会的适应能力。三是选修课程体系，要结合职业资格证书的获取，所有课程的课业和进程必须明确职业资格的培养目标，培养学生上岗就业职业素质的综合能力。

(二)“技道融合”人才培养的渗透性教学

职业教育传授基础知识与培养专业能力并重，强化学生职业素养养成和专业技术积累，将专业精神、职业精神和工匠精神融入人才培养全过程。一是基础课程中渗透职业能力培养。突出对公共基础课程中有关职业素质的内容进行梳理与整合，利用课内外、校内外各途径，把思想道德要求、职业指导、职业规划、人文教育、市场意识、竞争意识、纪律观念、诚信和敬业精神等内容融通在知识结构、能力结构、人格品质结构三位一体教学之中，为学生在职业世界中寻找自己的生存和发展空间奠定基础。二是专业技能课程中渗透职业能力培养。在专业技能教学中引入企业、车间的工作环境，倡导教师采用项目教学、创业公司模拟、案例教学等多种综合性教学方式，鼓励学生获取职业资格“双证书”，培养学生良好的职业素质和综合职业能力。

(三)“技道融合”人才培养的实境性教学

一般要通过校企合作模式，建设校内生产性实训基地和校外实训实习基地来实现

实境性教学。一是校内实训实境。建设与生产、建设、管理、服务等一线工作现场一致的真实的职业环境,教学过程对接生产过程,教学环境融合企业文化,教学内容体现生产经营流程。二是校外实习实境。在产业园区、企业车间等生产一线建设稳定的教学课堂,形成“厂中校”实践教学基地,校企共同完成实训实习任务,实现学生与企业的“零距离”接触,加快从学生到职业人的角色转换。

(四)“技道融合”人才培养的文化性活动①

校园是人才成长的摇篮。职业教育校园文化时时刻刻影响着学生。加强职业院校校园文化“三化”(产业文化进教育、工业文化进校园、企业文化进课堂)建设,校企双向推动。一是主题(社团)活动。开展专业技能节、文化艺术节、体育节等各类主题文化活动,实现学生在价值理念上与企业“零距离”。二是专题讲座交流。邀请著名企业家、专家教授、社会名流、政府官员到校作专题讲座或举办座谈会、文化沙龙等,传递企业文化真谛,实现学生在思想上向“企业人”的转变。三是暑期社会实践。让学生在参与实践吃苦耐劳训练、沟通能力训练、合作能力训练、奉献社会训练中认识社会,实现学生在行动上向“社会人”转向。

第二节 “技道融合”主张的教学模式开发

教学模式是指在一定教育理念及教育理论逻辑的框架中,为完成某种教学任务而采取的相对稳定、具体的教学活动结构框架,以及具体的可操作的教学方式。每一种教学模式都有它适用的具体范围和条件,也都有一定的局限性,教师要根据教学原则和自己的实践经验,创造性地设计出适合于特定内容和特定学生的特定方法,以展现自己的教学艺术和形成自己的教学风格。这就是教学模式选用的最高境界。职业教育的技术(技能)知识大都呈现为一种默会知识,是属于一种经常使用、只可意会而不可用文字符号予以清晰表达或直接传递的知识,具有具身性、亲知和动态觉知等认知特征。职业教育教学过程成为一种“有明确目标的活动或行动”,师生在学习情境与工作情境合一中“动手做”,通过自我调节的学习行动构建自己的知识、道德和技能(如图5-2-1所示)。② 作为结构框架,职业教育教学模式要从宏观上把握教学活动整体及各要素之间内部的关系和功能;作为活动程序,职业教育教学模式要突出模式的有序性和可操作性。本节以机电技术应用专业为例,探究职业教育“技道融合”人才培养的教学模式的主要范式。

---

① 沈时仁.高等职业教育职业素质养成体系的构建[J].宁波大学学报(教育科学版),2010,32(6):76-80.

② 庄西真,曹雨平,臧志军等.德知技融合、因类施策、多元发展——整体提高职业学校人才培养质量的江苏实践[J].江苏教育,2019(52):71-74.

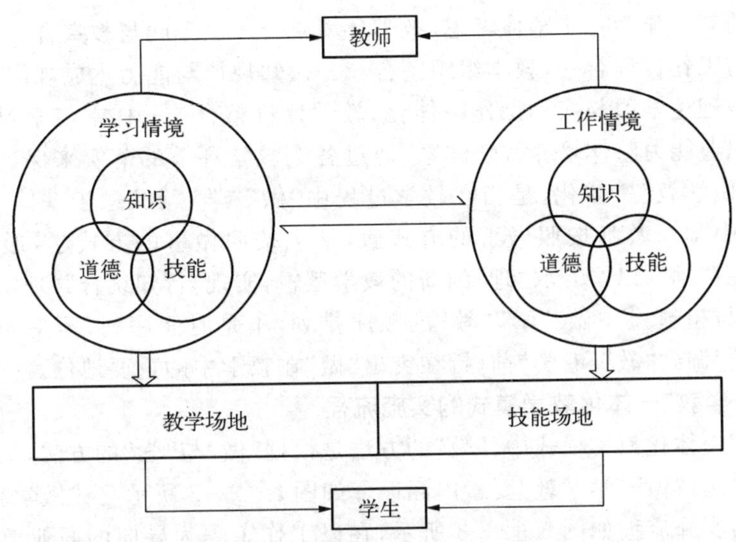

图 5-2-1 职业教育“知识+技能”立体非线性教学设计框图

一、“技道融合”人才培养的“做学教”一体化教学模式

职业教育教学中“技”中之“道”的修炼与领悟过程只能用“活动”或“行动”在真实情境中的训练、体验、浸润而获得。职业教育“技道融合”人才培养的“做学教”一体化教学应主要在任务本位课程中施行①以“技”求“道”的教育。“做学教”一体化教学模式的本质是“知行合一”的教学策略，即以实践为主轴，理论围绕实践展开，以做为中心，在“做中教，做中学”，认知过程与实践过程合而为一，其表现形式可以是项目教学、案例教学等“行动导向，学习者中心”的教学方法。要实现真正意义上的“做学教”一体化，关键是遵循认知规律合理地安排理论与实践的交替时序。“做学教”一体化教学模式，是真正符合职业教育根本规律的科学的教学实施模式：“做”字当头，“学”贯始终，相机而“教”，突破以往理论与实践相脱节的困境，充分发挥教师的主导作用、学生的学习主体作用，师生双方边做、边学、边教，理中有实，实中有理，全程构建素质和技能培养框架，丰富职业教育课堂教学和实践教学环节，提高教学质量。

（一）“做学教”一体化教学模式的基本内涵

“做学教”一体化教学模式，是在陶行知先生倡导的“教学做合一”模式的基础上，提出了先“做”体现职业性、后“学”体现主体性、再“教”体现主导性的“做学教”一体化的全新逻辑组合。② 所谓“一体化”，是整理融合教学环节，把培养学生的职业能力的理论与

① 徐国庆. 理性看待理实一体[J]职教论坛，2015(3)：1.

② 张健. 论“做学教合一”课程模式的整合[J]. 职教论坛，2014(3)：15-18.

实践相结合的教学作为一个整体考虑(教学环境整合——车间与教室合一,教学内容整合——教学与工作过程合一,教学组织整合——认知规律与能力生成规律一体化,教学实施整合——理论学习与实际操作一体化,教学评价整合——样本与学习态度评价一体化),构建职业能力整体培养教学体系,通过各个教学环节的落实来保证整体目标的实现。所谓“做学教”一体化,是指在教学过程中“做”“学”“教”融于一体,教师在做中教,学生在做中学。教师按照做事的方式教,学生按照做事的方式学,形成以“行”带“知”、以“做”引“学”、以“实”驭“理”的新的教学逻辑,实现“行知统合”“理实一体”“学做合一”的融合与超越。① “做”“学”“教”的顺序排列,不是时间序列,不是先做、后学、再教之意,将“做”调到“教”和“学”前,旨在突出“做”在教学中的重要地位。

(二)“做学教”一体化教学模式的实施流程

“做学教”一体化教学模式中,“教”的方法是根据“做”与“学”的方法,“学”的方法是根据“做”的方法(“做”“学”“教”要素内涵诠释如图 5-2-2 所示)。“做学教”一体化教学模式的总的实施流程如图 5-2-3 所示,在以工作工程为导向的职业教育教学活动中,“做学教”是一件事情,是三者不分先后顺序、有机融合、边做边学边教边创新的一件事情。“做”“学”“教”是相互统一、不可分割的整体,“做”是联系“教”与“学”的桥梁和纽带,是实现“学教合一”的关键,也是学生能力内化的重要抓手。因“做学教”一体化“做的不同的载体”,“做”“学”“教”融合方式是教学的一种自然状态,对于不同专业、不同课程、不同教学内容而言,采取动态的组合变更,可以形成丰富多彩的各具特色的教学模

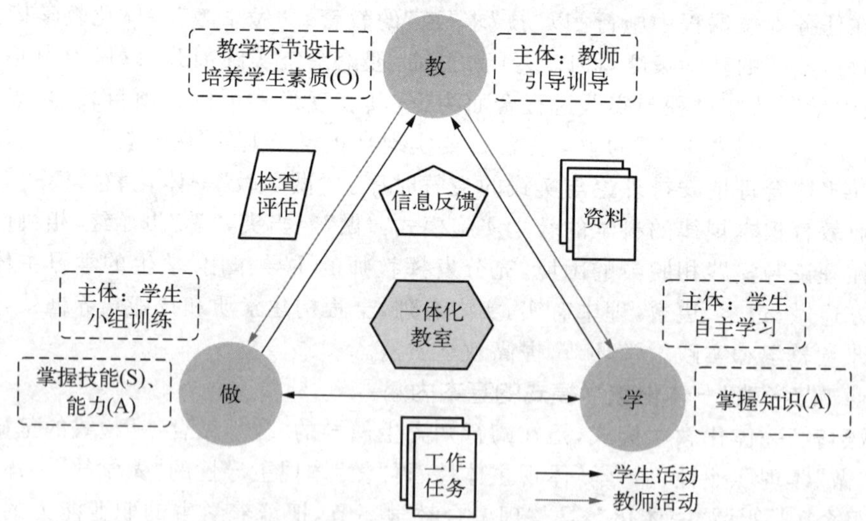

图 5-2-2 “做学教”一体化教学模式的要素内涵

① 张健.职业教育的追问与视界[M].芜湖:安徽师范大学出版社,2010:54.

式。一是“项目化”教学模式(如图 5-2-4 所示);二是“案例”教学模式(如图 5-2-5 所示);三是“工学结合”教学模式(如图 5-2-6 所示);四是“学徒制”教学模式,一般由“讲解→示范→模仿→矫正→练习→评价”六个教学环节构成;五是“任务驱动”教学模式(如图 5-2-7 所示);此外还有“探究式”教学模式、“角色扮演”教学模式等。①

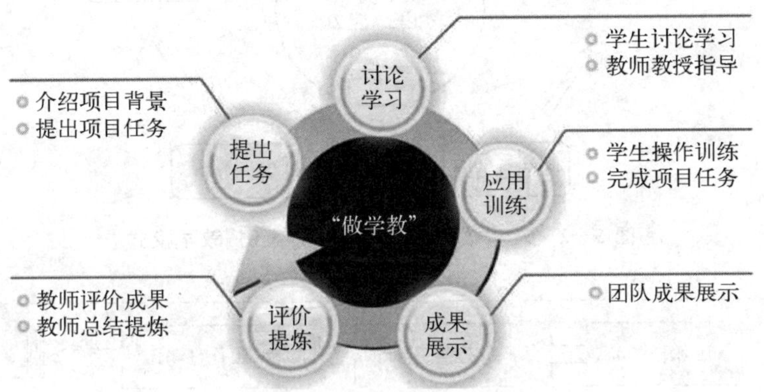

图 5-2-3 “做学教”一体化教学模式的实施流程

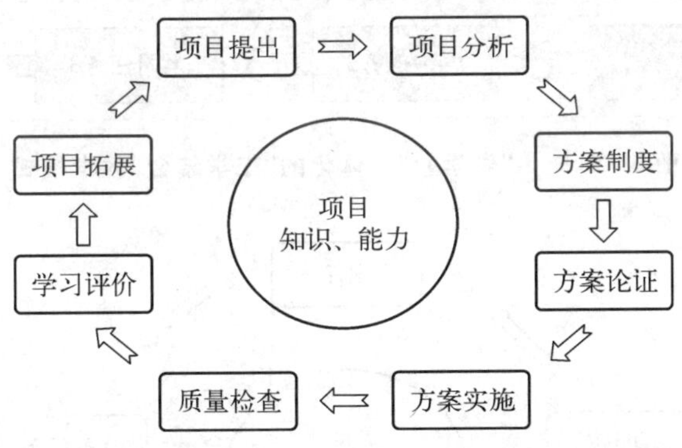

图 5-2-4 “做学教”一体化的“项目化”教学模式

① 李学喜.职业学校专业课教学模式的选择与运用[J].江苏教育,2012(6):24-28.

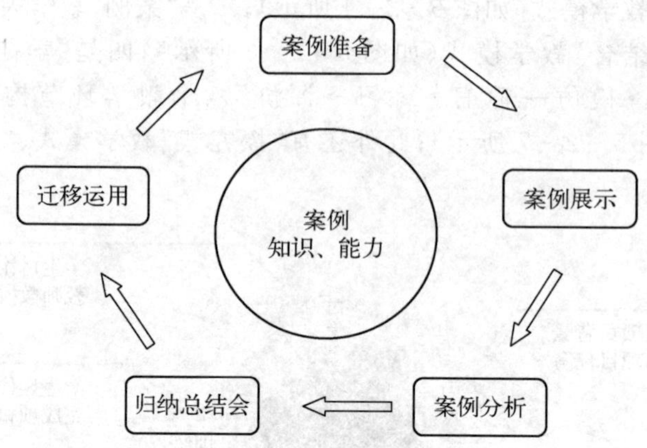

图 5-2-5 “做学教”一体化的“案例”教学模式

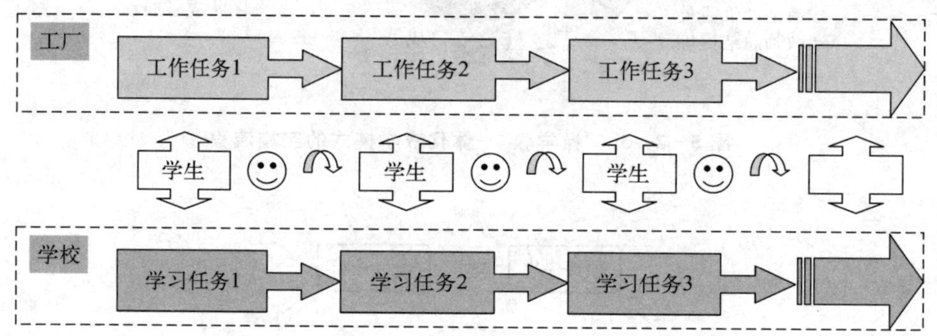

图 5-2-6 “做学教”一体化的“工学结合”教学模式

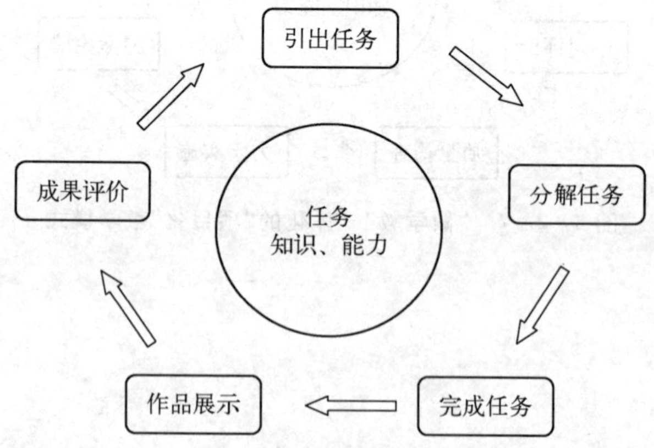

图 5-2-7 “做学教”一体化的“任务驱动”教学模式

二、“技道融合”人才培养的“双场”合一教学模式

职业教育教学中“技”中之“道”的修炼与领悟过程，只能用“活动”或“行动”在真实职业情境中的训练、体验、浸润而获得。在杜威的“从做中学”“从经验中学”的教学理论、陶行知的“教学做合一”理论、赞可夫的发展性教学理论以及探究性学习理论等一系列教育教学理论基础上，提出了“技道融合”人才培养的“双场合一”教学模式与教学主张。“双场合一”教学模式重在为学生获得实用的专业知识与技能提供“土壤”，“双场”有机融合，你中有我、我中有你：一要系统地将职场典型要素融入学场，学生通过具体的操作活动，通过感性直观认识与感知，发现专业知识与技能的特性和相互之间的关系，并把它们加以区分和概括从而获得理性认识；二要学生将学场中已养成的综合职业能力、学习能力等迁移到职场，促进学生自身终身学习和可持续发展。

(一)“双场”合一教学模式的基本内涵

“双场合一”教学模式正是“技道融合”人才培养的教学主张实践的一种有成效的探索，其学理依据是哲学理论基础(辩证唯物主义认识论、人的全面发展学说)、心理学理论基础(建构主义学习理论、情境认知理论与学习迁移理论)。“双场”是指“学场”和“职场”两个场所。“学场”是指学习场所，是学生在教室、实训室等场地进行学习活动的场所。“职场”是指职业场所，一般是学生毕业后从事的与所学专业高度相关的工作的场所。“合一”是指当前学习的场所和将来工作的职业场所在时间向度、内容向度、教学环境向度、教学情境向度等方面互相融合、有机衔接(如图 5－2－8 所示)，寓“情”于“境”、以“情”促“思”、以“思”促“行”。“双场合一”不是用“学场”来代替“职场”，也不是用“职场”来代替“学场”，而是强调两者有机融合，达到你中有我、我中有你的境界。“双场合一”教学是系统提炼职场要素，让学生在一定的企业生产情境中学习，实现学习过程与生产过程有效对接；根据职场要求，以生产质量监控方式作为教学评价的主要方式，在学场中注重学生学习习惯、学习方法、学习能力的培养，并使之迁移到学生今后职场之中，促进其终身发展。①

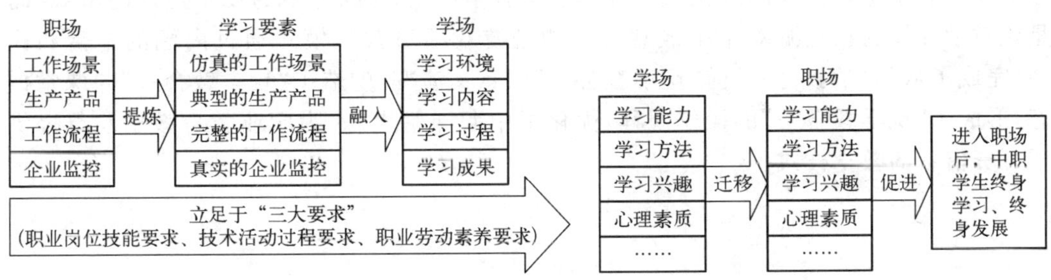

图 5－2－8 “技道融合”视域下“双场合一”的教学模式

① 姜汉荣.“双场合一”：中职专业课课程改革的新思考[J].职教论坛，2015(27)：19－22.

(二)"双场"合一教学模式的实施流程

"双场合一"教学模式,是"技道融合"人才培养有关职业教育教学理论与教育教学实践的教学主张。"双场合一"教学设计的教学内容、教学环境、教学情境、教学策略、教学方法,要以学习者为中心,既要关注学生的全面发展、可持续发展,又要因材施教,体现学生个性发展。① 结合图 5-2-9 所示的中等职业教育机电技术应用专业"技道融合"视域下"双场合一"("双场"元素转换)的教学案例,探究"双场合一"教学模式指向教育教学实践的多维操作向度的要求与系统的操作体系:一是基于教学内容的向度。整合专业的教学内容,用企业实际的生产产品(服务)作为载体,以该产品的生产与设计贯穿于教学全过程,将具体教学内容安排在典型产品的生产之中。这样既确保了学生在"学场"中习得的学习内容在规定的范围之列,又实现了学习过程与企业生产过程的基本同步。二是基于教学环境(情境)的向度。注重学习场景的仿真,形成学生未来可能工作的场景。主动引入 FMEA(潜在失效模式分析)、8S 管理等企业监控方式,将其运用于学生"学场"学习的全过程,监控的内容包括产品的完成情况、学习的习惯、学习的态度等。三是基于教学策略的向度。强调职业情境由"职场"前置到"学场",采取寓"情"于"境"、以"情"促"思"、以"思"促"行"的实践策略。四是基于教学方法的向度。精心设计,恰当运用参与式教学、体验式教学、情境式教学、项目式教学、任务驱动式教学等多样的教学方法。五是基于师资队伍的向度。打造产教融合、校企协同培养、互聘共用的"双师型"教学团队。六是基于学生自身的向"双场合一"的教学,最终指向的是学生自身。

三、"技道融合"人才培养的"游戏化"教学模式

理想的职业教育课堂教学是"情技道"的统一。职业教育课堂教学要时刻关注学生的兴趣与需要、认知发展与情感、社会化过程与个性养成、学习发生条件等方面的内容,追求"情技道"互通共生的教学,实现课堂状态的"道技融合"。职业教育"技道融合"人才培养的教学主张认为游戏化教学并不是指教学中情、技、道中的技术规定的游戏,而是让教学在情、技、道游戏中生成意义。微型游戏项目教学模式通过内涵的丰富和诠释,完成了从"做学教合一"向"玩学教合一"的意义演变,塑造了"玩学教合一"的课堂样态,形成了"玩学教合一"的操作规程,优化了中职课堂生态,为职业教育教学改革提供了可资借鉴的教学样式。②

---

① 姜汉荣.中职"双场合一"教学:理论基础及操作要义[J].中国职业技术教育,2017(32):114-117.

② 崔志钰.从玩耍到游戏——例谈微型游戏项目教学中的规则运用[J].江苏教育研究,2018(3):3-7.

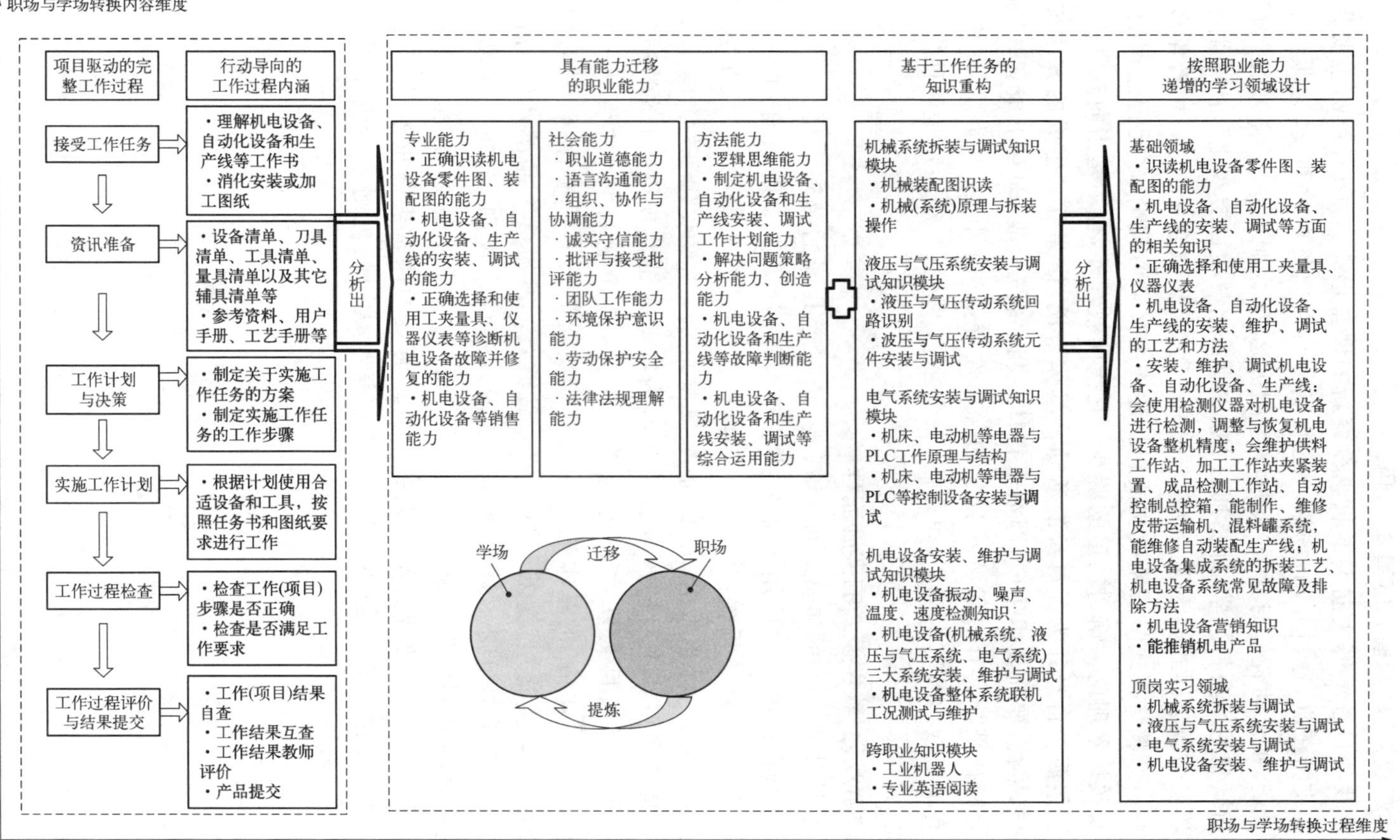

图 5－2－9 “技道融合”视域下“双场合一”的教学案例

（一）“游戏化”教学模式的基本内涵

微型游戏项目教学模式催生了职业教育新的课堂形态。所谓游戏，主要指用作教学各环节的支持工具，通过互动、场景、奖励、竞争与兴趣要素的创设，为课堂整体设计游戏机制，以奖励带动合作与竞争，促进学生积极思考、大胆创新。“游戏化”教学模式，本书主要指微型游戏项目教学，即指通过“游戏项目化”“项目游戏化”，让学生在游戏中完成项目学习的教学样式，[①]是从“做学教合一”到“玩学教合一”的一种教学改革有效路径。“游戏化”教学模式学理基础主要包括建构主义学习理论、多元智能理论、积极心理理论和娱教技术理论。情、技、道的游戏不是指向教学外，也不是指向教学内，它是情感、工具、智慧源于自身并为了自身的活动。具体来说，作为意义生成的教学要让情感生成，即命求尽性；要让技术生成，即活求得体；要让智慧生成，即存求成智。“游戏化”教学的主要特征是既具有一般游戏教学的普适性特征（愉悦性、主动性、虚构性、有序性），又具有项目教学的基本特征（职业性、综合性、实践性、互动性），是两种教学方式的“融合与优化”。

（二）“游戏化”教学模式的实施流程

教学不是技术一维的游戏，而是情、技、道三者共同的游戏。图 5 - 2 - 10 所示为中等职业教育机电技术应用专业公共基础课程《计算机应用基础》的“技道融合”视域下“游戏化”的教学流程，将“课前—课中—课后”有机结合，形成了独特的“游戏学习链”，体现了“玩学教合一”的基本教学诉求。“游戏化”教学模式要关注两个维度：一是遵守游戏本身的规则。将学习内容融入游戏规则：对教学项目进行游戏化改造，形成以项目为基本载体的学习单元，遵循项目教学“咨讯—计划—决策—实施—检查—评估”的基本流程。将游戏规则融入学习过程：将学习内容与游戏规则融为一体，实施“玩游戏—析游戏—做游戏—改游戏—品游戏”等活动环节。二是遵守游戏的课堂规则。教学协商生成游戏的课堂规则：游戏的课堂规则协商就是通过师生的共同约定来规范学生的游戏行为和学习行为，规范教师的教学行为和调控行为，避免对游戏教学的无关干扰。游戏的课堂规则重塑学习行为：游戏的课堂规则必然源于学生的心灵认同，只有学生认同的规则才能真正融入相应的学习行为。[②]

① 崔志钰. 从“做学教合一”到“玩学教合一”——微型游戏项目教学的实践探索[J]. 江苏教育研究，2017(18)：52 - 56.

② 崔志钰. 从玩耍到游戏——例谈微型游戏项目教学中的规则运用[J]. 江苏教育研究，2018(3)：3 - 7.

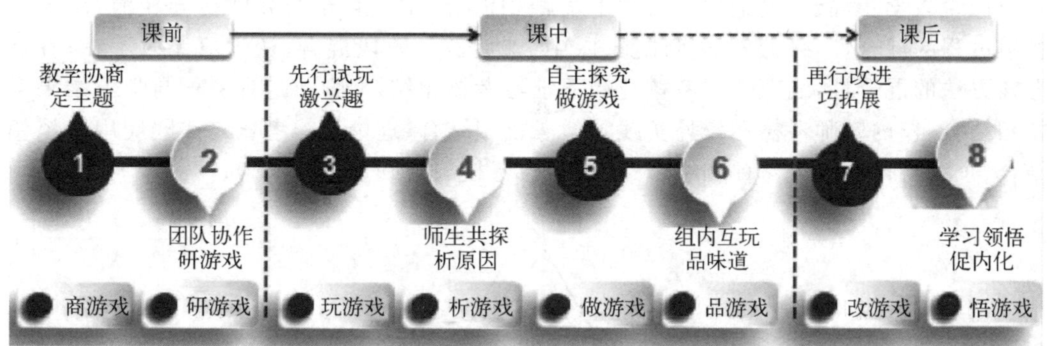

图 5-2-10 "技道融合"视域下"游戏化"的教学流程

四、"技道融合"人才培养的混合教学模式

道，为人之道，为学之道，为师之道。线上有"道"，教学有"法"。面对当前"互联网＋教育"的发展需求，职业教育借助大数据、人工智能等现代信息技术，构建流畅的、以学习者为中心的一体化的线上线下混合教学生态。职业教育因其教学目标的职业性、教学内容的应用性、教学对象的差异性和教学方式的开放性等特点，混合式教学模式的适用性更强。混合式教学是将线上与线下教学相结合的教学模式，以其融合了传统教学和网络信息化教学的优势，成为当前许多职业院校大力推行的一种教学模式。这种模式创新了学习空间、学习时间和学习个体之间的关系，学生学习、教师教学正变得日益多元化、泛在化和人本化，同时也推动着"以学为中心"的教学行为转变，即从知识灌输向能力提升转变、从个体教学向团队教学转变、从静态资源生产向动态资源创新转变、从人工评估向智能评估转变、从课件制作向环境建构转变。

（一）混合教学模式的基本内涵

线上线下混合教学模式是指以行为主义和建构主义学习理论等为指导，借助现代教育技术、互联网技术和信息技术等多种技术手段，对教学资源进行优化组织、整合、呈现和运用，将传统面对面的课堂教学、实践实操教学与网络在线教学进行深度融合，以寻求两者优势互补，从而实现最佳教学效率和效果的一种教学模式。线上线下混合教学模式的基本特征主要有：一是教学平台功能的混合性，平台集成了在线网上教学、师生互动、网上答疑和教学管理等功能，还具有对学习过程和行为进行数据化统计和监控的功能；二是线上资源建设的混合性，为学习活动提供必要的指导性资源、内容性资源、生成性资源等资源（如图 5-2-11 所示）；①三是学生学习方式的混合性，学生线上学习与线下学习相混合、自主学习与集中学习相混合、个人学习与小组学习相混合、网络学

① 江净．基于数字化资源的课堂教学模式构建[D]．华中师范大学，2012：7.

习与课堂教学相混合、理论学习与动手实践相混合、学生自学与教师指导相混合；四是教学过程的混合性，线上教学将课前、课中、课后三个阶段混合，让学习无时不在；五是考核方法的混合性，线上学习考核与线下学习考核相结合、学习过程考核与学习结果考核相结合、校内教师考核和校外实践师傅考核相结合、理论学习考核与实践应用考核相结合、个人自评与小组考评相结合、系统平台考核与教师考核相结合。①

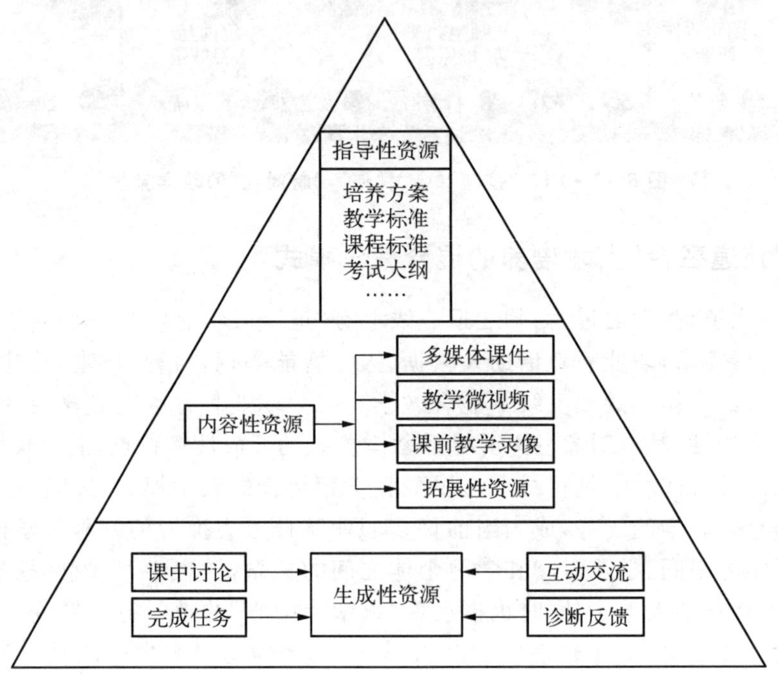

图 5-2-11 “技道融合”人才培养的教学主张视域下线上教学学习资源类型

(二) 混合教学模式的实施流程

线上线下混合教学模式的核心是活动学习的设计。自主学习导学单是职业院校线上教学指导学生开展自主学习活动的有效抓手。线上教学的学习活动流程设计体现为“三向”维度(如图 5-2-12 所示)：课前体现为以问题为导向的导学单(活动设计框架表 5-2-1 所示)；课中体现为以合作探究为导向的导学单；课后体现为以拓展训练为导向的导学单。教师需帮助学生在课前、课中、课后明确自主学习的内容、目标和方法，并提供相应的学习资源，例如在网络平台上以在线课程、学案或表单等为呈现方式的自主学习资源包。“学习导学单”的设计体现了“三项”基本原则：一是“以学生为学习中心”的原则，以学定教，以趣促学，帮助学生明确学习“任务”与自主学习的“达成目标”；

① 谭永平. 混合式教学模式的基本特征及实施策略[J]. 中国职业技术教育，2018(32)：5-9.

二是"以任务驱动为组织方式"的原则，遵循"教师设计任务→学生自主学习→师生评价讨论交流→线下自我完善"组织流程；三是"以混合教学为教学模式"的原则，实施基于活动与资源的混合式教学模式，不同的活动序列组合形成多样的教学模式的混合；四是"以系统性设计为课程导向"的原则，要将所有学习活动作为一个整体来设计，按层次、内容、逻辑等关系系统地整合并形成一门完整的在线课程，课程内部的学习活动与学习活动之间形成紧密联系并螺旋推进。

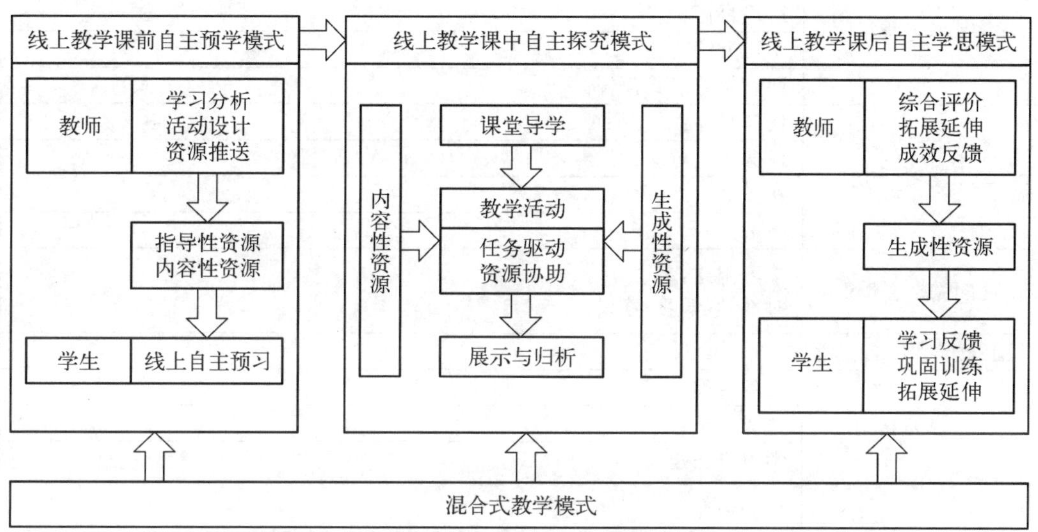

图 5-2-12 "技道融合"人才培养的教学主张视域下混合教学模式的实施流程

表 5-2-1 线上线下混合教学的自主学习导学单活动设计框架

课题	
专业(学科)	
授课对象	
授课学时	
学习要求	

续表

学法指导	教材导学	
	学习重点	
	学习难点	
	学习建议	
线上教学课前自主学习导学单		
一、学习指南	任务名称：	
	达成目标：	
	学习方法建议：	
	课堂学习形式预告：	
二、学习任务	任务简介：	
	任务 1：	
	任务 2：	
	……	
三、困惑与建议	学习困惑： 对教学(学习)建议：	
线上教学课中自主学习导学单		
一、学习指南	任务名称：	
	达成目标：	
	学习方法建议：	
二、学习任务	任务简介：	
	课始检测：	
	进阶检测：	
	协作探究：	
三、展示归析	交流总结：	
四、困惑与建议	学习困惑： 对教学(学习)建议：	
线上教学课后自主学习导学单		
一、学习指南	任务名称：	
	达成目标：	
	学习方法建议：	
二、学习任务	任务简介：	
	任务 1：	
	任务 2：	
	……	
三、困惑与建议	学习困惑： 对教学(学习)建议：	

第三节 “技道融合”主张的教学标准实施[①]

职业教育技术(技能)型人才培养与现代技术教与学活动已经具有极强的社会性。因此,追寻教学“技”之上的“道”应该由教师与学校管理者的个人行为转变为学校技术(技能)活动共同体的教学行为,并且有制度化、标准化的保障,这里需要“道”——教学标准的引导和约束,以消除现代技术活动中人才培养与教学中各要素之间的矛盾冲突,实现技术(技能)活动与人才培养关系的和谐发展。教学标准是中职校落实党和国家关于技术(技能)人才培养的总体要求,组织开展教学活动、安排教学任务的规范性文件,是实施专业人才培养和开展质量评价的基本依据。[②] 近年来,教育部组织制定(修订)并颁布的专业目录、专业教学标准等一系列职业教育质量国家标准体系,对于补救中职校教学标准缺失的短板、指导和规范中职校质量管理具有突破性的里程碑意义。教学标准如何从标准文本走向实践行动是当前中职校协同推进、持续发力的一项重要的系统性工程。从文本到行动体现于:人才培养方案的实施的价值追求——认同才能自觉实施;人才培养方案实施的内涵诠释——理解才能有效应用;人才培养方案的实施监管策略——诊改才能深入推进。本节仅从教学标准视角,剖析“技道融合”人才培养的教学实施具体策略。

一、“技道融合”人才培养:从文本到行动——教学标准实施的价值追求

职业教育教学需要教学标准之“道”的引导和约束,让实施主体不断调适自身的价值结构,逐步实现对于标准的理解、执行与超越,从而自觉投身到标准实施的教学实践之中。现代职业教育技术(技能)教学活动中蕴含着深刻的“道”,即按照教学活动规律与教学管理规律来寻找现代技术(技能)教学活动的合理的、最优的实施途径。标准实施过程中的价值认同,并非是一个线性的共识达成过程,而是一个主体间视域融合不断理解和重构的过程。教学标准在实施过程中,总会与初始目标间产生实施主体的“阻抗现象”。这种“阻抗现象”很大程度上源自思想观念上的障碍,因为任何标准的背后都负载着意识形态,蕴含着标准开发者的价值取向。[③]

(一)教学标准实施的基础性的价值追求

教学标准体系是兜底中职校办学的基础,建设教学标准化体系是中职校规范化发

---

① 摘自拙作(入编时略作删改):周如俊.中职人才培养方案的价值追求与监管策略——以江苏省灌南中等专业学校为例[J].江苏教育,2020(28):34-38.

② 教育部.教育部关于职业院校专业人才培养方案制订与实施工作的指导意见[Z].教职成〔2019〕13号.2019-06-05.

③ 潘锡泉.职业教育教学标准建设:实践、反思与重构[J].高等职业教育(天津职业大学学报),2019,28(3):22-27.

展的办学逻辑。《国家职业教育改革实施方案》强调，要完善职业教育教学相关标准，持续更新并推进国家标准在职业院校落地，引导职业院校依据标准自主制定专业人才培养方案，发挥标准在职业教育质量提升中的基础性作用。① 主要体现为：宏观上规范了中职校办学“准入”标准，中观上明确了实施“过程”标准，微观上构建了人才评价“准出”标准（如图 5－3－1 所示）。② 教学标准实施的“三准”管理，也是我校从办学准入，到教学实施，直到学生毕业资格准出的学校规范管理中始终坚持的一种“价值”追求。

教学标准涉及或关联国家、省市（县区）、企业、行业等多领域、多层次、多维度的教育（教学）标准内容，中职校在教学标准上要“落地”实施“基础性”工作：一是从与职业发展的衔接上界定专业的“职业面向”；二是从专业人才需求调研上明确提炼“培养目标与培养规格”；三是从人才培养目标与规格要求上确定“课程设置及要求”；四是从统筹各类课程设置及衔接关系上编制“教学进程总体安排”；五是从“三全”（全员、全过程、全方位）参与维度上调动全校力量来落实“实施保障”；六是从“三个”准出标准评价上检验学生素质、知识、能力达成度以凝练“毕业要求”。③

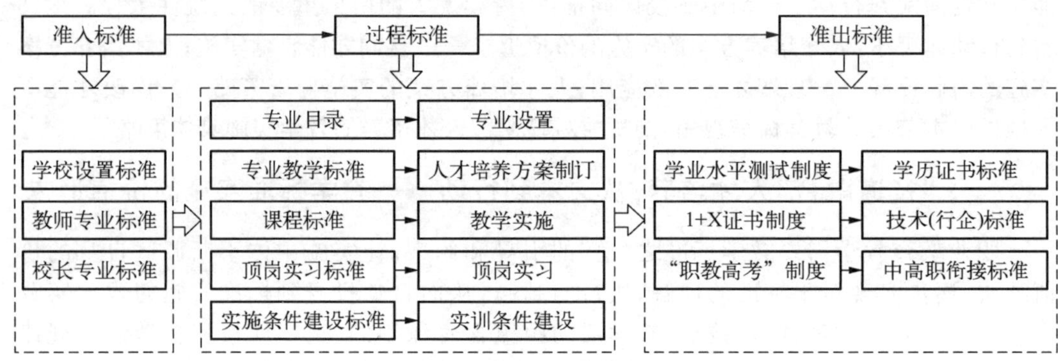

图 5－3－1 中职校教学标准体系框图

（二）教学标准实施的治理性的价值追求

教学标准体系是保障中职校育人的底线，建设教学标准化体系是中职校制度化发展的治理逻辑。职业教育属于准公共产品，教学标准体系（包含专业人才培养方案）彰显国家履行职业教育质量治理的责任，是指导和管理中职校教育教学工作的主要依据，是保证中职校教育教学质量和人才培养规格的基本教学文件。④ 国家、省级层面公布的各类教学标准相互关联、各有侧重，从不同方面为中职校教育教学提供了规范和遵

① 国务院．关于印发国家职业教育改革实施方案的通知[Z]．国发〔2019〕4 号．2019－02－13．

② 马成荣．职业教育教学标准建设：实践、反思与重构[J]．中国职业技术教育，2019(7)：69－71．

③ 江小明，李志宏，王国川．对落实《教育部关于职业院校专业人才培养方案制订与实施工作的指导意见》的认识与思考[J]．中国职业技术教育，2019(23)：5－9．

④ 王继平．职业教育国家教学标准体系建设有关情况[J]．中国职业技术教育，2017(25)：5－9．

循。人才培养方案实施的“治理”管理,也是我校从执行框架严格实施(国家教学标准体系颁布的框架)、推进方案消化式实施(省级层面研制的指导性人才培养方案),到人才培养方案创生性的校本转化(在科学性、规范性的框架内进行)的治理管理中始终坚持的一种“价值”追求。

中职校承载着国家在教育教学领域贯彻落实好培养什么人、如何培养人、为谁培养人的历史使命,要切实把教学标准实施作为中职校治理管理的核心任务,“落地”教学标准“治理性”工作:一是“体现国家意志”,贯彻党与国家教育方针,始终把立德树人放在首位,培养又红又专、德才兼备、全面发展的高素质劳动者和技术(技能)人才;二是“契合产业发展”,服务国家战略,关注新技术、新业态、新产业、新模式对人才培养的新要求;三是体现“校企协同育人”,坚持“产教融合”,体现“三个对接”,促进就业创业;四是“强调系统培养”,促进中高职课程衔接,体现纵向贯通、横向融通与系统培养。①

(三)教学标准实施的诊断性的价值追求

教学标准体系是推进中职校开展教诊改的评判基本依据,建设教学标准化体系是中职校内生化发展的动力逻辑。教学标准体系(包含专业人才培养方案)是保证中职校实施专业人才培养和教学质量监控的基本依据。依据 CIPP 决策类型模式,中职校教诊改是以学校主体决策为中心,体现为“背景、输入、过程和结果”四类评价的“全过程诊断融合”,表现为人才培养过程中时刻监督、有效介入。教学标准实施“教诊改”管理,也是我校以国家教学标准为基本遵循,贯彻落实党和国家在课程设置、教学内容等方面的基本要求,强化专业人才培养方案的科学性、适应性和可操作性的监控管理中始终坚持的一种“价值”追求。

教学标准体系是中职校质量监控的窗口。教诊改是以中职校为主体开展的质量提升自我革命的行动工程。“落地”人才培养方案要实施“诊断性”工作:一是诊断培养目标“达成性”,保证培养规格,增强学生的职业适应能力和可持续发展能力;二是诊断课程设置,开齐开足国家规定的公共基础课程,科学设置专业(技能)课程;三是诊断学时安排,确保最低总学时数要求与各类课程规定学时占比;四是诊断实践教学环节,强化实践性教学学时占比和以育人为目标的实习实训考核评价;五是诊断毕业要求,严把毕业出口关,保证毕业要求的达成度,坚决杜绝“清考”行为;六是诊断书证融通,促进书证、证课融通,优化专业人才培养方案。

二、“技道融合”人才培养:从文本到行动——教学标准实施的内涵诠释

职业教育教学标准追求“技”之上的“道”,其重要目的是将国家教学标准的要求逐步转化为合乎职业教育教学规律的自然本性的实施规程,以至于达到“道法自然”的境

① 教育部.教育部关于职业院校专业人才培养方案制订与实施工作的指导意见[Z].教职成〔2019〕13 号.2019-06-05.

界。教学标准实施问题首先需要揭示标准背后隐含的价值观念，促进实施者的价值认同。职业教育的课程及教学必须与社会需求良性互动，与时俱进，要做到有标准可依。职业学校要建立健全教学标准，根据标准开展教育教学工作。要求教师要树立标准意识，理解课程标准，在把握标准基础上开展教学工作，根据标准进行课程设计。职业学校要减少从标准到实施的落差，在教学过程中贯彻对标准的执行。①

（一）教学标准实施要素的诠释

要素是对方案的本质属性的清晰表述。从国家教学标准层面诠释“教学标准”内涵，就是“应当体现专业教学标准规定的各要素，包括：专业名称及代码、入学要求、修业年限、职业面向、培养目标与培养规格、课程设置及要求、学时安排、教学进程总体安排、实施保障、毕业要求等10个要素”。② 从省级层面诠释“教学标准（专业人才培养方案）”其内涵要素主要包括：专业与专门化方向名称，入学要求与基本学制，培养目标；职业（岗位）面向、职业资格及继续学习专业，综合素质及职业能力，课程结构及教学时间分配，教学进程安排（含毕业要求），主要专业课程教学要求（时数、内容、能力要求），专业教师基本要求，实训（实验）基本条件，编制说明等11个要素。③ 我校根据县域经济社会发展需求、学校办学特色、办学定位和发展规划，在满足国家规定的基本要求的基础上，以省级指导性人才培养方案为蓝本，“政行企校”协同研制了19个专业具体实施性专业人才培养方案，并按法定程序经省市教育行政部门审批后严格实施。

（二）教学标准实施特征的诠释

特征是对方案的多维特性的抽象结果。观照国家、省有关专业人才培养方案的文本内涵，其主要特征有：一是标准性和规范性相融合。人才培养方案要以职业教育国家教学标准为基本遵循，贯彻落实党和国家在课程设置、教学内容等方面的基本要求，强化科学性、适应性和可操作性。二是刚性与指导性相融合。国家教学标准体系中培养方案刚性框架，需要严格执行；省级层面指导性人才培养方案及专业核心课程标准，是中职校制定实施性人才培养方案的依据与指导性教学文件蓝本。三是关联性和贯通性相融合。专业目录、专业教学标准、公共基础课程标准、顶岗实习标准、教学条件建设标准等也是人才培养方案制定的依据与保障，具有关联性。人才培养方案制定也要体现现代职教体系中有关中高职课程衔接要求、1＋X证书制度试点的书证融通等继续学习、终身成长要求，具有贯通性。四是稳定性和动态性相融合。人才培养方案既要符合教学规律，保持相对稳定性，又要根据社会政治、经济、科学技术的发展以及生源的变化，适时地进行调整和修改。

---

① 李育书.职业教育专业教学标准建设的标准化思考[J].教育（文摘版），2017(8)：342.

② 教育部.教育部关于职业院校专业人才培养方案制订与实施工作的指导意见[Z].教职成〔2019〕13号.2019-06-05.

③ 江苏省教育厅.教育厅关于制定中等职业教育和五年制高等职业教育人才培养方案的指导意见[Z].苏教职〔2012〕36号.2012-12-24.

（三）教学标准实施程序的诠释

程序是对方案的制订过程的规定途径。我校实施人才培养方案制订程序主要体现为“四个”方面内容，层层相扣、螺旋递进、滚动修订：一是“规划与制订”，依据“国标”规定与省厅方案制订意见，制定专业人才培养方案制（修）订的具体工作方案；二是“机构与组织”，由行业企业专家、教科研人员、一线教师和学生（毕业生）代表组成的专业建设委员会，共同参与方案制（修）订工作安排；三是“调研与分析”，做好行业企业人才需求调研、产业发展趋势调研、毕业生跟踪调研和在校生学情调研分析，明确专业面向的职业岗位（群）所需要的知识、能力、素质，形成调研报告；四是“研制与审定”，结合实际落实专业教学标准，对省厅指导性教学标准（人才培养方案）校本化后的实施性人才培养方案进行论证后，提交校党委会议审定；五是“发布与更新”，对审定通过的实施性培养方案，按程序向上级教育行政部门备案后发布执行与网站公开，并建立培养方案实施情况的评价、反馈与改进机制，根据区域经济社会发展需求、技术发展趋势和教育教学改革实际，及时滚动优化调整。

三、“技道融合”人才培养：从文本到行动——教学标准实施的治理策略

职业教育教学标准实施的管理者与实施主体（教师）把握“教学标准”之上的“道”，并不能靠逻辑分析或实证确证，而是需要在实际技术（技能）实践教学操作活动中不断体悟，逐步趋近。这是对教学标准实践智慧的不懈追求。教学标准的体悟之“道”是职业教育教学实践智慧的最高境界。国家专业教学标准是新的教学治理体系下产生的概念，是一份具有纲领性和指导性的文件，是国家对职业教学学校的教学质量、方法和内容等方面所提出的要求和规范。专业教学标准是指导和管理中等职业学校教学工作的主要依据，是保证教育教学质量和人才培养规格的纲领性教学文件，职业学校管理者和一线教师要重视起教学标准实施的重要意义。

（一）行政驱动，提升教学标准实施的认同度

认同度是谋求师生对人才培养方案的价值共识。唯有价值认同，校长、教师才可能自愿实施。为了实现省领航计划学校建设重点任务（“勤行德育”实践探索，省内争先；“智慧教学”范式建构，省内有位；现代农业（现代园艺技术（食用菌生产方向））技术培训中心建设，省内有名；“机电＋”现代化专业集群建设，省内争位），我校统一思想，以育人为首位，以教学为中心，确立领航首先在“标准”与“规范”上。在人才培养方案实施方面，行政驱动监管策略是：一是教学标准（方案）文本的研读。编印《国家、省教学标准文集》电子文稿（编写部分纸质文稿）（内容如表 5 - 3 - 1 所示），组织系列会议（校长室会议、教职工会议、处室系部会议、教研组会议、备课组会议），从不同层面多批次、渗透性、螺旋性开展研讨与解析，做到学校网站、微信公众号处处有标准，师师手中有标准、备课上课对照标准、检测反馈参照标准，提高教师对教学标准理解的把握度。二是教学标准（方案）实施的培训。按专业大类设置“教学标准解读与实施”模块，聘请校内专家开展

巡讲、专项培训,系统地研习(讨)省厅教学标准体系内涵,从而把握省标教学标准体系与职业教育国家教学标准、职业学校实施性人才培养方案的上下衔接、承上启下的关系,吃透省专业指导性人才培养方案、专业核心课程标准、技能教学标准等标准体系的内涵,了解标准修订的原则和主要内容,及时落实课程、教学安排的调整,提高教师对教学标准掌握的透彻度。三是教学标准(方案)实施的校本化。在省内外专家指导下,学校——处室(系部)——教研组(备课组)三个层面,分工合作,依照职业教育国家、省教学标准的规定,制定校级层面的专业设置、课程设置、课堂教学和实践教学等相关校本化标准,形成校级层面的特色,推动区域形成校级层面的“用标”竞争。四是教学标准(方案)实施的“督改”。成立“学标、贯标、用标”专项督查领导小组,对处室(系部)教研组与教师落实教学标准情况进行常态化督查诊断与反馈改进,提高教师对教学标准应用的精准度。

表 5-3-1 中等职业教育教学标准文集(部分)

颁布部门	序号	教学标准名称
教育部教学标准体系	1	《中等职业学校专业目录及专业简介》(2010 年修订)及《〈中等职业学校专业目录〉增补专业》(2019 年公布)
	2	《中等职业学校专业教学标准》(共 230 个专业,第 1 批 95 个专业,第 2 批 135 个专业)
	3	《中等职业学校公共基础课程教学大纲》
	4	《中等职业学校专业基础课程教学大纲》
	5	《职业学校专业(类)顶岗实习标准》
	6	《职业学校专业仪器设备装备规范》
	7	《中等职业学校数学、信息技术课程、体育与健康课程、化学课程与物理课程等 5 门课程标准》
	8	《中等职业学校思想政治、语文、历史课程标准》(2020 年版)
省教育厅教学标准体系	9	《江苏省中等职业教育专业指导性人才培养方案》(共 74 个专业,第 1 批 36 个专业,第 2 批 26 个专业,第 3 批 12 个专业)
	10	《江苏省中等职业教育主要专业核心课程课程标准》(共 294 门,第 1 批 147 门,第 2 批 92 门,第 3 批 55 门)
	11	《江苏省中等职业教育第一批专业技能教学标准(试行)》(共 80 个专业,第 1 批 28 个专业,第 2 批 27 个专业,第 3 批 25 个专业)
	12	《江苏省中等职业学校学业水平考试德育、语文、数学、英语与计算机应用基础等 5 门课程考试大纲》

续表

颁布部门	序号	教学标准名称
省教育厅教学标准体系	13	《江苏省中等职业学校学生学业水平考试专业基础理论考试大纲与专业基本技能考试大纲》(共28个专业,第1批11个专业,第2批17个专业)
	14	《江苏省普通高校对口单独招生语文、数学、英语考试大纲》
	15	《江苏省普通高校对口单独招生专业综合理论考试大纲及专业技能考试标准》(共17个专业)
学校教学标准体系	16	《江苏省灌南中等专业学校实施性人才培养方案》(共19个专业)

(二)回归教学,提升教学标准实施的落实度

落实度是教学标准指向课堂教学(育人)的对接度。课堂教学是实现人才培养目标的基本载体,教学标准只有指导和规范教学(育人)指向才更有积极意义。回归教学,重要的是解决“为什么教——明白教什么——明确怎么教——检验教得怎样”的叩问。我校教学标准实施回归教学监管策略是:一是把握(用标)意义,提高(思想)站位。按照既定的课程标准和规范开展教学,以此弥合地域之间、校际之间教学质量的差距,缩短人才培养质量的差异。也唯有将课程标准落实到课堂中,落实到教师和学生的行为中,才能呼应以学习者为中心,以学生的全面发展、健康成长为出发点和归宿的课改走向。二是规范教学管理,减少随意性。教学标准与教学计划的核心内容是课程结构、各类课程的设置比例与递进关系。借助教学常态督查与抽查,“对标找差”,杜绝“四课”(开课、备课、上课、评课)随意性,克服中职校教学“跟着感觉走”的顽疾。三是构建“大思政”课程的格局,开展“三全育人”。创新“思政课程+课程思政”教学模式,推动专业课教学与思想政治理论课教学紧密结合、同向同行。四是打造团队“金课”,增加课堂吸引力。深化“三教”(教材、教法、教师)改革,分年度打造名教学团队系列金课,如线下“金课”、线上“金课”、线上线下混合式“金课”、虚拟仿真“金课”和社会实践“金课”,让课堂更能融入教学标准。五是以生为本,因材施教。通过专业教学标准、培养方案实施,促进教师的教学行为发生根本改变,明确学生应达到的知识、技能、能力素养等方面的学习结果,规范、引导教师自觉地在课前、课中、课后时刻对照课程标准“找差”,根据学生应该达到的学习结果来确定教学目标、设计教学过程、组织教学内容、评价学习成果。六是开发教学资源,内化标准。研发校本教材——激发教师用标表达课程标准,建设教学资源——激发教师在开发教学资源中吸收课程标准,鼓励教师参加各级教学大赛——激发教师在备赛资源运用中融入课程标准。

(三)诊断改进,提升教学标准实施的达成度

达成度是教学标准实施的质量达成程度。构建常态化的培养方案实施质量的教诊

改运行机制，是实现专业人才培养目标的重要载体。我校人才培养方案实施诊断改进监管策略是：一是构建教学质量教诊改保障机制。成立校、系两级教学质量保障组织机构，组建校、系和学生三级质量监控队伍，实施教学督导与教育督导相结合，常规督导与专项督导相融合，督教、督学与督管相联合，过程性督导与终结性督导相配合，全方位、多角度、各环节保障教学质量监控反馈改进工作常态化、长效化。二是加强教学质量教诊改保障制度建设。建立健全教学质量监控制度（教学督导制度、教学检查制度、教师贯标专查制度、学生网上评教制度等）和教学质量评价标准（培养方案实施标准、课堂贯标教学标准、考试考核评价标准等教学环节质量标准），以制度与标准来管理、以制度与标准来办学、以制度与标准来监督。三是推进教学质量教诊改保障信息化机制建设。借助“互联网＋教育”技术，建立教学质量信息反馈和持续改进机制，形成“目标管理—信息采集—监控管理—质量评价—反馈调控”的教学质量监控闭合系统，促进教学质量持续改进。四是推进培养方案实施质量教诊改评价标准建设。主要包括专业质量评价标准——开展专业建设诊断评估，确保产教融合“三对接”；课程质量评价标准——开展课程实施诊断评估，确保课程建设在专业人才培养中的核心地位；“双师”队伍质量评价标准——开展“双师”建设诊断评估，确保“双师”教学效率与育人质量；人才培养质量评价标准——开展学业水平（考试）、书证融通考核等诊断评估，确保人才培养质量。

第六章 “技道融合”主张的实践案例

职业教育人才培养之“道”是什么？“技”是什么？办职业学校，其目标是什么？其最高境界又是什么？这是我近三十年对职业教育人才培养问题的心中持续的追问。职业教育之技不仅仅是指技能的娴熟掌握、运用，还包括人对所从事的技术操作工作的崇尚、执着的思想情感。“技”是通向“道”的桥梁，“道”是“技”指向的目标。了解职业教育之“技”是接近“道”的方式，研究职业教育之“技”是认识“道”的方法，超越职业教育之“技”是领悟“道”的途径。本章共分三节内容：“以技载道”，文化育人，第一节主要论述了“技道融合”人才培养的教学主张的学校建设案例；专业结构与区域产业结构吻合发展是专业建设之道，第二节主要论述了“技道融合”人才培养的教学主张的专业建设案例；职业教育课程改革应追求技术（技能）修炼达到“道通为一”的境界，第三节主要论述了“技道融合”人才培养的教学主张的课程改革案例；多元互补、博采众长是职业教育“多元整合”课程模式的实施之道，第四节主要论述了“技道融合”人才培养的教学主张的课程模式案例；“生涯开发、知技并举”是职业教育教学实施之道，第五节主要论述了“技道融合”人才培养的教学主张的教学实施案例。

第一节 “技道融合”主张的学校建设案例

技者，技艺、技能、技术；道者，道理、道德、道路。道来源于技，技升华于道。道以技显，技因道进。技与道作为中国传统文化中的一对范畴，对于今天的职业教育办学和育人仍然有着重要的指导意义。“人能弘道，非道弘人”：职业教育是育人而不是“造器”；教天地人事，育生命自觉：传师道、行正道、弘大道；以职为志、转技为智、化性为德，共育人才。知行合一是职业教育的宗旨，动手动脑是职业教育的内涵，技术（技能）是职业教育的定位，崇尚技艺是职业教育的灵魂。职业教育必须高度重视文化育人，文化与技能必须同步发展，两条腿走路，构建文化育人共同体，厚植文化育人新环境，夯实文化育人基础。为此，职业学校应树立“德业兼修、技道并进”的学风，构建“以技载道、以文化人”的高品质育人体系。

“文化育人”视域下职业学校“技道整合”人才培养品质提升的本然追求①

文化育人是职业教育的重要功能，也是职业教育人才培养的内在要求。职业教育学校凝练和营造具有职业教育特征、聚焦育人和学校个性的校园文化，是形成具有职教特色、职业学校个性的文化育人体系的重要保障。“以技载道”，文化育人，职业学校应该追求怎样的“高品质的教育”？我们主张：高品质的职业教育的重要表征体现为回归教育本性：“以职为志(业)”、“转技为智”(变技术操作为艺术创作)、“化性为德”、“由技进道”，进入职业与教育之理想境界；培养幸福发展的教师、快乐成长的学生，即教师能够幸福、踏实地工作，学生能够快乐、健康地成长；师生生命个体能够自主发展、个性发展和可持续发展。

一、学校内涵发展——树立高品质的教育思想

有品质的职业学校发展必须依靠教育哲学的内隐和外显来引领师生树立正确的信仰，用信仰凝聚学校发展的力量，“内化于心，外化于行”。灌南中专的发展轨迹不仅反映了学校职业教育的学脉赓续，也演绎了“以技载道、以文化人”文化育人思想的传承与创新。这种文化育人的力量自觉或不自觉地流淌在师生言行之中，融入并逐渐形成学校的一种行动品质、一种精神追求。②

(一) 共树同“行”之道，体现为学校沉淀的管理文化

学校文化是学校发展积淀、形成共识的管理哲学，具有导向功能、凝聚功能、规范功能③。我校管理文化的核心是“勤行”文化育人：“自强不息、敬业好学”，“眼勤”“手勤”“嘴勤”“腿勤”“脑勤”，融入“严谨”“耐心”“踏实”“敬业”“精益”“专注”“创新”“拼搏”等方面的“工匠精神”培养导向。学校融入企业的“8S”现场员工管理要素(“整理”“整顿”“清扫”“清洁”“素养”“安全”“节约”“学习”)，推行“五场”共融育人：以“寝场”的现场育人——培养情感人，以“餐场”的现场育人——培养文明人，以“学场(教室)”的现场育人——培养文化人，以“工场(实训场所)”的现场育人——培养技能人，以“岗场(岗位现场)”的现场育人——培养职业人。④

(二) 共承同“成”之道，体现为学校凝练的办学理念

办学理念是职业学校发展的灵魂，是职业学校对办学理念的高品质思考。我校一直秉承“三成”(成长、成人、成功)的办学理念，始终坚持“一体两翼”(以中职全日制学历教育为主体，以开放教育和社会培训为两翼)的办学定位，坚持“为区域经济发展服务，

---

① 摘自拙作(题目作了微调，内容略作删改)：贾洪凯，周如俊，陆道华．提升办学品质 落实内涵发展[J]．江苏教育，2019(44)：18－21．

② 李其进．品质提升：学校内涵发展的本质追求[N]．江苏教育报，2018－10－17(003)．

③ 史亮，邵志豪，解庆福．基于教育家办学的学校品质提升的思考与实践[J]．中国教育学刊，2018(2)：53－56．

④ 周如俊．“8S”现场管理视角下中等职业学校的“校企文化”融合育人[J]．江苏教育研究，2015(11)：41－45．

为学生终身发展奠基”的办学宗旨，坚持“德技并修”“技以勤行”的育人原则，深化产教融合，实施特色办学、“双主体”协调育人，系统培养、多样成才，努力将学校办成“就业有优势”“创业有本领”“升学有渠道”“终身发展有基础”的“现代化、特色化、规范化、信息化”中职校，推进省中职校领航计划的“扎根江苏、引领全国、世界水平”建设。

（三）共施同“核”之道，体现为学校培养的人才站位

人才培养高品质发展通过学生能力与素养发展得以体现。随着智能化生产系统与行业、企业的高度融合，职业教育人才培养要培养具备智能化、数字化岗位需要的职业能力素质，具有跨学科、跨专业、跨产业、跨领域，能胜任现代制造业岗位的复合式技术（技能）型“智造人才”。[①] 我校在各专业实施性人才培养方案实施中，细化“人文底蕴”“科学精神”“学会学习”“健康生活”“责任担当”“实践创新”六大素养内容，融入核心思维（理性思维、批判思维、创新思维、合作性思维、可持续发展思维、自我管控思维）、核心能力（学习能力、生存能力、综合职业能力）、核心行为（家国情怀、责任意识、道德意识、廉洁意识）、核心精神（中国精神、工匠精神）的培养。[②]

二、教师内涵发展——突出高品质的专业引领

“人能弘道，非道弘人”，教天地人事，育生命自觉，教师之“道”在于修德为本，自我加强道术、学术、技术、艺术、仁术修炼，以技育道，道技相融，成为塑造学生品格、品行、品位的“大先生”。提升职业学校办学品质的关键在于教师对素质、品质和教育之道的追求。培养专业化的教师团队是职业学校品质提升的根本。《中等职业学校教师专业标准（试行）》（教师〔2013〕12 号）提出，教师专业化发展的基本理念是：“师德为先”“学生为本”“能力为重”“终身学习”。[③] 职业学校要着力从引发内需和外力驱动两个方面引领教师走上高品质的专业化成长之路。

（一）共激同“自”之道，体现为教师成长的“内动力”

内因是变化的根据。职业学校教师高品质的专业成长关键是激活教师的内驱动力。激活他们将教书育人作为教师个人精神的需求、个体成长的幸福“追求”。给予教师：一是“自飞”的专业成长，体现为教师教学的“自在”（教学思想、教学模式与教学实践同在）、教师教学的“自为”（教学思想、教学模式与教师人格同为）、教师教学的“自律”（教学思想、教学模式与教学行为同律）；二是“自主”的专业成长，体现为教师教育权利的“自选”（教育学生权利与教育内容同选）、教师教育评价的“自评”（管理学生评价与指导同评）、教师教育方式的“自用”（教育手段与诊断方式同用）；三是“自激”的专业成长，

---

① 周如俊．中等职业教育人才培养存在的问题与“转轨”策略——基于“中国制造 2025”视域[J]．职教论坛，2016(10)：26－32．

② 翁孝川．培养核心素养，职校生“以不变应万变”[N]．中国教育报，2016－08－30(007)．

③ 教育部．教育部关于印发《中等职业学校教师专业标准（试行）》的通知[Z]．教师[2013]12 号．2013－09－23．

体现为教师工作的“愉悦”与健康的心态投入同悦，教师“咖啡工间”休暇与各种跨学科、跨界的教育思想同撞，教师学术沙龙的品味新颖、新奇的想法与享受有品位的生活同感；四是“自研”的专业成长，体现为教师反思与研究的同趣、教师反思与写作的情怀同怀、教师行动与体悟的激情同悟。①

(二) 共构同“培”之道，体现为学校培养的“外驱力”

外因是变化的条件。我校加强教师系统化分层次培养，实施教师培养“五大工程”。一是专业(学科)带头人培养工程，突出名师工作室共同体的个人自主发展、平台交流展示、团队共同提高；二是骨干教师培养工程，突出名师引领、在职培训、出国进修、各类大赛等途径培养；三是实施“双师型”教师培养工程，建立专业教师企业实践培养培训资源库，培养培训教师理论知识系统化、技能知识实践化、教育理念国际化、教学手段现代化；四是校企岗位互换工程，实施校企教师、技术人员“岗位互换、双岗双责”，“双向挂职、横向联合技术研发”；五是全员能力提升工程，全面落实五年一周期的教师全员培训制度，构建网络环境下教师全员参与、同伴互助、网络教研的“学习研究共同体”，提高教师德育工作能力、专业教学能力、实训指导能力、创新创业能力、合作交流能力、组织管理能力。

三、学生内涵发展——开展高品质的成长教育职业教育

人才培养既是“学技之道”，更是“成人之道”，通过对学生的本能改造和潜能开发以臻于人性的完善和人才的成就。职业学校的办学品质最终指向学生的内涵发展。职业教育要以职为志，转识为智，化技为艺，由技进道，培养“专”(扎实的专业知识和技能)、“知”(正常发展的智力与职业能力)、“能”(良好的“德技双馨”素养)、“善”(豁达和善的道德修养)、“健”(健康和谐的身心)、“雅”(绅士淑女般的言行举止和正确的审美意识)的高品质学生，②这是衡量职业学校办学品质的关键指标。

(一) 共订同“(素)养”之道，体现为学生培养的“品质素养”

学生高品质的成长教育，归根到底是要促进学生全面发展、健康成长，形成适应社会与经济发展的良好品格。我校从健全“德技并修、工学结合”的育人机制开始，关注学生核心素养(学生应具备的、能够适应其终身发展和社会发展需要的必备品格和关键能力)的培养，开展“七个一”品质素养(一个求真向善的立人品质，一门娴熟精湛的立业技能，一口标准流利的普通话，一种便于交流的外语常用语，一手规范工整的钢笔字，一套职业行为的社交礼仪，一项出类拔萃的个人特长)培养，着力于学生品格提升。

---

① 周如俊.“咖啡工间”之于教师管理[J].江西教育，2011(Z2)：59.

② 周如俊，董振.“六个对接”视角下中等职业学校专业建设的实践研究——以船舶制造与修理专业为例[J].江苏教育研究，2014(24)：77－80.

(二) 共筑同“场”之道,体现为学校营造的“品质环境”

学校环境是职业学校的“教育场”,是学校精神、活动、秩序和环境的集中体现。我校构建了“三化”共融的育人环境,更多地融入了对职业特征、职业技能、职业道德和职业人文素质的潜移默化的培养:一是打造优秀的环境文化,实施校园文化“视觉化、落地化、上墙化、标识化”四项工程;二是打造渗透性的专业文化,着力产业文化、工业文化、企业文化的融合建设,形成独具特色的专业文化;三是打造德育性的活动文化,建构主题教育、社团建设、课程渗透、课外活动、社会实践“五位一体”机制,有效开展“体育文化节”“艺术文化节”“技能文化节”三大专题活动,提高全员、全过程、全方位育人能力。①

(三) 共推同“课”之道,体现为学校开设的“品质课程”

课程建设是职业学校品质发展的核心动力。高品质的职业学校,必须建立一套高品质的课程体系。我校构建了以工作岗位对职业能力培养要求为导向的素质教育课程体系,采取“公共基础课程+专业技能课程+个性化课程”的组合方式,推行德育课程、文化课程与专业技能课程渗透式融合,技术理论知识与技术实践知识整合式融合,学历证书与职业资格证书、培训证书嵌入式融合,中职课程与高职课程衔接式融合,②突出现代意义上的职业能力(主要涵盖专业能力、方法能力、社会能力)培养,既指向国家课程的落实,凸显学生的全面发展,又指向地方课程和校本课程的落实,体现学生的个性发展。

(四) 共建同“智”之道,体现为学校推行的“品质课堂”

职业学校高品质教育的关键环节在课堂。当前职业教育课堂教学将从知识与技能的单向传递走向知识与技能的处理和转换。我校提倡“让学生站在课堂中央”,努力实现技术与教学充分融合,寻找教与学“互动”“交互”的最佳契合点③,实现教学效果的最大化、最优化,极大提升了课堂教学的品质。一是创建了智慧校园,初步实现了智慧教学、智慧学习、智慧管理、智慧生活;二是建造了智慧教室,搭建成互联网课程为中心、集成网络教与学的一体化网络教学平台及资源库平台;三是构建了智慧课堂,推动互联网信息技术支持下的线上线下相结合的混合式教学模式改革;四是推进了智慧实训,借助 VR、AR 等各类信息技术和人工智能技术实施智能化职业体验情景教学。

---

① 周如俊,陆道华,汪杰.“四化”融合 文化育人江苏省灌南中等专业学校国示范校园文化特色项目介绍[J].江苏教育,2013(48):15-17.

② 周如俊.素质教育视角下中等职业学校课程体系的构建——以机电技术应用专业为例[J].江苏教育研究,2014(3C):69-74.

③ 张祺午.职业教育如何应对人工智能时代[J].职业技术教育,2017,38(21):1.

第二节　“技能融合”主张的专业建设案例

职业教育人才培养的最高境界乃是学生对技术(技能)之道的把握。同样，职业学校专业建设之道的最高境界就是“有所为有所不为”“差异化发展”“错位升级”。职业学校的发展离不开经济的发展，离不开产业的发展。“有所为”即职业学校专业设置不盲目追求大众化、不随意新设一时的所谓“热门专业”，而是要重心下移、对接地方，围绕以区域优势、特色产业为内核的产业链，努力形成专业链(群)，在一个或者多个专业群集成、放大，实现专业设置与产业、企业需求的对接。“有所不为”即要依据专业招生、就业及社会服务等因素，果断“关、停、并、转”处于产业发展衰退期、技术上没有升级换代可能性或者进口、出口两头不畅的专业，形成落后就自然淘汰的机制。① 因此产业的发展和结构的调整决定了职业学校发展的规模、速度以及专业设置。如何确定职业学校专业结构与产业结构吻合度评定指标，科学优化和调整专业结构、推进职业学校健康持续发展，增强职业学校服务经济建设的能力，是当前职业学校研究的热点问题。

“吻合度”视域下职业学校“技道融合”人才培养的专业评价的指标研究②

职业学校的主要功能就是为经济建设服务，因而专业设置要与区域经济发展的状况同步或匹配，职业学校专业结构必须与区域产业结构相吻合。当前我国正处于产业结构调整时期，各地都在根据当地的资源、技术、经济等实际情况，因地制宜地规划适合本地社会经济发展的产业结构。为适应产业结构调整的需求，职业学校应做好对产业结构调整的分析工作，选择专业种类，合理安排专业结构，使之与产业结构相匹配。本节试从结构关系、供求关系、动静关系、质量关系等方面解析职业学校专业结构与产业结构吻合度内涵，并基于直观性、易操作性等提出了专业结构与产业结构吻合度评定指标，得出了一些建设性结论。

一、专业结构与产业结构吻合度内涵

产业结构是指各产业的构成及各产业之间的联系和比例关系。常见的产业结构分类是按三次产业划分，也就是将国民经济中的产业部门分为第一次产业、第二次产业和第三次产业，每次产业又包括若干行业，行业又按大类、中类和小类三个层次划分。专业结构是指职业学校专业构成及各专业之间的联系和比例关系。职业学校专业设置的主要依据是产业(行业)或者职业岗位(工种)对人力资源的需求。所谓专业结构与产业

---

① 任占营.专业建设是提升人才培养质量着力点[N].中国教育报，2016-01-26(004).

② 摘自拙作(题目作了微调，内容略作删改)：潘玉山，周如俊.职业学校专业结构与产业结构吻合度评定指标的研究[J].职业教育研究，2015(12)：21-26.

结构吻合度，系指职业学校的专业布局、规模、质量等结构性发展要素，与区域产业结构对接的一致程度，主要体现在宏观与微观两个层面。前者体现在“三个维度”：专业对产业发展的敏感度、专业对企业用人的贡献度、专业对职业岗位的覆盖度。后者主要体现为“四联六接”专业模式（如图 6－2－1 所示）。[①] “四联”机制即：学校与企业联盟——以企业联盟为基础，实行订单培养联盟；与行业联合——建有以行业专家和职业教育专家为主体的专业建设指导委员会，联合制定专业建设标准、职业岗位标准；与园区联结——以园区为依托，对接人才数量规模与质量培养；与基地联建——与企业合作建立实训基地。“六接”模式即培养目标与职业标准对接、专业与产业对接、课程内容与职业标准对接、教学过程与生产过程对接、学历证书与职业资格证书对接、职业教育与终身学习对接，不断增强专业教育服务经济社会发展的针对性和实效性。

为此，要准确地描述专业结构与产业结构吻合度，必须从多角度综合分析，既要从定性上分析其吻合度，更要从定量上去分析其吻合度。从宏观层面角度考虑，吻合度内涵可以从以下四个方面去理解。

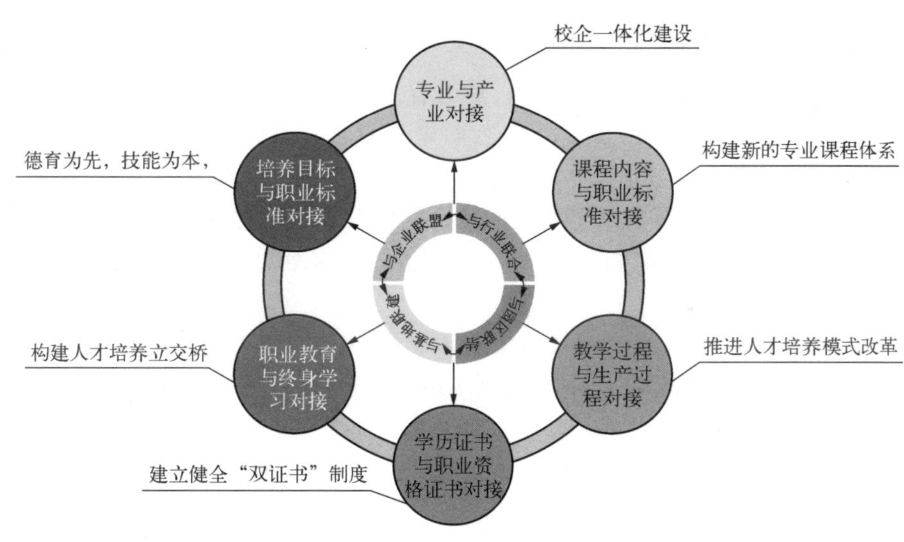

图 6－2－1 “四联六接”专业建设模式

（一）结构关系

即专业构成是否匹配三次产业需求构成，是否适应行业大类和中类需求构成，是否

① 周如俊．中等职业学校专业升级改造的策略研究——基于产业结构调整的视角[J]．职业教育研究，2014(12)：39－42．

适应行业小类或细类需求构成。就字面看，结构就是组成整体的各部分的搭配和安排，就是一种宏观布局，专业结构合理与否更多的是对教育行政管理部门提出的客观要求。从可持续性发展看，只有结构关系协调时职业教育才可能健康发展，当出现不协调或不匹配时，教育资源和人力资源会不可避免地造成浪费。因此，区域职业学校的规模布局、专业设置状况、专业人才培养结构等发展要素与三次产业和行业分布情况、从业人员就业结构的匹配度，是考察区域职业学校专业结构与产业结构吻合度的重要指标。

（二）供求关系

即各次产业对人力资源需求总量与职业学校提供的各类专业人才总量是否匹配；各行业对人力资源需求与职业学校提供的相应专业人才是否匹配；经济社会所提供职业岗位或职业工种与职业学校提供的相应专业人才是否匹配。职业教育与经济是紧密联系的，职业学校的专业建设需要关注教育资源的供给、经济发展以及学生自身的需求情况。依据经济学中的供求理论，各类专业人才的供与求需要维持一个均衡状态，供大于求或供小于求均是不合理的。在人力总资源不足，或“人口红利”渐去的情况下，必须防止某个(类)专业人才供大于求。

（三）动静关系

即动与静是相对的，动中有静，静中有动。第一产业相对于第二、三产业，传统产业相对于新兴产业，一般产业相对于政府重点支持产业，本地产业相对于引入与移出产业，大中型企业相对于小微企业等，前者对人才的需求一般相对稳定，后者则变化较大。同样，职业学校所培养人才规格，表面上看是稳定不变的，但也可以通过专业改革对课程或课程内容进行局部调整，因此人才培养目标又处在动态调整之中。

（四）质量关系

即产业对从业人员技术规格要求和职业学校人才培养规格是否相适应。在一定时期内，不同行业、规模、性质企业从业人员的学历层次构成、职业资格等级构成等往往维持在一个合理的结构状态。随着产业优化与调整，新技术、新工艺应用等，企业对从业人员必定会提出新的技术规格要求，并过渡到一个新的合理的结构状态。因此，职业学校必须适应这种变化，准确定位人才培养规格，培养与企业从业人员学历层次结构、职业资格等级结构等相协调的毕业生。

二、专业结构与产业结构吻合度评定指标

为了便于抓住问题的主要方面，简化分析，作以下假设：行业企业从业人员人才就业结构相近；区域内各职业学校相同专业培养目标一致，并采用相同（或相近）的专业课程体系和课程大纲；相同专业不同学生的职业能力或技能水平一致或大体相当，均为合格的职业学校毕业生；相同专业学生服务的行业、岗位（工种）相对固定；区域内各职业学校专业名称和专业类别划分符合《中等职业学校专业目录》(2010 年修订)(注：现为《中等职业学校专业目录》(2019 年修订))规定；区域内产业（行业）划分符合《国民经济

行业分类》(GB/T4754－2002)要求;不考虑外地从业者流入和社会培训人员(农村劳动力、下岗员工等)转移的影响,行业企业人力资源主要来自于职业学校毕业生。由此,将评定指标划分为结构性吻合度、规模性吻合度和质量性吻合度。

(一)结构性吻合度

结构性吻合度即为专业服务的产业(行业)或职业岗位(工种)程度,用专业覆盖率、职业岗位(工种)覆盖率、专业重复率以及专业人才结构偏离度四个指标来描述。

1. 专业覆盖率 ϕ。也就是专业在行业中覆盖率,即域内职业学校所设专业服务的行业总数与该区域内产业涉及的行业总数,用公式表示为:

$$\begin{array}{l}\text{专业在行业中覆盖率}\\ (\text{专业覆盖率 }\phi)\end{array}=\frac{\text{区域职业学校所设专业服务行业总数}(N_1)}{\text{区域产业涉及的行业总数}(N)}$$

例如,表 6－2－1 列出了某区域产业(行业)及职业学校所设专业情况。根据专业覆盖率计算公式,则该区域专业覆盖率为 $\phi=\frac{22}{61}=36\%$ 。

表 6－2－1 某区域专业覆盖率计算分析表

序号	区域内所涉及的产业(行业)	区域内职业学校所设专业	结构评判
1	农业	种子生产与经营	1
2	林业	无	0
3	通用设备制造业	机械加工技术、数控技术应用、焊接技术应用、模具制造技术、机电技术应用	1
4	交通运输设备制造业	汽车运用与维修、船舶制造与修理	1
5	电气机械及器材制造业	电机电器制造与维修	1
6	通信设备、计算机及其他电子设备制造业	电子技术应用	1
7	仪器仪表及文化、办公用机械制造业	工业自动化仪表及应用	1
8	房屋和上木工程建筑业	建筑工程施工	1
9	建筑安装业	楼宇智能化设备安装与运行	1
10	道路运输业	无	0
11	水上运输业	船舶驾驶、轮机管理	1
12	管道运输业	无	0

续表

序号	区域内所涉及的产业(行业)	区域内职业学校所设专业	结构评判
13	装卸搬运和其他运输服务业	无	0
14	计算机服务业	计算机应用、计算机网络技术、软件与信息服务	1
15	批发和零售业	无	0
16	住宿业	酒店服务与管理	1
17	餐饮业	中餐烹饪	1
18	金融业	无	0
……			
60	银行业	会计、会计电算化	1
61	租赁和商务服务业	电子商务、文秘	1
合计	61	/	22

专业覆盖率反映区域内职业学校所设置的专业是否满足区域产业(行业)结构需求。ϕ 越高,专业服务的行业总数越多,学校服务功能越强,但所设专业种类增多,对职业学校办学要求也相应提高,反之亦反。合理的专业覆盖率应与区域大小相适应,区域越小,ϕ 应减小,区域越大,ϕ 也应增大。

2. 职业岗位(工种)覆盖率 γ。即区域内职业学校所设专业涉及的岗位(工种)总数与该区域可供选择的岗位(工种)总数,用公式表示为:

$$职业岗位(工种)覆盖率\ \gamma=\frac{区域职业学校所设专业涉及岗位(工种)总数(T_1)}{区域可供选择岗位(工种)总数(T)}$$

职业岗位(工种)覆盖率是从另一面反映结构性吻合度,因为相同的产业(行业)可能涉及多个不同的职业工种,相同工种可以进入不同行业,它直接反映职业学校学生专业技能是否满足区域内职业岗位(工种)要求。γ 越高,专业所服务的职业岗位(工种)数就越大,学校培养的针对性就越强,反之亦反。同专业覆盖率一样,区域内职业岗位(工种)覆盖率也应保持在合理范围内。

3. 专业重复率 κ。即区域内职业学校某个专业布点数与职业学校布点数之比,用公式表示为:

$$专业重复率\ \kappa=\frac{区域职业学校某专业布点数(L)}{区域内职业学校布点数(M)}$$

显然,专业重复率越大,设置该专业的职业学校就越多,教学资源重复投入越大,设置新专业的能力就越弱。当然，不是专业重复率越小越好，对于一些社会需求量比较大的专业，维持合适的重复率也是必要的。此外，专业重复率与区域内职业学校布点数有关，因此，相同专业在不同区域合适的重复率是不同的。

例如某职业学校基于区域机电类专业重复率为100%的情况下进行优化升级改造（如表6－2－2所示）。按照专业建设流程（如图6－2－2所示），对传统产业的机电、数控等专业进行改造、拓展、重组与升级，更新原有专业内容（教学内容、教学设施等），拓展原有专业功能（对原有具有诸多优势的专业进行分化、重组、开发以形成专业群）[①]，创建船舶焊接技术、船舶机械（配件）加工、船舶电气控制等三大实训中心，复合原有专业结构（通过相关专业的有机组合，拓展成全新专业），打造船舶类特色专业群，拓展了社会服务能力。[②]

表6－2－2 专业升级改造一览表

<table>
<tr><th>专业升级改造总原则</th><th colspan="2">升级改造前专业及专门化方向</th><th colspan="2">升级改造后专业及专门化方向</th><th>升级改造前专业建设水平</th><th>升级改造后专业建设水平</th></tr>
<tr><td rowspan="6">动态组合优化改造拓展升级</td><td rowspan="2">机电技术应用</td><td>机电产品维修（焊接）</td><td rowspan="6">船舶制造与修理</td><td rowspan="2">船舶焊接技术（更新）</td><td rowspan="6">省职业教育示范专业、省职业教育品牌专业、江苏省职业教育实训基地</td><td rowspan="6">省职业教育高水平示范性实训基地、省职业教育特色专业</td></tr>
<tr><td>机电设备安装与调试</td></tr>
<tr><td rowspan="2">数控技术应用</td><td>数控车削加工</td><td rowspan="2">船舶机械（配件）加工（重组）</td></tr>
<tr><td>数据机床装调与维护</td></tr>
<tr><td rowspan="2">电气运行与控制</td><td>电气控制系统运行与维修</td><td rowspan="2">船舶电气控制技术（拓展）</td></tr>
<tr><td>电气设备安装与维护</td></tr>
</table>

① 徐昭．高职院校专业设置与改造的研究与探索[J]．武汉职业技术学院学报，2005(6)：35－37＋50．

② 周如俊．中等职业学校专业升级改造的策略研究——基于产业结构调整的视角[J]．职业教育研究．2014(12)：39－42．

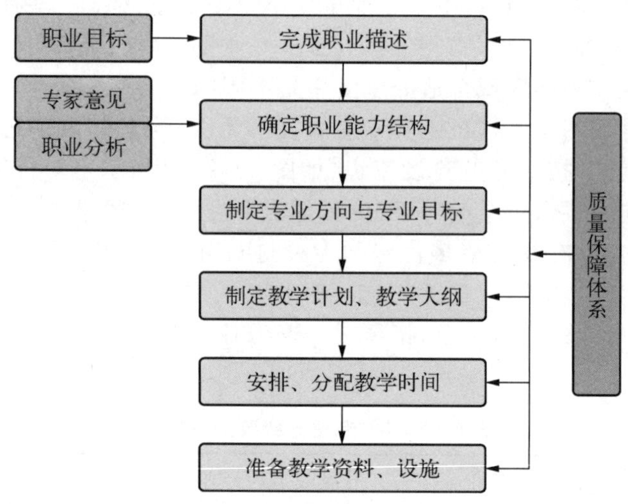

图 6－2－2　专业升级教学开发

4. 专业人才结构偏离度 S_i。即职业学校专业人才结构与相应产业(行业)从业人员就业结构之比减 1,用公式表示为:

$$S_i = \frac{\text{职业学校专业人才结构}\ \theta}{\text{相应产业(行业)从业人员就业结构}\ \omega} - 1$$

其中,$\theta = L_i/L$(L_i表示与第 i 产业(行业)对应职业学校专业人才毕业生数量,L 表示职业学校专业人才毕业生总量);

$\omega = Y_i/Y$(Y_i表示第 i 产业(行业)的从业人员,Y 表示产业(行业)从业人员总数)。

根据专业人才结构偏离度的计算公式,如果 $S_i = 0$,则从业人员就业结构与职业学校毕业专业人才结构是完全协调的,不存在偏离问题;如果 $S_i > 0$,则该产业(行业)人才供给过多,应该移出产业(行业)不需要的人才;如果 $S_i < 0$,则该产业(行业)人才供给不足,应该吸纳所需人才。若偏离系数变化趋向于 0,说明两结构的协调性得到改善,是相互促进的。反之,偏离度系数偏离 0 越远,即正值越大、负值越小,说明两结构间的协调程度越差,即两者的结构越不能互相匹配,不能满足相互的需要。

当然,当 $S_i = 0$,也不能说明产业内或行业内细分行业从业人员就业结构与职业学校毕业专业人才结构是协调的,还需进一步分析。

实际情况是,从业人员就业结构的调整会引起劳动者的结构性失业,从而促使劳动者接受再培训,改善其能力结构,提高其专业技术熟练程度,以适应新的劳动岗位的需求。从业人员就业结构的变动趋势,要求职业学校培养的人才专业类型和规格应当与未来一段时期内从业人员的就业结构变化保持一种动态的平衡,以促进毕业生的顺利就业。

(二)规模性吻合度

规模性吻合度从供求关系反映专业结构与产业结构吻合度,用供求倍率和离差平方和两个指标描述。

1. 供求倍率。即职业学校人才供给数与用人单位人才需求数之比,分(当年)总供求倍率和(当年)分行业(或岗位工种)供求倍率。(当年)总供求倍率 τ 是指(当年)职业学校毕业生总数与(当年)用人单位能吸纳职业学校毕业生总数之比;(当年)分行业供求倍率 τ_i 是指(当年)相关行业对应专业职业学校毕业生总数与(当年)相关行业对职业学校相关专业学生需求总数之比,(当年)职业岗位(工种)供求率 τ_j 是指(当年)相关岗位(工种)职业学校毕业生总数与(当年)相关职业岗位(工种)需求人数之比,用公式分别表示为:

$$(当年)总供求倍率\ \tau = \frac{(当年)职业学校毕业生人总数(S)}{(当年)用人单位能吸纳职业学校毕业生总数(P)}$$

$$(当年)分行业供求倍率\ \tau_i = \frac{(当年)相关行业对应专业职业学校毕业生总数(Sh)}{(当年)相关行业对职业学校相关专业学生需求总数(Ph)} = \frac{1}{N}\sum_{i=1}^{N}\tau_i$$

$$(当年)职业岗位(工种)供求倍率\ \tau_J = \frac{(当年)相关岗位(工种)职业学校毕业生人数(Sg)}{(当年)相关职业岗位(工种)需求人数(Pg)} = \frac{1}{N}\sum_{i=1}^{N}\tau_i$$

供求倍率反映人力资源供方和需方在数量方面是否吻合,显然,当供求倍率为1时,说明供需平衡,这是最理想状态;当供求倍率大于1时,供大于求,说明人力资源过剩,可以通过向区域外输出或者调整专业设置、调整专业技能培养方向、优化专业招生人数等手段维持供需平衡;当供求倍率小于1时,供小于求,说明人力资源不足,可以通过向区域外输入或者调整专业设置、优化专业招生人数等手段维持供需平衡。

(当年)总供求倍率是从宏观角度反映供求关系,而(当年)分行业(或岗位工种)供求倍率则是从微观角度反映供求关系。如果要同时考虑宏观和微观两方面,则需要用离差平方和这个评定指标。

2. 离差平方和 ζ。分产业(行业)维度离差平方和与职业岗位(工种)维度离差平方和。

图 6-2-3 为产业(行业)维度人才供需曲线,实线为产业(行业)人才需求曲线,虚线为专业对产业(行业)人才供给曲线。产业(行业)维度离差平方和 ζ_h 定义为各产业(行业)人才供求数差平方和,用公式表示为:

$$\zeta_h = \sum (Ph_i - Sh_i)^2$$

其中：Ph_i——第 i 个产业（行业）人才需求数；

Sh_i——专业对第 i 个产业（行业）人才供给数。

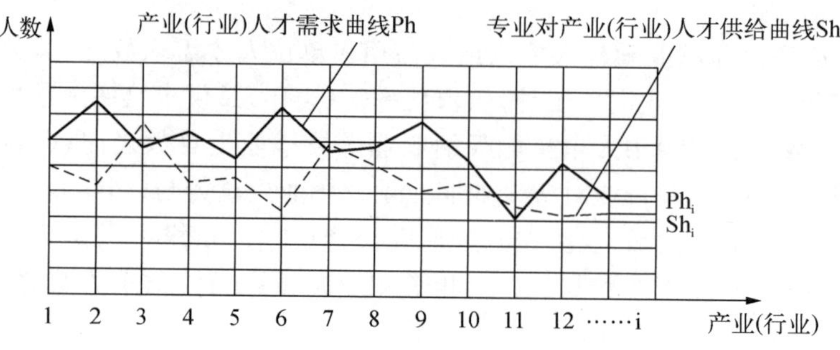

图 6-2-3　产业(行业)维度人才供需曲线

显然，产业（行业）维度离差平方和 ζ_h 最小值为零，说明供需曲线完全一致，这是一种理想情况。实践情况是 ζ_h 均大于零，当 ζ_h 值越大，说明数量吻合度越低，职业学校需要通过调整专业设置、调节相关专业招生人数等手段降低 ζ_h 值，使 ζ_h 处于合适的水平上。

同样，职业岗位（工种）维度离差平方和 ζ_g 定义为各职业岗位（工种）人才供求数差平方和，用公式表示为：

$$\zeta_g = \sum (Pg_i - Sg_i)^2$$

其中：Pgi——第 i 个职业岗位（工种）人才需求数

Sgi——专业对第 i 个职业岗位（工种）人才供给数

当 ζ_g 值越大，说明数量吻合度越低，职业学校通过调整专业设置、调节相关专业招生人数、调节相关职业工种培训数量等手段，降低 ζ_g 值，使 ζ_g 回归到合适的水平上。

(三) 质量性吻合度

质量性吻合度即为职业学校人才培养水平和培养目标达成情况与产业对人才规格需求的吻合度，用就业率和满意度作为评价指标。

1. 就业率。按评价范围，就业率应包括（当年）就业率、（当年）专业对口就业率和（当年）专业平均对口就业率三项指标。

（当年）就业率 λ 定义为（当年）职业学校各专业毕业生进入就业岗位总人数与（当年）职业学校各专业毕业生总数之比，用公式表示为：

$$\text{（当年）就业率}\,\lambda = \frac{\text{（当年）职业学校各专业毕业生进入就业岗位总人数}}{\text{（当年）职业学校各专业毕业生总数}}$$

显然，（当年）就业率 λ 越高，职业学校人才培养平均水平越高，培养目标总体上满足用人单位需求，但不能完全反映职业学校专业设置合理，专业建设成效突出。

(当年)专业对口就业率λ_{fi}定义为(当年)职业学校相关专业毕业生进入对口岗位总人数与(当年)职业学校相关专业毕业生总人数之比;(当年)专业平均对口就业率λ_f定义为(当年)职业学校各专业毕业生进入对口岗位总人数与(当年)职业学校各专业毕业生总数之比,用公式分别表示为:

$$\text{(当年)专业对口就业率}\lambda_{fi}=\frac{\text{(当年)职业学校相关专业毕业生进入对口岗位总人数}}{\text{(当年)职业学校相关专业毕业生总数}}$$

$$\text{(当年)专业平均对口就业率}\lambda_f=\frac{\text{(当年)职业学校各专业毕业生进入对口岗位总人数}}{\text{(当年)职业学校各专业毕业生总数}}=\frac{1}{N}\sum_{N}\lambda_{fi}$$

从上述两公式不难看出专业对口就业率与专业平均对口就业率的关系,专业平均对口就业率反映职业学校专业建设、人才培养平均水平,专业对口就业率仅反映该专业建设水平和人才培养能力,对口就业率越高,表明职业学校专业与产业用人需求吻合度越高。

2. 满意度。满意度包括学生对用人单位或岗位、学校的满意度和用人单位对学生、学校的满意度,可定义为评判为“满意”被调查对象数占被调查对象总数比重。

学生对用人单位或岗位的满意度是学生对用人单位的性质和岗位工作环境、单位地理位置和周边经济环境、单位文化及激励机制、单位提供薪酬与福利、培训及升职晋升的机会、单位的效益与发展潜力、专业是否对口、领导重视程度、是否能实现自身价值、人际关系融洽等方面期望和要求的综合反映。

学生对学校的满意度是学生对学校提供的教师队伍、实训基地等教育资源,提供的教育教学过程,以及对自己的职业素养形成、职业能力提升、就业与升学的期望实现,以及入学率、报到率等方面的综合反映。

用人单位对学生的满意度是用人单位对学生的自我调控的能力、与他人相处的能力、适应环境的能力、表达与表现的能力、实践与操作实施能力、学习与创新开拓能力、组织与影响他人能力、工作责任心、理想信念与道德自律、团队合作精神、执行能力等方面期望和要求的综合反映。

用人单位对学校的满意度是用人单位对学校的专业定位、人才培养规格、课程改革、教学改革、教育教学评价以及校企合作深度等方面期望和要求的综合反映。

三、对评定指标的思考

综合上述分析,我们从中得到以下几个结论:

(一)评定指标的整合性

专业结构是否与产业结构吻合,不能仅用某一个方面或者某一项评定指标来评价,当某一项评定指标合格或者完全吻合时，不能说明区域内专业结构与产业结构完全吻合。如专业对口就业率为100%，不能说明职业学校专业能满足区域内所有产业需求。因此，研究职业学校专业结构与产业结构吻合度时还要整合指标中“三个度”：专业规划与区域支柱经济发展的协调度，专业设置与区域经济发展契合的紧密度，专业服务与被服务对象参与职教发展的参与度。

（二）评定指标的相对性

从理论上看，专业结构与产业结构不可能完全吻合，只能是相对吻合。这主要因为职业学校专业结构与产业结构的吻合过程，是一个包含产业结构、就业结构、人才数量及规格的需求等要素间的动态的平衡过程，是不断的由不适应到适应，再由新的不适应到新的适应的过程。因此，调整完善职业学校区域布局，适时、合理地调整职业学校专业结构，健全专业随产业发展动态调整机制，增强与区域产业结构的吻合程度，是科学规划区域职业学校可持续发展的重大课题。

（三）评定指标的区域性

专业结构与产业结构吻合度与区域大小密切关联，有时在较小区域内是严重不吻合的，但在较大区域内又是相对吻合的。这就要求职业学校行政部门以及职业学校本身合理利用区域资源优势，科学规划专业布局。然而，当考虑的区域范围太大时，也会因此丢掉职业学校必须为地方经济发展服务的出发点，职业学校也会因此失去它的地方特色。

（四）评定指标的交互性

专业结构与产业结构吻合度指标研究的正向作用对区域校企双方是互利促进作用。因此职业学校和相关产业、企业、职业要根据生产岗位（群）的要求，参照相关的职业资格标准，将技术标准与教育标准结合，建立起适合行业需要的岗位能力体系、教学体系和评价体系，实现课程内容与行业标准、教学要求与岗位能力、实训设备配备与生产设备要求、学习环境与生产环境、学生素质养成与对现代知识型工人要求的沟通与融合。

（五）评定指标的警戒性

相关就业率的质量性吻合度指标，可参照1998年《国际统计年鉴》所颁布的标准，即失业率在2.9%以下的为无警区，3%—4.9%为轻警区，5%—8.9%为中警区，9%—14%为重警区，15%以上为巨警区。因此职业学校毕业生就业率、对口就业率、毕业生对学校教育的满意度、社会用人单位对毕业生的满意度等也作为衡量职业学校专业结构与产业结构吻合度的重要依据。

（六）评定指标的关联性

专业结构与产业结构吻合度也会受到劳动力转移、区域内外劳动力流入（出）、传统就业观念等因素影响。因此，要维持合适的吻合度，职业学校要广泛开展社会调研，实时了解人力资源需求状况，积极引导培训对象选择合适专业。

（七）评定指标的局限性

用某一类教育人才结构，如中等职业教育、高等职业教育或高等教育，去吻合产业结构或就业结构本身就存在的缺陷。不同类教育的人才职业面向是不一致的，中职教育人才面向的是生产一线操作岗位，高等教育人才则主要面向科学研究岗位。同样，不同行业对人才规格需求也是不一致的，如教育行业主要是引入本科层次及以上人才，而小微企业能吸引的主要是中高职技术（技能）型人才。因此，在研究评定指标具体数量时，必须考虑专业人才职业面向和行业特点，去伪存真。

第三节 “技能融合”主张的课程体系案例

“融技于道”是人才培养永恒追求的理想境界，“技近乎道”是人才培养的直觉体悟，“技道合一”是职业教育人才培养的“道法自然”。“技”是体悟“道”之法，也是技艺精进的过程，更是学生心灵成长、境界转换的过程。职业教育课程模式的发展，深受技术逻辑的内在影响。有什么样的技术逻辑，就会产生什么样的课程模式：随着从学科本位到能力本位再到工作过程本位、人格本位、素养本位的转换，学科课程与职业课程整合的实践分别以专业基础课、模块式课程和整合式课程的形式呈现，其间积累了丰富的经验。职业教育首先是一种专业技能教育，但也不应偏废通识教育，职业教育课程改革应将学科体系与行动体系辩证融合，理论与实践（外显与内隐）并重，实现技术（技能）知识理论形态与经验形态的融合存在的意义和技术（技能）修炼达到“道通为一”的境界。当前中职校课程改革存在崇“外（国外职业教育）”、迷“项（项目课程）”、否“传（传统学科课程）”的误区，有必要从哲学视域澄清课程改革中课程“重构”的“五个融合”价值取向。

哲学视域下对职业教育“技道融合”人才培养的课程体系融合的审视[①]

当前，中职校课程改革的聚焦点之一是课程建设应建立在传统意义上的学科体系的解构和现代意义上的行动体系的重构之上。“解构”即如何打破以学科为本位的三段式课程模式；“重构”是指建构整合一种以“行动体系课程”为主体的适应职业教育的项目课程，并向学习领域课程转变。然而随着项目课程改革而来的、带有浓厚西方色彩的“项目教学”究竟是否有效？它与我国传统的“学科课程”“学科教学”有什么关系？中职校课程“重构”是以认知性知识的掌握为主，还是以习得性知识的获得为主？是强调静态的认知结果，还是强调动态的习得过程？换言之，中职校课程改革是固守学科理论导向课程，还是遵循实践“行动导向”课程？是固守“行动导向”课程，还是向“学习领域”课

① 摘自拙作（题目作了微调，内容略作删改）：周如俊，李伟．哲学视域下对中职校课改中“五个融合”的审视[J]．职教通讯．2011(9)：71－76（此文被人大复印资料《职业技术教育》2011年第10期全文转载）．

程融合？是开展课改的一种统领模式，还是开展区域性校本模式？当前中职校对课程“解构”与“重构”的研究还存在极大的误区，对此，对中职校课程改革有必要重新审视、辩证看待。

一、学科课程与项目课程间的“扬弃重构”融合

“扬弃重构”指以行动体系为主的项目课程对传统学科体系课程的既抛弃又保留、既克服又继承的关系。扬弃是通过两种课程体系的内在矛盾运动而进行的自我否定，是课改联系的环节和发展的环节。联系的环节体现了项目课程对学科课程的发扬、保留和继承，这是“扬”的过程，是课程发展的连续性。发展的环节体现了项目课程对学科课程的抛弃、克服，这是“弃”的过程，是课程发展中的非连续性。唯物辩证法的扬弃观要求中职校课程改革中要具体问题具体分析，不能简单地肯定一切或否定一切，不能犯片面性和绝对化的错误。[①] 为此，中职校课程改革要打破以学科为本位的三段式课程模式，重构以“三以一化”（以能力为本位、以职业实践为主线、以项目课程为主体）为特征的模块化课程体系，是当前中职校课改的“必须”。但是目前项目化课程改革的一种偏极的思维就是将职业教育等同于“职业培训”，在课改中企图取消或全盘否定学科课程。[②]

根据知识发生原理，学校教育的课程内容可分为两大类，一类是认知性知识，一类是习得性知识。认知性知识可被方便地存储于各种媒体中，可游离于个体之外而独立存在。习得性知识，即隐性知识，是个人在参与实践的过程中形成的直觉、体验、动作技能和心智技能，是难以表述、记录、存储和传播的主观知识。中职校课改内容的构成无疑应当包括认知性知识和习得性知识两类知识的融合。一味地固守学科体系课程，或一味地以行动体系课程完全取代学科课程，都是极端的做法，是形而上学的思维。换言之，中职校当前项目课程的有效构建应当包括学科体系课程和行动体系课程两大类型的扬弃融合，即在知识总量相对不变的情况下，以职业功能、职业资格和职业工作过程为导向，对课程内容进行开发、重组、转换，使中职校的课程内容与职业资格不再割裂，学科理论知识与实践不再隔离，而是与实践有效整合，习得与职业功能具有一致性的工作过程知识，从而既保留其基础性特征，也凸显中职课程的职业教育特色。

二、多元课程与技能课程间的“联系重构”融合

所谓“联系重构”，是以行动体系为主的新课程与传统学科体系课程之间以及内部各方面之间的相互制约的关系。在解决中职校课程改革问题中，我们不能孤立地、片面地看待和分析课改问题，而应自觉地把相互联系、相互制约的观点作为分析课改问题的出

---

① 程良宏，张金运．课程改革视域下教师教学哲学的审视与重构[J]．教育发展研究，2010，30(8)：78－82．

② 周如俊．对当前中职校项目教学中“五对”不等式的反思与求解[J]．江苏教育，2010(6)：19－21．

发点。

当前中职校课程改革存在着片面强调“技能为本”的误区。提升学生技能水平固然重要，但学生的心理品质、道德思想等同样需要培养。传授技能固然是课堂教学的主要任务，但并非终级目标，更要注重对学生综合素质的培养，原因在于：中职校培养目标多元——以就业为导向，并实现人的“技文双馨”和谐发展；求学需求多元——就业、升学、职业成长；课程型态多元——学科课程、技能训练课程、项目课程、综合实践课程、其他课程；课程性质多元——文化基础、德育基础、职业基础、职业技能、职业拓展、素质拓展等；课程类别多元——公共基础课程主要包括德育类课、文化课（语数外）、体育与健康课、计算机应用基础、艺术课（音乐、美术等以及其它选修公共课程），专业技能课程则形成了基础平台加专门化方向的课程结构，包括基础模块、必修模块、选修模块、拓展模块等；教学方法多元——讲授法、演示练习法、学案导学法、案例教学法、项目教学法等。因此中职校课程改革要融合多种课程模式之所长，并以职业能力培养为目标，通过对典型工作任务的知识、技能、态度的整合，形成以项目课程为主的课程设置的多元课程模式，①构建如图 6-3-1 所示的课程体系“融合化”路径，从而融合多种课程类型、容纳多种教学模式、综合多种评价方式，从而实施灵活的教学安排，实行有效的课程管理与评价。

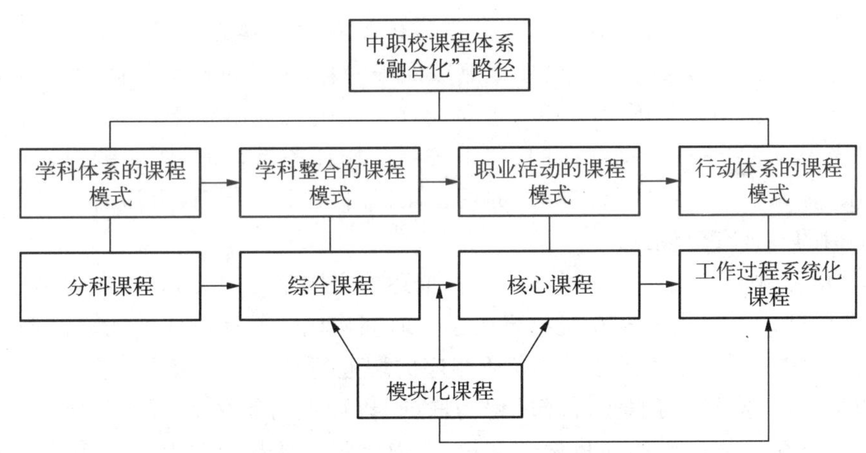

图 6-3-1 中职校课程体系“融合化”路径

三、项目课程与学习领域课程间的“发展重构”融合

所谓“发展重构”，指以行动体系为主的项目课程对传统学科体系课程的改革运动变化过程。课程改革的发展是在对立、转化、统一的相互作用过程中，优化自身及与相

① 邱才训. 广州市以就业为导向的中职校课程建设初探[J]. 教育导刊，2008(3)：51-55.

关课程之间关系的要素与结构，提高自身适应职业教育环境、变革课程内容与促进教育和谐的功能，提高存在的价值。因此中职校课程改革与发展不同于课程内容增加（减少），不仅是指数量的增删，更是指课程结构的改变和优化、质量的改善和提高、内容的发展与创新。

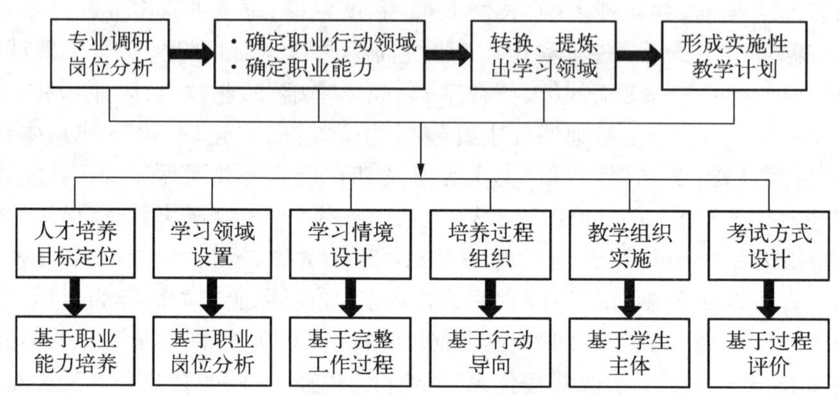

图 6-3-2　中职校学习领域课程体系构建范型

中职校课程内容是课程模式的重要载体。目前以学科课程为主体的“三段式”课程体系严重滞后于中职校发展的要求，为此学科体系课程内容必将发生相应增删、调整、更新和重组。但是课程重组不是简单地删减课程内容，不是机械地降低学习要求，也不是随意地弱化理论知识学习，而是以“适度、够用”原则设计出基于职业能力培养的、典型工作任务驱动的、学生行动导向的、知识按照工作任务重构的、职业能力逐渐提升的中职校课程体系。其中由“行动导向”的项目课程向“学习领域”课程融合就是中职校课程体系重构的一种有效模式。

所谓“学习领域”，是指一个由学习目标描述的主题学习单元，是由能力描述的学习目标、任务陈述的学习内容和总量给定的学习时间构成。其课程体系构建范型如图 6-3-2 所示。每一“学习领域”均以该专业相应的职业行动领域为依据，学习单元的主题内容是以职业任务设置与职业行动过程为取向，以职业行动体系为主参照系。学习领域课程采取基于行动导向的项目教学方法，其内容既包括基础知识又包括系统知识，既允许学科体系的“学习领域”存在，又可以采取跨学习领域的组合方式。因此中职校学习领域课程具有“五性”：普适性——项目驱动的完整工作过程适合于各个学习领域；迁移性——职业能力满足主要工作岗位需求，并且对于变化着的工作任务，具有能力迁移性；重构性——知识模块关联于项目完整工作过程，打破了学科体系的壁垒，实现知识基于工作过程的重构；递进性——由简单到复杂的学习情境构成学习领域，由单一到综合的学习领域则形成综合职业能力，实现职业能力的递进。

中职校学习领域课程是工作过程导向的课程方案（课程名称）。设计学习情境是课程改革的核心。学习领域设置的原则有：一是每一学习领域都是完整的工作过程；二是各学习领域排序要遵循职业成长规律；三是各学习领域排序要符合学习认知规律；四是所有学习领域组成生产或经营过程。[①] 为此中职校学习领域课程具有以下四个要素：

（一）设计学习情境要素

学习情境是用于学习的“情形”和“环境”，是学习领域课程中的一个教学单元，它常常是通过一个学习任务来呈现。学习情境设计时要把握“五点”：

一是学习情境类型选择。学习情境（任务）设计要根据企业工作的特点、专业特点、课程内容灵活处理与选择。对于工科类课程，由于职业岗位工作任务是具体的，可量化考评的，因此学习情境应以设计学习任务为主；对于文科类课程，由于职业岗位工作任务可能具有情境性、不定性、不可视性，工作很难以“从哪里开始到哪里结束”划分，因此其课程宜以设计学习情境更合适。

二是学习情境载体确定。学习情境的设计角度与专业课程的特点密切相关，不同专业可以选择不同的任务载体进行学习情境设计，如按照一个典型工作任务生产产品的种类、设备，或从系统的结构、生产工艺、操作程序等角度进行学习情境设计，再或从一个典型工作任务包含的岗位类型、工作对象、完成工作任务的不同阶段等角度进行学习情境设计。但是在同一门学习领域课程中，学习情境设计所选择的任务载体或划分的角度要统一。

三是学习情境逻辑关系。学习情境是构成职业典型工作任务的要素，设计时：一是包括企业实际生产过程或经营过程的环节及特性等职业信息，体现企业的实际工作过程、生产过程和商业活动的完整性；二是学习情境作为学习领域课程中的一个教学单元，每个学习情境虽然任务内容不同，但课程在学习难度上、在体现学生自主学习的开放性的要求上要呈递增趋势。

四是学习情境系统整合。学习领域课程本身就是职业的一个典型工作任务。因此，一门学习领域课程其实就是由典型工作任务——学习情境——完成学习情境的环节（工序）共同构成的任务体系。因此学习情境设计时既需要考虑上位的典型工作任务内容的系统性，又需要关注学习环节（工序）的真实性和可操作性。

五是学习情境具体描述。学习情境是学习领域下的教学单元，既体现在学习性工作任务内容的层面上，又要反映在学习任务完成的过程及其要求的层面上。因此，学习情境描述需要根据企业工作的实际情况，准确地表述具体的工作任务内容，工作任务完成的过程和形式，基本要求、基本规范（标准）以及工作成果等。

（二）设计学习目标要素

学习情境的学习目标是学生完成本情境学习性工作任务后应达到的状态，包括对

① 姜大源．“学习领域”——工作过程导向的课程模式—德国职业教育课程改革的探索与实践[J]．职教论坛，2004(8 下)：61－64．

认知、动作技能和情感三个方面的要求。学习目标是学习情境设计、学习内容选择、学习任务排序的前提，也是学习效果评价指标实施的依据。因此学习目标设计要从两个方面入手：一是目标设计系统性。"职业教育培养目标——专业培养目标——课程教学目标——学习情境（学习任务）的学习目标"的不同级别目标之间的契合度与支撑度决定着教学活动的有效性，愈是下位的、微观层面的目标设计，愈要提高对上位目标的支撑度，考虑与学习领域课程教学目标的契合度。二是目标设计明晰性。学习目标既要尽可能设计为可观察和可测量的行为目标，即行为、条件和标准；又要在学习目标的数量与难度设计上考虑学习目标的可实现性。

（三）设计工作页要素

"工作页"是学习领域课程教学材料的重要组成部分，是从学生的角度指导帮助学生完成学习任务的工具。工作页是以学习情境（学习任务）为一个课业编写的，其基本结构是：课业（学习情境或学习任务）名称，学习目标，课时数，学习情境（学习任务）描述，学习内容引导，背景介绍，评价建议，学习建议与说明等。工作页通常以引导课文的形式出现，通过一段引导课文承上启下，将学习过程与工作过程有机地结合起来，让学生在明确任务、制定计划、做出决策、实施计划、质量控制、评价反馈的进程中了解未来的职业工作，解决工作中的问题，有效完成工作任务，促进综合职业能力的发展。因此，引导课文中应蕴含工作要求、操作规范、专业知识、专业技能等丰富的职业信息，一系列引导课文应包含着完整的工作过程。

（四）设计学习评价要素

学习的反馈与评价是学习领域课程实施的最后一个关键环节。学习评价旨在考核学习目标的实现程度，应该是对学生完成工作任务的过程和取得的工作成果的全方位考核，即通过对学生学习产出的评价来实现最终反馈，通过学习产出（学习成果）考核学生的综合职业能力如何、工作如何，能不能有效地完成工作。

四、模块化课程与系统化课程的"矛盾重构"融合

所谓"矛盾重构"，就是课程改革自身包含的既对立又统一的关系。"对立"，是指以行动体系为主的新课程与传统学科体系课程间互相排斥、互相斗争。"统一"，是指如下两种情形：一是新课程与传统学科课程双方在一定条件下相互依存，一方的存在以另一方的存在为前提，双方共处于一个统一体中；二是新课程与传统学科课程间的矛盾依据一定的条件，各向自己相反的方向转化。但是新课程与传统学科课程矛盾的对立和统一，始终是不可分割的，没有对立就没有统一，没有统一也无所谓对立。新课程与传统学科课程矛盾双方对立统一的关系，既指课程内部存在的这种关系，也指课程之间存在的这种关系。

因此我们要用对立统一的观点看待中职校课程改革矛盾问题，既要看到课改矛盾双方的对立，又要看到矛盾双方的统一。在统一中把握对立，在对立中注重统一，即坚

持一分为二的观点，坚持两分法、两点论。当前中职校现行课程改革体系中或多或少地存在偏向系统课程的倾向，忽视了中职校学生个性化教育规律的因素。中职校现行课程体系中存在的不符合职校生个性化教育规律的因素，严重制约着社会经济发展对多样化人才的需求。

所谓个性化教育就是“在学习者个性特征与学习环境之间努力达到的一种平衡，也就是说，它是学习者个性特征与所学知识、概念、行为方式、学习环境、激励系统及习得性技能之间的一种合理匹配，而且是一种连续的过程”（美国学者卡罗尔语）。换言之，中职校个性化教育就是使学生的个性得到充分发展的教育，就是教育者承认学生在社会背景、智能背景、态度价值、情感和生理等方面存在个别差异的前提下，做到既“有教无类”，又“因材施教”，使每个学生都得到全面发展。因此中职校个性化课程要着眼于学生的全面发展与个性化发展：让学生“学会做事、学会学习、学会相处、学会做人”，就业时能“有饭碗”、会找“新饭碗”、善找“好饭碗”。其中模块化课程就是实现中职校个性化教育的一种有效途径。

模块教学从大方面而言，必须服务于人的全面发展，从小的方面而言，必须服务于特定的职业（职业群）能力的形成。换言之，模块教学不是独立自为的，而是有机统一的。当前无论是行动导向下的项目化课程，还是学习领域课程，其综合程度都是有限的，现实中的这些课程还只能在综合与分化之间达成平衡，提供给受教育者学习的课程仍然要划分成不同的门类。因此其课程开设的先后顺序及组合的方式，直接影响教学的效果。为此中职校课改要将性质相似、形态相近、目标相同的若干门课程适当集聚，实施模块化的教学：既有利于各项教学目标的重点落实与达成，提高教学效果，也有利于教室、实训设备、师资等教学资源的充分利用、合理调配；既有利于学分制的实施，也增强了教学内容的适应性和针对性，实现学生个性化学习的内在要求。

例如我校探索了“课程设置基于工作岗位、课程内容基于工作任务、课程教学基于教学做一体化”的学习领域课程体系，形成如图 6－3－3 所示的课程体系开发方案，突出其“四步”开发研究：“分析职业工作过程——描述职业行动领域——评价选择行动领域——确定学习领域”，重构了“公共基础模块＋专业基础模块＋专业发展方向及能力训练模块＋选修模块”课程新结构，实施“项目导向、学做合一”的“项目（学案）导学、任务驱动、合作探究、展示交流、评价提升”教学新模式，从而打破学科体系的知识结构，以职业任务和行动过程为导向，通过从简单到复杂、从单一到综合、并列枚举等典型学习情景设计，运用资讯、决策、计划、实施、检查、评价等理实一体化方法，引导学生学习完整的工作过程的工作方法，掌握学习领域要求的专业技能，获得完成工作任务需要的理论知识，同时社会能力、工程素质也将得到锻炼和培养。

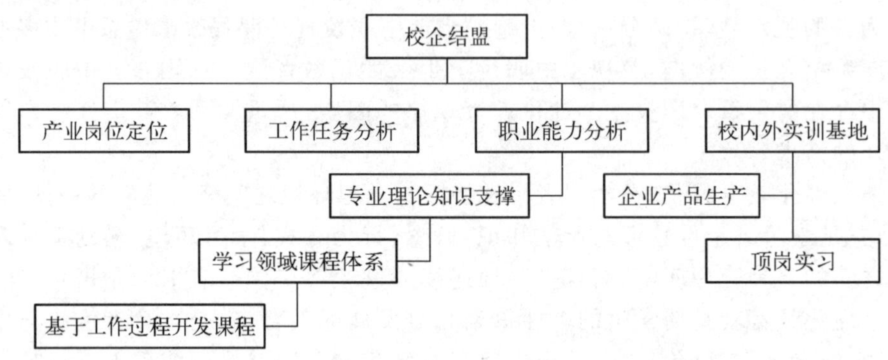

图 6-3-3　中职校学习领域课程体系开发方案

五、校本化课程与统一化课程的“(统筹)兼顾重构”融合

所谓“统筹兼顾”,实际是个系统论和运筹学问题。从哲学角度看,中职校课程改革要做到总揽中职校教育全局、协调课程要素各方、统筹谋划、兼顾全面,充分调动一切积极因素,妥善处理课改中各种关系,着力加强课改校本化、区域化中薄弱环节。

当前一些教育行政部门对中职校课程改革管理,大都用理想化的整齐划一的项目课程等建设思维方式,其设想与愿望是好的:让课程内容上力求贴近学生、贴近专业、贴近生活,让教学效果上力求做到使学生想学、能学、乐学、会学。但是企图用一个模式去统揽一个区域的课改,忽视了中职校课程重构的“校本”特性,难以正确处理教师、设施、学生与课程之间的关系,在专业设置与调整、教学计划制定与修改、课程结构调整、学生实习实训和就业等方面没有考虑企业和用人单位需求,无法建立与区域产业结构相适应的职业教育课程体系。

因此中职校在“基于职业能力培养的、典型工作任务驱动的、学生行动导向的、知识按照工作任务重构的、职业能力逐渐提升”课改思想指导下,要建立服务区域经济的课程多元体系,课程设置要随着区域经济增长方式转变“动”,跟着产业结构调整升级“走”,围绕企业人才需要“转”,适应市场经济和社会需求“变”:一是课程构建体现“四个同步”,即专业结构与区域产业结构契合同步,课程改革与校园(专业)文化特色创建同步,技能实训与社会实践同步,教学手段与硬件换代同步。二是课程实施体现“六个对接”,即学校对接地方产业、专业对接行业企业、教师对接职业岗位、专业课程内容对接职业标准、教学过程对接工作过程、学习情境对接岗位情境。为此,中职校要研究课程设置如何与区域产业结构相适应匹配,专业结构设置规模如何与区域一、二、三产业结构“渐行渐近”吻合,专业结构的比例如何与产业结构趋同并在动态调整,专业结构的能级如何及时适应产业调整和技术提升的要求再拓展,实现实训基地校企共建,资源共享,融入产业链,基地承接或分包企业实际生产任务,成为行业企业技术开发和技术服务平台,形成“市场运作、资源整合、社会共享”的运作实训教学模式。这是课改区域化、校本化的取向价值所在。

第四节 “技能融合”主张的课程模式案例

课程模式是一种育人方案的总体设计。“技能融合”人才培养的教学主张课程要重视技术(技能)活动与社会、经济与产业之间的和谐关系。职业教育课程总是在不断的分化和组合之中得到发展。“整合”是将课程结构、内容等因素按一定规则综合形成一个整体的思维方法,以此可用来分析或创建某种课程体系或结构。职业教育课程“多元整合”模式思想的产生具有极其深刻的现代社会与经济发展背景、人才培养理念与职业教育人才成长规律所致的动因基础:生产技术的日趋革命性的变化——职业教育的技术培养高移化,技术教育的发展,知识、技能、态度的与普通教育学科体系在一些课程教育上趋向一体化;终身教育、继续教育观的确立——终结性、一次性职业教育课程观必须改变,职业教育课程设置终极目标在于促进学生的全面可持续发展;“以人为本”教育思想的发展——社会的进步与发达使教育个性化有需要(社会与个体)和可能(物质与技术)。职业教育课程发展呈现出知识为本→ 能力(含知识、技能、态度)为本→个性(知识、技能、态度的个体化)为本的发展趋势与各种课程观的融合。①

“多元整合”视域下职业教育“技道融合”人才培养的课程模式的构建实践②

职业教育不仅与经济社会发展的关系最为紧密,而且与人的职业发展与生存、生活关系最为直接。课程作为维系着职业教育实践活动内外环境的一个“多元互动”的动态系统,③决定了课程模式的整合也是一个复杂的动态优化的系统工程。因此探索一种科学而有效的课程整合模式,对当前职业教育课程改革指向既有理论性意义,更有现实性意义。“多元整合”课程模式思想主要包括:课程观的多元整合——多元互补、博采众长,建立以综合职业能力为导向的现代职教课程观;课程内容的多元整合——“知识”“技能”“态度”三要素中各个成分的多重、多种综合,选择有价值的现代职教课程内容;课程结构的多元整合——架构模块化、综合化、阶段化、柔性化、个性化相结合的课程结构。本文基于笔者管理实践,对当前中等职业教育课程模式整合问题作简要探讨。

一、“技道融合”人才培养的“多元整合”课程模式的理论基础

职业教育课程整合既是社会与经济发展的现实需要,也是学生个体内在发展的需

---

① 黄克孝.“多元整合”课程模式创新的策略思想[J].宁波职业技术学院学报,2001(1):7-11.

② 摘自拙作(题目作了微调,内容略作删改):周如俊.职业教育“多元整合课程模式”构建与实践[J].继续教育.2015,29(7):3-6.

③ 黄克孝.“多元整合”课程模式创新的策略思想[J].宁波职业技术学院学报,2001(1):7-11.

要。职业教育“多元整合、动态优化”课程模式的提出有着坚实的理论和现实基础。从哲学观、课程观、人才观、系统观、诊改观视角看，人与职业世界的复杂关系决定了职业教育课程教育要培养“职业人”所要具备的素养；职业教育的真谛在于“育人”而非“制器”，在于育“全人”而非“半个人”或“单面人”；[①]职业教育课程整合，不仅要授以学习者谋生的技能，而且要授以学习者学会学习、学会做事、学会与他人相处的本领。[②]

（一）哲学观基础

在哲学观上，世界上的任何事物都处在不断的分化和组合之中，并在分化和组合的过程中得到发展和优化。中职教育课程教学主要包括日常教学（公共基础课程教学与专业技能课程教学），课外技能兴趣小组辅导教学，国家、省、市技能大赛集训教学，中高职衔接升学教学。上述“四类课程”教学目标是一致的，必备的公共基础知识与专业理论知识是中职教育专业教学的基础，课外技能兴趣小组辅导是桥梁，技能教学与训练是核心，技能大赛是技能教学与训练的强化与综合，中高职衔接升学教学是学有余力的学生继续教育的需要，其教学是中职教育日常教学的升华。“整合”是将中职课程培养的个体成长需要或全面培养需要的因素按一定规则综合形成新整体的思维过程和方法。通过课程融合、组合或叠加，按照一定的规则进行有机的创造，提高课程人才培养的系统性、融合性，这是多元整合课程模式的哲学基础。

（二）课程观基础

课程观是对课程的性质、要素、功能、目的、规律、原理和法则等问题所持的基本看法。每一种职业教育的课程模式都是某一种课程观或几种课程观综合平衡后的产物。当前，技能取向的中职课程范式一度被奉为职业教育人才培养模式的圭臬。这种“技能至上”的职教思想已经成为培养人的可持续发展的羁绊。职业学校及学生不同程度地被“物化”和“工具化”。这种单纯的技能训练人才培养课程定位，掩盖了人的其他一切可贵的禀赋，只能解决学生眼前的就业和首岗的适应性问题，学生生命个体势必缺失不断自我发展和创新的后劲，无法适应社会发展及职业变动的需要，学生精神个体也无以通过赋予个体可持续发展的精神和能力而提升人生境界。在课程模式上，各种课程观相互补充、相互融合已成为一种趋势。这是“多元整合”模式的课程观基础。

（三）人才观基础

在人才观上，职业教育课程培养只有主动作为，积极回应制造业转型升级诉求，培养多层次、多类型的高素质制造业人才，才能为社会与经济的建设提供强有力的人力资本支撑。现在的中职教育越来越像培训机构，实施“唯技”教学，学校的功能越来越“技”，专业分工越来越细，就业岗位群确定越来越窄，学生的适应性越来越差，不能满足职业变动的需要，更无法满足学生个性发展的就业需要和实现人本性目标的个性需求。

---

① 杨叔子，余东升．文化素质教育与通识教育之比较[J]．高等教育研究，2007(6)：1－7.

② 联合国教科文组织．教育——财富蕴藏其中[M]．北京：教育科学出版社，1996：7.

中职教育作为一种教育，不仅要培养学生基本的岗位职业技能（学生具备岗位就业的“看家本领”）——“硬技能”，还要培养学生在专业技能之外的职业素质（人的职业意识、职业态度和职业行为习惯）及职业通用能力（沟通表达、协调合作、学习创新、适应控制、分析应对等综合表现能力）——“软技能”。正因为如此，职业教育课程整合，应充分运用系统论中整体最优化的基本原理，根据新的社会与经济形势和时代特点，将原有的组合要素以新的结构形式呈现出来，以达到整体最优化的目的。

（四）系统观基础

在系统观上，职业教育课程设置终极目标在于促进学生的全面可持续发展，培养学生由一技之长向全面发展转变、阶段性发展向终身发展转变。对口升学是实施中高职衔接、促进职业教育协调发展的重要路径之一。但是当前一些中职教育“对口升学”开始变形变质，使职业教育发展为“应试教育”的又一模式，主要表现在：一是教学呈现应试性，根据升学需要随意压缩或减少大纲和计划规定的必开课程；二是教学失去职业性，重文化、轻专业，重专业理论、轻专业技能；三是教学实施出现重复性，有些考试科目为了能考得好成绩反复教、反复学，造成教育资源严重浪费。这些做法都偏离了职业教育的培养目标和教学方向。职业教育课程改革的重要内容是对课程体系进行整体优化与系统重构，培养学生的全面素质，满足学生就业立业、终身学习和可持续发展的需要，因此既要重视学生专业技术（技能）培养，也要突出公共基础课程教育以及职业素养和人文素养的培育，为学生多路径成才、多样化选择搭建“立交桥”。

（五）诊改观基础

课程是职业教育内部质量保证体系建设的重要组成部分之一。在诊改观上，职业教育课程评价体系还不成熟，还存在一些急待解决的问题，诸如评价功能失调、评价重心偏失、评价内容片面、评价方法单调、评价主体单一、评价标准机械等等。一是评价主体不完整。当前中职教育课程评价由上而下依次为教育主管部门评价学校、学校评价教师、教师评价学生，学生大都被排斥在评价主体之外，缺失政府、企业、行业、社会力量广泛参与的联动机制。二是评价指标体系不健全。“宏”多“微”少，沿用的评价指标多是在行政体系下课程宏观评估指标，缺失对课程实施者教师、课程受益者学生的中观、微观评价；“创”多“继”少，如在项目化课程教学改革实施中，一些课程教学完全排斥案例教学、模拟教学和岗位教学等传统的教学方法，未处理好课程破与立、继承与发展、借鉴与创新等评价关系。因此有必要对课程整合模式质量的诊断与改进形成可操作的实施方案，实现职业教育课程质量螺旋上升。

二、“技道融合”人才培养的“多元整合”课程模式的基本内涵

针对上述职业教育课程模式的理论和现实基础，中职教育有必要集国内外职业课程模式之所长，对课程模式进行适切化调整、修合、补益、优化。即以课程生存观、发展观、基础观、能力观、质量观为导向，以职业能力培养为整合主线，以岗位需求为整合依

据，以工作过程为整合基础，以工作结构为整合框架，整合课程各要素、各成分、各组成部分的排列与组合的方式，有效处理课程的“职业活动发展”“学科知识发展”“学生心理发展”和“学习动机发展”逻辑顺序关系，推进理论知识和经验知识融合、直接知识与间接知识融合、基础知识强化与专门知识专化融合，重构专业、学业、职业、就业和创业“五业贯通”，形成基于工作过程的多元化、整合化、系统化课程。①

这种对课程教学内容及教学方式的有效整合和组合选择，其本身也是一个不断总结、修正、完善的动态优化的过程，表现在专业设置、课程开发、课程实施、课程管理、课程评价及教材的选用与编写等各个环节都会处于动态发展之中，体现在课程结构要满足学生全面成长、就业生存及未来发展的需要。

（一）课程观的多元整合

职业教育课程发展过程也是不断“辩证否定”的整合过程。目前中职教育以“职业能力为中心”的人才培养模式也要体现“职业能力外心”拓展的课程观，突出现代意义上的职业能力培养，贯穿于劳动者职业生涯的就业能力和创业能力、工作能力、职业转换能力的培养的相关课程整合要博采众长：在公共基础课程教学上，取“学科中心”课程之所长，注重基础知识之间的系统性、融合性；在专业技能课程实践教学上，取“活动中心”课程之所长，保证学生的知识获取、技能结构更趋于完整性和合理性；在专业课程开发上，取“能力中心”课程之所长，推动课程内容与职业标准、教学过程与生产过程有效对接；在课程实施形式上，取“问题中心”课程之所长，提高学生分析问题和解决问题的能力；在人才培养发展形态上，取“个性中心”思想之所长，最大限度地满足学生对课程的个性化需求。②

（二）课程结构的多元整合

课程的综合化整合是当今中职教育课程改革的方向。中职教育的发展趋势是：培养目标——从“从业能力”向“职业能力”转变；课程内容——从“知识导向”向“工作导向”转变；课程类型——从学科体系向行动体系转变；课程实施——从“学校为本”向“校企合作”转变；课程评价——从“一元”向“多元”转变；课程借鉴——从“（国外）模式复制”向“模式本土（化）”转变；课程转向——从“范式研究”向“课堂（现场）落脚”转变。③ 中职教育课程综合化不仅指知识、技能以及素质三要素的综合，也是专业定向结构（单科课程与综合性课程）、课程性质结构（公共基础课程与专业技能课程）、课程组合结构（时间上组合与空间上组合）、课程编排结构（阶梯化、模块化、综合化编排）等动态优化的过程。即在确定职业能力目标后对应能力分析、构建职业知识技能体系时，对相关、相似的职业知识、职业能力和职业素质等内

---

① 周如俊. 基于多元整合视角探讨中职教育课程设置问题与有效对策——以机电应用专业为例[J]. 职教论坛，2012(21)：36 - 40.

② 覃宇环. “多元整合、动态优化”的高职课程模式研究[C]. 第二届亚太地区信息论学术会议论文集（上册）. 2011：397 - 400.

③ 周如俊. 职业教育课程改革的演变·推变·嬗变——对当前职业教育课程改革历程的综述[J]. 江苏教育，2011(Z3)：7 - 14.

容进行多元整合，架构模块化、综合化、阶段化、柔性化、个性化相结合的课程结构，突出学生的综合职业能力（专业能力、方法能力、社会能力）培养，使教学个性化成为可能，也为弹性学制的实施提供条件，便于实施灵活的教学安排。

（三）课程内容的多元整合

当前中职教育课程有效构建应当包括对学科体系课程和行动体系课程两大类型的扬弃融合，在知识总量相对不变的情况下，以职业功能、职业资格和职业工作过程为导向，对课程内容进行开发、重组、转换，使课程内容与职业资格不再割裂，学科理论知识与实践不再隔离，而是与实践有效整合，习得与职业功能具有一致性的工作过程知识，创建有价值的现代职业课程内容：课程知识领域整合，即理论知识和实践知识、文化基础知识与职业专门知识等整合；课程技能领域整合，即再生性技能（重复性技能）与智力性技能（创造性技能）整合；课程素质领域整合，即思想道德素质、身心健康素质、人文科学素质、职业基本素质和创新发展素质整合。

（四）课程实施的多元整合

当前中职教育“校企合作、工学结合、顶岗实习”的人才培养模式，体现了教产全程合作教育的特性。教产全程合作教育既是培养“双师型”素质教师的摇篮，也搭建了学生真枪实弹的好课堂、好战场。走教产融合道路是多元整合课程模式实施的基本保证。课程多元整合，要以适应职业岗位需求为导向，加强实践教学，着力促进知识传授与生产实践的紧密衔接。因此中职教育有必要探求一种将“学”与“做”、“知”和“行”统一到一起的课程整合模式，形成课程专业教学标准、课程标准、岗位标准、企业师傅标准、质量监控标准及相应的实施方案，这样既有利于全面培养学生的素质与能力，也有利于人才培养对接用人需求、专业对接产业、课程对接岗位、教材对接技能。

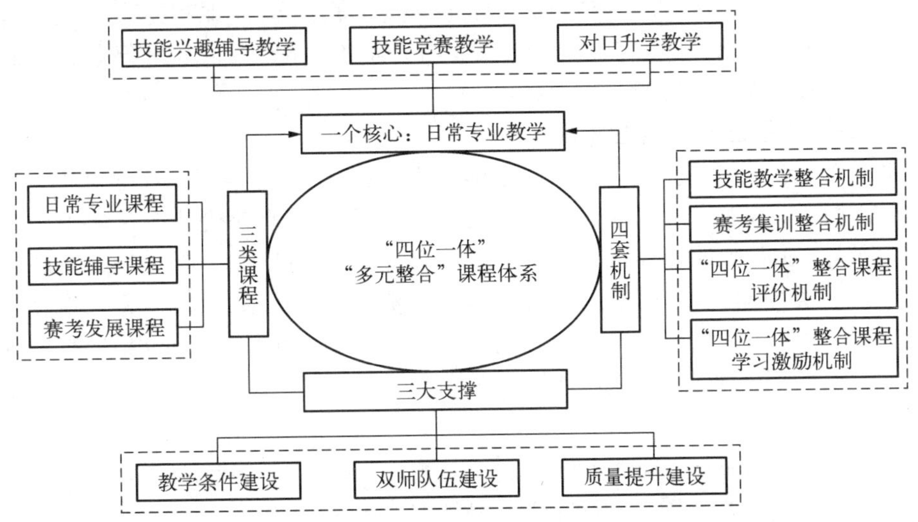

图 6－4－1　“技道融合”人才培养的“四位一体”“多元整合”课程体系

三、“技道融合”人才培养的“多元整合”课程模式的构建策略

（一）课程体系的多元整合策略

课程突出“三向多元”整合：培养目标多元——以就业为导向，能实现人的升学与职业成长；课程类别多元——公共基础课程、专业技能课程；教学方法多元——以行动导向为主，融“成长、就业、升学”于“教、兴、赛、考”“四位一体”（如图 6－4－1 所示）。[①] 这种整合课程体系，以培养学生专业水平的日常教学为核心，兼顾课外技能兴趣辅导小组训练、组织“赛考”（应考）能力训练，实施理论与实践知识的融合，突出其知识层、能力层和素质层的整合，实现课程的分层化、融合化、综合化。在知识层上重视培养现代人所具有的科学文化素养；在能力层上侧重培养作为职业人所具有的潜在智能，突出学生动手能力的培养；在素质层上培养学生将所学知识、能力内化形成学生自身的基本素质。

（二）课程结构的多元整合策略

课程实施跨界整合：在学习内容上，寻求知识和技能的跨界整合；在教学方式上，寻求理论与实践的跨界整合；在培养模式上，寻求学校与企业的跨界整合；在办学目标上，寻求就业与发展的跨界整合[②]。中职教育要以职业能力培养为目标，通过对源自典型工作任务的知识、技能、态度的整合，形成以项目课程为主的课程设置的多元课程结构整合。在课程设置上，以学生职业发展的需要来整合课程结构；在课程模式构建上，以处理好基础理论教育、专业技能教育、综合实践教育三者的关系来整合课程结构；在课程计划上，以技能型人才培养为核心，打破学科界线来整合课程结构；在课程体系上，以变应变（建立新技术、新工艺的课程模块，培养学生的创业精神和创新精神）来整合课程结构；在课程组合方式上，以职业功能、职业资格和职业活动、工作过程、工作实践为导向，课程间整合形成模块，课程内实现知识、技能、态度整合，使课程内容与职业资格不再割裂，学科理论知识与实践不再隔离，就业与升学不再隔离，从而既保留其基础性特征，又凸显中职教育课程的职业教育特色。[③]

（三）课程内容的多元整合策略

课程内容分为四个模块：一是职业基础模块，主要包括公共文化基础课和专业基础课，突出学生的一般能力的培养。公共文化基础课重点培养现代社会对学生所要求的最基本素质，专业基础课培养专业必备的职业基本知识和技能。职业基础模块以大类专业的“够用”为原则。二是职业技能模块，这是整个课程体系的核心，重点培养学生的专业能力。“以工作过程为导向”，课程设置从职业岗位工作任务分析出发，组建系列学习项目，将职业知识、职业技能、职业道德融入课程中，每一项目体现该专业的主要技能

---

① 周如俊. 中职校“四类”课程问题与有效对策——以机电技术应用专业为例[J]. 江苏教育，2012(30)：22－25.

② 张健. 职业教育的跨界品格[J]. 江苏教育：职业教育，2011(9)：1.

③ 周如俊. 中职校“四类”课程问题与有效对策——以机电技术应用专业为例[J]. 江苏教育，2012(30)：22－25.

要求，完成一个项目就能掌握相关技能，可从事相应的岗位工作。三是职业拓展模块，根据技能大赛要求确定内容，与相应高级工或技师要求的应知应会相适应。四是高职升学模块，即考虑升学考纲的综合理论与技能实践。各个专业设置核心专业课程及该专业 3—4 个技能项目对学生进行考核，理论考核的难度较一般中职教育生学习要求大。四个模块循序渐进、相辅相成、融合渗透，职业基础模块与职业技能模块为每个学生必学，以保证学生综合素质的培养；兴趣小组与技能大赛需加设职业拓展模块，前者在中级工与高级工应知应会要求之间，后者在高级工与技师之间；对口升学学生需加设高职升学模块，学生牢固掌握文化基础知识及专业理论与技能，为高职院校输送合格人才。

（四）课程实施的多元整合策略

实施“学习领域”的课程：采用“主导型问题方法”，构建系列学习“主题”序列，实现两次“创新转换”。[①] 从行动领域“通用化”处理（职业情境中的工作过程到确定课程内容）向具有普适性的课程（学习领域）转变；从学习领域“教学化”处理（基于职业能力培养的、典型工作任务驱动的、学生行动导向的、知识按照工作任务重构的、职业能力逐渐提升的学习内容）向“学习情境”转化。两次“转换”要关注五个方向：普适化，项目驱动的完整工作过程适合于各个学习领域，具有普适性；迁移化，职业能力满足主要工作岗位需求，并且对于变化着的工作任务具有能力迁移性；重构化，知识模块关联于项目完整工作过程，打破了学科体系，实现知识基于工作过程的重构；递进化，由简单到复杂的学习情境构成学习领域，由单一到综合的学习领域形成综合职业能力，实现职业能力的递进；情景化，以职业任务和行动过程为导向，通过从简单到复杂、从单一到综合、并列枚举等典型学习情景设计，运用资讯、决策、计划、实施、检查、评价等方式方法，实现典型工作任务的完整工作过程的展现。体现现代职教课程能力培养要素（专业目标、课程目标、教学目标和学习目标）的“六个融合”：课程内容与真实项目相融，实训环境与职场环境相融，技术专家与教学能师共融，教学过程与工作过程互融，评价体系与职业标准接触，课程改革与技术服务兼容。

（五）课程评价的多元整合策略

当前中职教育课程开发各具特色，课程内容丰富多彩，实施形式多种多样，各项课改缺乏可比性，较少有可参照的对象。CIPP 评价模式是一种力图摆脱传统的局限于目标的评价模式，亦称决策导向评价模式。它是由背景评价（content evaluation）、输入评价（input evaluation）、过程评价（process evaluation）、成果评价（product valuation）四种评价名称的英文第一个字母组成的缩略语，其重点不在于引导一项个别研究的进行，而在为决策者提供信息；其目的不在证明而在改良，以更好地反映社会对评价提出的新的要求。基于上述 CIPP 评价模式的内涵，中职教育评价体系构建可分为课程目标设置、课程方案制定、课程实施和课程效果四个层次，形成一级指标 4 大类、二级指标 12

---

① 姜大源.“学习领域”——工作过程导向的课程模式—德国职业教育课程改革的探索与实践[J].职教论坛，2004(8下)：61-64.

个细类，在此基础上再进行细分，以学校内部（课程开发部门、教师、学生）、学校外部（课程专家、企业家、社会、家长等）多方为调查对象，以问卷和访谈法为主，辅以头脑风暴法，形成主要观测点和评估标准，由此形成三级指标，在量表权重打分的基础上进行标准分化，再进行累计汇总，直至形成最终的课程评价成绩。①

第五节　“技能融合”主张的教学实施案例

教学模式是为完成某种教学任务而采取的相对稳定、具体的教学活动结构。职业教育教学模式的教学实施体现为教学时间、教学程序、教学组织、教学情景、教学方法和教学媒体等因素的融合与优化。具体表现为以职业人格的完满发展为立足点，以专业需求为契合点，从知识、能力与素养的多元维度出发，将相互关联的学科知识与职业知识、学科经验与职业经验、学科活动与职业活动进行整合而实施。职业教育教学实施“技”中之“道”的修炼与领悟过程，是一个充满艰辛的“专业与敬业”旅程，需要“执着的坚持和追求”的勇气与智慧的凝练。职业教育的技术（技能）知识大都呈现为一种默会知识，是属于一种经常使用、只可意会却不可用文字符号予以清晰表达或直接传递的知识，具有具身性、亲知和动态觉知等认知特征，只能通过“活动”或“行动”在真实情境中的训练、体验、浸润而获得。职业教育必须施行以“技”求“道”的教学：在“情境＋实践”应然场域中培养默会认知，在“感觉＋经验”亲知途径中体悟默会认知，在“实例＋整体性”模式识别中濡染默会认知，在“示范＋练习”实施策略中熏陶默会认知。②

“生涯开发、知技并举”视域下职业教育“技道融合”人才培养的教学实施的操作实践

职业教育是培养“知识型、技能型、创新型”劳动者大军的主阵地。面对当前生产方式的高度智能化和信息化、工作世界的系统化和一体化，职业教育培养的人不应是只有技能的“机器人”，还应强调人文素养的培育；不仅应培养学生具备普通公民所具有的人文素养，还应具备与特定职业相关的职业品质，即要成为全面发展的“职业人”。③ 生涯导向职业教育的核心理念在于满足学生的个性化生涯发展需求，职业教育要树立就业导向与生涯导向相结合的发展理念，构建基于德智体美劳全面发展的“德知技融合”的教学体系和“课证行赛、层类交互、学用融合、多导多选”的课程体系。在此基础上，职业教育课程教学应基于“职业人格”本位，从未来“职业人”完善发展的需求出发，以综合职业能力培养为主线，将专业知识、职业素养、职业能力、职业技能等级证书鉴定“四位一

① 高进军．高职项目化课程教学评价体系建设探索[J]．中国职业技术教育，2010(5)：53－54．

② 徐金雷．技术的默会知识及其实践培育[J]．华东师范大学学报(教育科学版)，2018，36(6)：19－28＋154．

③ 高宝立．高等职业院校的人文教育：理想与现实[J]．教育研究，2007(11)：34－39．

体”培养过程中涉及的知识与技能的教学体系及教学模块进行整合、优化与推进实施。本节基于“生涯开发、知技并举”视域，在“课证行赛、层类交互、学用融合、多导多选”的课程体系构建基础上阐述职业教育教学实施的实践操作。

一、“课证行赛、层类交互、学用融合、多导多选”课程体系构建的理论基础

《国家中长期教育改革和发展规划纲要（2010—2020 年）》提出：“要注重因材施教，关注学生不同特点和个性差异，发展每一个学生的优势潜能，推进分层教学、走班制、学分制、导师制等教学管理制度改革。”2014 年 6 月，习近平总书记在全国职业教育工作会议上指出：“营造人人皆可成才、人人尽展其才的良好环境，努力让每个人都有人生出彩的机会。”“课证行赛、层类交互、学用融合、多导多选”课程体系的核心思想是让每个学生都能受到适合的教育，让每个学生能各尽所能，各得其所，人人成才。体现“将更多的学习权利交给学生”的教育价值观，赋予学生“专业＋课程＋生涯发展”多元选择权，为学生提供“目标＋过程＋环境”的自主选择空间，培育“责任＋心智＋方法”的核心素养，以打造适应学生的最好的教育教学。[①]

（一）人格本位理论基础

“人格本位”既强调受教育者的本性、本能得到自然的发展，又注重根据社会的需要来确定教育目的。[②] 职业教育始终要把职业人格的塑造、职业精神的培养摆在首位，“以职业为志业（向）、变（技术）操作为（艺术）创作”，真正进入职业与教育之理想境界——“以职为志”“转识为智”“化性为德”“由技进道”，有效推进学生的个性化全面发展。因此，职业教育要为每一个学生提供所适合的课程与教学，让每个独特的生命“个体”，人人都有人生发展的机会、生生都有出彩的空间。为此，职业学校在关注学生就业的同时，还需更加关注学生的生涯发展问题，要培养以职业生活为主要旨趣的职业人，打造完满的“职业人格”，注重过程、着眼长远，提供多元化课程制度安排，助力学生的生涯发展。通过对口升学、注册入学、中职与高职 3＋3、中职与本科 3＋4、五年制高职与本科 5＋2 分段等制度安排，拓展、打通学生可持续发展的通道。

（二）“二维时空交融”理论基础

庄西真博士提出了技术工人职业成长的“二维时空交融”理论模型（如图 6－5－1 所示），它是“课证行赛、层类交互、学用融合、多导多选”课程体系的构建基础。“二维时空交融”理论的核心内容是：职业学校中的技能成长主要指的是学生通过正规、系统的知识、技能、素养教育了解技能、认识技能、掌握技能的过程，其媒介主要是学校的课程体系、教学资源、教学手段、行政管理、教学相长等；企业中的技能成长主要指的是职工通过企业真实工作情境的熏陶、企业一线员工的“师徒式”教学、“做中学”等促进技能水

---

① 江民鑫. 职业教育选择性课改：基本意蕴、实践困境与推进策略[J]. 中国职业技术教育，2019(2)：34－38＋57.

② 严权. 新农村职业教育人格本位价值取向研究[J]. 职教论坛，2007(17)：53－56.

平的提升，其媒介主要是企业真实生产项目与情境、企业一线优秀员工、企业管理制度与文化等。技能人才成长要经过两个阶段、七个步骤：两个阶段分别是技能形成阶段、技能发展阶段；七个步骤分别是技能形成阶段的认知、联系、自动化三个步骤，技能发展阶段的高级新手、合格技术工人、熟练技术工人和高级技术工人四个阶段。该理论的三个命题有：技能成长是时间和空间两种因素共同作用的结果；从时间维度上可将技能成长划分为合格学生（高级新手）成长、合格技术工人成长、熟练技术工人成长和高级技术工人成长；从空间维度上可将技能成长划分为在职业学校内成长和在企业成长（如图6-5-2所示）。[①] 并发展出了四种校企双主体育人的基本模式。

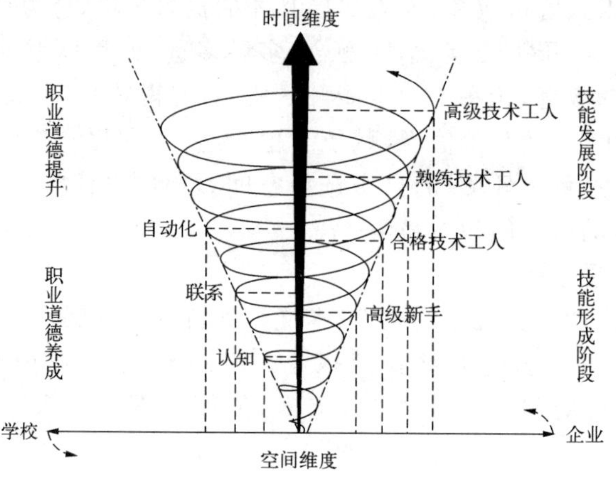

图6-5-1 “技道融合”人才培养（技术工人）职业成长的“二维时空交融”模型

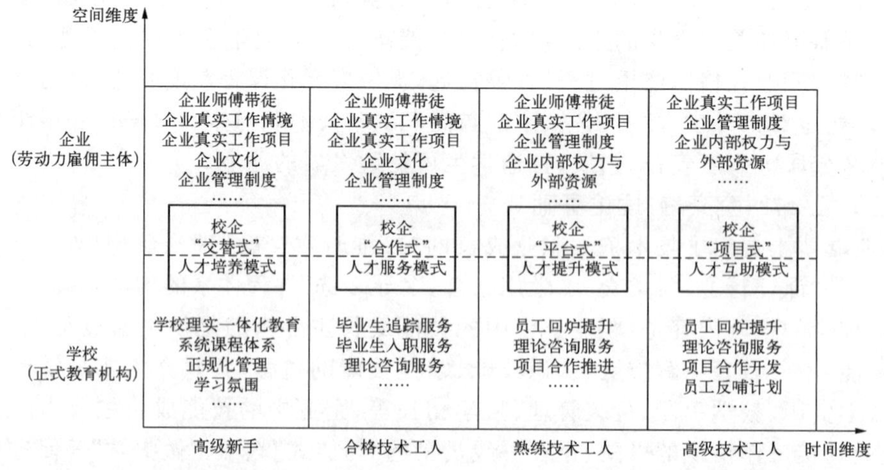

图6-5-2 “技道融合”人才培养（技术工人）的“二维时空交融”模式过程框图

---

① 庄西真．技能人才成长的二维时空交融理论[J]．职教论坛，2017(34)：20-25．

（三）职业能力结构化理论基础

岗位职业能力分析是课程内容整合与教学实施的重要依据。图 6－5－3 所示为职业能力结构冰山四层次模型，将职业能力分为职业特定能力、行业通用能力、跨行业职业能力和职业核心能力。水面上显露的层次主要是职业特定能力；水面上三种职业能力的层次可以比较容易观察到，但是水面之下更深的层次是职业核心能力。核心能力是隐性的，然而它最宽厚，承载着整个能力体系，是所有能力结构的基础。职业核心能力是指人们职业生涯中最重要的基本能力，具有普遍的适用性和广泛的迁移性，对个体发展的影响深远。职业特定能力是指在行业通用能力的基础上，在某个领域或方向上的专项能力，是表现在每一个具体职业、工种和岗位上的能力，体现在国家职业分类大典划分的职业中；行业通用能力是指面向一群工种或职业，在一个行业内通用的知识和技能；①跨行业职业能力是指不同行业共同需要的知识和能力；职业核心能力主要包括交流表达、数字运算、革新创新、自我提高、与人合作、解决问题、信息处理、外语应用等

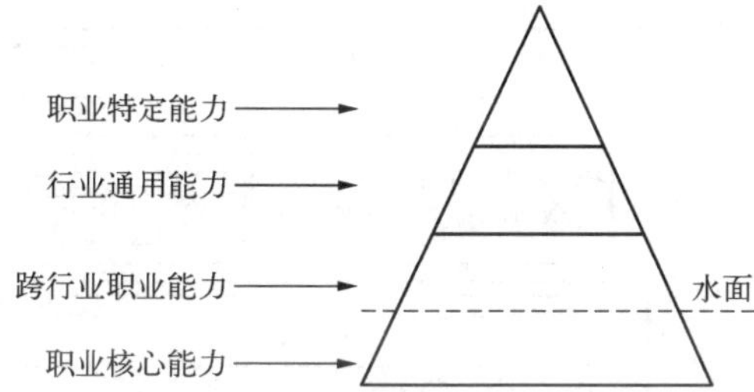

图 6－5－3 “技道融合”人才培养的职业能力结构冰山四层次模型

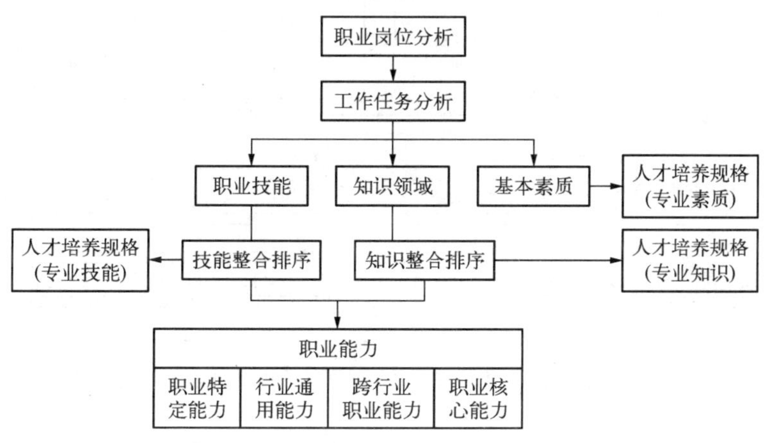

图 6－5－4 “技道融合”人才培养的职业能力整合框图

① 周大农，戚亚光，吴亚萍. 分层化国家职业标准理念引导下的高职课程体系重组[J]. 教育与职业，2008(30)：23－25.

八方面能力。[1] 最终形成职业能力整合框图(如图 6－5－4 所示)。[2]

二、“课证行赛、层类交互、学用融合、多导多选”课程体系构建的主要内容

职业教育普遍存在以下教学问题：一是德知技相分离，二是培养模式趋同，三是一选决定终身。职业学校在确定发展目标时，要考虑把学校的发展与学生的个人需求结合起来，为学生创设升学、就业、创业三条通道。面对学生的升学需求——培养目标要定位于打好基础、立足发展；面对学生的就业需求——培养目标则强调德知技融合发展、职业素养高；面对学生的创业需求——培养目标中要强调学生有创业精神、懂创业实务。[3] 职业教育“课证行赛、层类交互、学用融合、多导多选”课程体系构建与教学实施，要坚持育人为本、实施素质教育，着力培养学生的职业道德、职业技能和就业创业能力，实现学生由一技之长向全面发展转变、阶段性发展向终身发展转变。

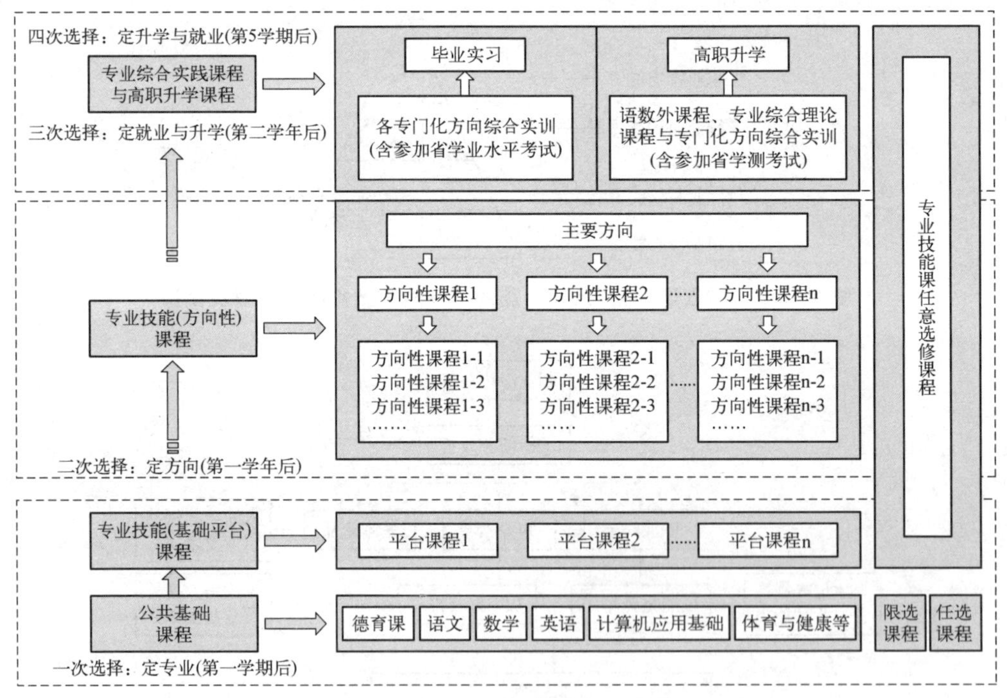

图 6－5－5 “技道融合”人才培养的“多导多选”的课程内容设置的组合方式

---

① 陈宇．职业能力以及核心技能[J]．职业技术教育，2003，24(33)：26．

② 蒋庆斌．职业能力结构化与职业教育课程体系构建[J]．职业技术教育，2012，33(22)：24－27．

③ 庄西真，刘克勇．德知技融合、因类施策、多元发展[N]．中国教育报，2018－04－24(009)．

（一）课程体系构建的基本内涵

“课证行赛、层类交互、学用融合、多导多选”的课程模式，其核心思想是让每个学生都能受到适合的教育，以“将更多的学习权利交给学生”为教育价值观，以打造多样化选择性课程体系和创新职业教育教学组织形式为切入点，[①]让每个学生能各尽所能，各得其所，人人成才。“层类交互”中，“层”是指国家课程、地方课程、校本课程，公共基础课、专业技能课、其他课程，必修课、限选课、任选课；“类”是指课程标准、职业证书、行业标准、大赛要求。具体来说，该课程模式的内容主要包括：一是“课证行赛”，即把职业证书要求、行业岗位标准、技能大赛内容和学校课程融合在一起。二是“层类交互”，即课程内容既有层次上的国家课程、地方课程、校本课程，也有类别上的公共基础课、专业技能课、专业综合实践课。比如“必修课程模块”属于国家法定必须开足开齐的课程，“选修课程模块”属于供学生任选或限选的校本性课程。其中前者又由公共必修课程和专业技能（平台性课程与方向性课程）必修课程组成，后者分“限选课程”和“任选课程”两种。三是“学用融合”，既指内容编排上理实并重（“专业技能必修课程”和“任选课程”中都应设置实践性内容模块），又指教学方法上理实一体，还指课时分配上理实均衡。四是“多导多选”，即指多导师指导学生多元、多次选择。（如图 6－5－5、图 6－5－6 所示。）职业

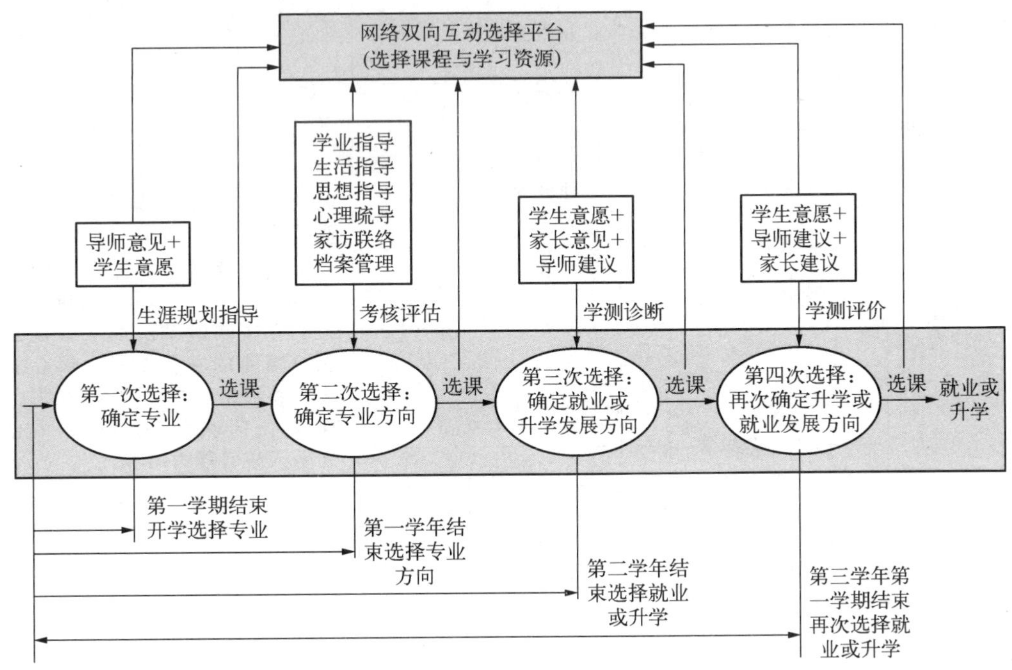

图 6－5－6　“技道融合”人才培养的“多导多选”的课程内容设置的选择平台

① 江民鑫．职业教育选择性课改：基本意蕴、实践困境与推进策略[J]．中国职业技术教育，2019(2)：34－38＋57．

学校组建由成长导师（指导学生制定个人发展规划）、课程导师（指导学生选择合适的课程）、专业导师（协助学生选择专业与职业方向）、就业或升学导师（为学生提供就业或升学咨询与指导）组成的导师团，指导学生依据《学习成长指导手册》，借助网络双向互动选择平台进行多类型、多次选择（专业、课程、职业、升学、就业等）。[①]

（二）课程能力结构化整合的基本内涵

将职业特定能力、行业通用能力、跨行业职业能力和职业核心能力和课程之间建立整合联系（如表 6－5－1 所示案例）。上述四种能力的培养任务分别由专业方向课程、专业平台课程、专业拓展课程、公共课程教学来承担，从而形成的多元整合课程模式（职业能力分析案例如表 6－5－2 所示）。其中职业特定能力主要是通过专业方向课程来培养的；行业通用能力主要是通过专业平台课程教学培养的；跨行业职业能力主要通过专业拓展课程教学培养的；职业核心能力是知识、技能和态度内化、迁移、整合的过程，公共课程仅仅是承载核心能力培养的主要途径，在平台课程、方向课程、拓展课程中也要融入核心能力培养。[②]

表 6－5－1　中等职业教育机电技术应用专业职业能力和课程整合关系表

<table>
<tr><th>课程类别</th><th>序号</th><th colspan="3">课程名称</th><th>职业能力和课程整合关系</th></tr>
<tr><td rowspan="16">公共基础课程</td><td>1</td><td rowspan="7">德育课</td><td rowspan="4">必修</td><td>职业生涯规划</td><td rowspan="16">职业核心能力是体现在具体职业活动中的最基本行为能力，是应用某种技术方法去做事的能力，是完成任务过程中的执行能力。公共课程仅仅是承载核心能力培养的主要途径。核心能力培养不是孤立的模块，在平台课程、方向课程、拓展课程中也要融入核心能力培养。</td></tr>
<tr><td>2</td><td>职业道德与法律</td></tr>
<tr><td>3</td><td>经济政治与社会</td></tr>
<tr><td>4</td><td>哲学与人生</td></tr>
<tr><td>5</td><td rowspan="3">限选</td><td>心理健康</td></tr>
<tr><td>6</td><td>职业健康与安全</td></tr>
<tr><td>7</td><td>环保教育</td></tr>
<tr><td>8</td><td rowspan="8">文化课</td><td rowspan="4">必修</td><td>语文</td></tr>
<tr><td>9</td><td>数学</td></tr>
<tr><td>10</td><td>英语</td></tr>
<tr><td>11</td><td>计算机应用基础</td></tr>
<tr><td>12</td><td rowspan="4">限选</td><td>体育与健康</td></tr>
<tr><td>13</td><td>艺术（美术、音乐）</td></tr>
<tr><td>14</td><td>物理</td></tr>
<tr><td>15</td><td>化学</td></tr>
<tr><td>16</td><td colspan="3">任选课程</td></tr>
</table>

① 庄西真，曹雨平，臧志军等. 德知技融合、因类施策、多元发展——整体提高职业学校人才培养质量的江苏实践[J]. 江苏教育：职业教育，2019(52)：71－75.

② 蒋庆斌. 职业能力结构化与职业教育课程体系构建[J]. 职业技术教育，2012，33(22)：24－27.

续表

课程类别	序号	课程名称			职业能力和课程整合关系
专业技能课程	17	基础平台课程	机械制图		行业通用能力主要是通过专业平台课程教学培养的。专业平台课程内部结构的主要形式是“任务引领型”课程、专业通识性课程;专业平台课程的内容取决于“岗位工作任务分析”。专业平台课程提供的不是知识的平台,而是能力的平台。
	18		金属加工与实训		
	19		机械基础		
	20		电工电子技术基础与技能		
	21		电气系统安装与调试		
	22		PLC 编程与应用技术		
	23		液压与气动系统安装调试		
	24	技能方向课程	机电设备安装调试	机电设备安装与检测技术	专业方向课程以培养学生在某个工种或岗位上的专项能力为基本定位。其课程结构应该以“项目课程”“学习领域”为基本形式。
	25			机电一体化设备组装与调试技术	
	26			铣工/维修电工考级技能训练	
	27		自动化生产线运行	自动化设备及生产线运行维护技术	
	28			自动生产线组装与装调技术	
	29			铣工/维修电工考级技能训练	
	30		机电产品维修	机电产品故障诊断与检测技术	
	31			机电产品维修技术	
	32			铣工/维修电工考级技能训练	
	33		机电产品营销	成本会计	
	34			机电产品推销实务	
	35			铣工/维修电工考级	
				技能训练	

续表

课程类别	序号	课程名称		职业能力和课程整合关系
专业技能课程	36	专业任选课程	社会实践活动	跨行业职业能力是指不同行业共同需要的职业能力，主要是通过职业拓展课程来培养的。职业拓展课程以专业选修课的类型呈现，教学组织形式以项目教学、社团活动、第二课堂、企业嵌入式课程等形式展开。
	37		专业技能类选修	
	顶岗实习			主要培养职业素养和综合职业能力。

表 6-5-2　中等职业教育机电技术应用专业“机电设备的制造”职业能力分析

职业岗位	工作任务	职业技能		知识领域	能力整合排序
机电设备的制造	一、机电产品的机械零件制造	（一）作业前的环境准备和安全检查	1. 能对作业环境进行选择和整理； 2. 能对常用设备、工具进行安全检查； 3. 能正确使用劳动保护用品。	机械制图、机械基础、金属加工与实训、电工电子技术基础与技能、钳工考试技能训练、液压与气动系统安装调试	一、行业通用能力 1. 识读图样能力： (1) 具有识读中等复杂机械零件图、装配图，电气原理图、接线图，液压、气动系统图的能力； (2) 具有应用计算机绘图软件抄画机械和电气图样的能力。 2. 工量具及仪表选用能力： (1) 具有常用机械加工工具、量具、刀具选用的能力； (2) 具有常用电工、电子仪表选用的能力。 3. 材料及元器件选用能力： (1) 具有常用金属材料的选用能力； (2) 具有识别和选用导线、低压电器、传感器及常用电工电子元件的能力； (3) 具有选用常用液压和气动元件的能力。 4. 机电设备的使用能力： (1) 具有识读常用机电设备技术资料的能力； (2) 具有操作常用机电设备的能力；
		（二）作业前的技术准备	1. 能读懂中等复杂程度的零件图； 2. 能读懂常用机床、设备的使用说明书或操作手册等； 3. 能读懂中等复杂程度的加工工艺文件及相关技术标准； 4. 能编制简单零件的加工工艺文件。		
		（三）作业前的物质准备	1. 能正确选用加工设备； 2. 能正确选用零件的材料； 3. 能正确选择、合理使用工具、夹具、量具； 4. 能正确选择和刃磨常用刀具。		

续表

<table>
<tr><th>职业岗位</th><th>工作任务</th><th colspan="2">职业技能</th><th>知识领域</th><th>能力整合排序</th></tr>
<tr><td rowspan="3">机电设备的制造</td><td rowspan="2">一、机电产品的机械零件制造</td><td>（四）零件的加工与检测</td><td>1. 能进行一般零件的平面划线及立体划线，并能合理借料；
2. 能正确使用钳工常用的刀具；
3. 能进行锯、锉、钻、铰、攻螺纹、套螺纹等钳工操作，按图完成简单零件与制作；
4. 能正确安装、调整和使用常用的机加工刀具；
5. 能熟练操作常用的机床；
6. 能按图完成外圆、端面、台阶、内孔、槽等简单零件的机械加工；
7. 能进行零件长度、内外径、角度、螺纹等的在线检测。</td><td rowspan="2">机械制图、机械基础、金属加工与实训、电工电子技术基础与技能、钳工考试技能训练、液压与气动系统安装调试</td><td rowspan="3">(3) 具有维护和保养常用机电设备的能力；
(4) 具有机电设备常见故障排除的基础能力。
5. 机电产品的制作能力：
(1) 具有识读各种工艺卡片的能力；
(2) 具有手工制作简单机械零件的能力(初级)；
(3) 具有运用常用机电设备制作简单机械零件的能力；
(4) 具有制作简单电子产品的能力；
(5) 具备 PLC 程序编制的基础能力；
(6) 具有简单机电设备机械装调的基础能力(初级)；
(7) 具有常用电气控制线路装调的基础能力(初级)；
(8) 具有常用液压、气动系统装调的基础能力；
(9) 具有机电产品制作质量控制的能力。
二、职业特定能力
1. 机电设备安装与调试：
(1) 具有编制和实施机电设备机械或电气安装工艺的能力(中级)；
(2) 具有典型机电设备整机调试的能力(中级)；
(3) 具有机电设备机械修复或电气故障排除的能力(中级)；
(4) 具有运用 PLC 及变频技术对机电设备实施电气控制改造的基础能力。
2. 自动化生产线运行：
(1) 具有编制和实施自动化设备及生产线机械或电气安装工艺的能力(中级)；</td></tr>
<tr><td>（五）机械加工设备的维护和保养</td><td>1. 能根据说明书完成常用机械加工设备机械、电、液压部分的检查、日常维护及保养；
2. 能发现常用机械加工设备的一般机械和电气故障。</td></tr>
<tr><td>二、机电产品的电子线路的制作</td><td>（一）识读技术文件</td><td>1. 能识别常用电子元件的图形符号和文字符号；
2. 能识读印刷电路板装配图；
3. 能识读工艺文件配套明细表；
4. 能识读工艺文件装配工艺卡。</td><td>机械制图、电工电子技术基础与技能</td></tr>
</table>

续表

<table>
<tr><th>职业岗位</th><th>工作任务</th><th colspan="2">职业技能</th><th>知识领域</th><th>能力整合排序</th></tr>
<tr><td rowspan="4">机电设备的制造</td><td rowspan="4">二、机电产品的电子线路的制作</td><td>（二）物质准备</td><td>1. 能选用电子产品常用五金工具；
2. 能选用焊接工具；
3. 能对浸锡设备进行维护保养。</td><td rowspan="4">机械制图、电工电子技术基础与技能</td><td rowspan="4">(2) 具有自动化设备及生产线运行和维护的能力；
(3) 具有自动化设备及生产线整机调试的能力(中级)；
(4) 具有运用 PLC 及变频技术对自动化设备及生产线实施简单改造的能力。
3. 机电产品维修：
(1) 具有编制和实施机电产品机械或电气安装工艺的能力；
(2) 具有典型机电产品整机调试的能力(中级)；
(3) 具有典型机电产品机械或电气故障诊断及检测的能力(中级)；
(4) 具有机电产品机械修复或电气故障排除的能力(中级)。
4. 机电产品营销：
(1) 具有典型机电产品成本核算的基础能力；
(2) 具有典型机电产品营销的能力；
(3) 具有典型机电产品装调、运行的能力(中级)；
(4) 具有机电产品售后服务的能力。
三、跨行业职业能力
1. 具有适应岗位变化的能力；
2. 具有企业管理及生产现场管理的基础能力；
3. 具有创新和创业的基础能力。</td></tr>
<tr><td>（三）准备电子材料与元器件</td><td>1. 能正确选用常用电子材料；
2. 能正确识别和选用电子元器件；
3. 能正确选用电工电子仪表测量常用电子元器件；
4. 能制作短连线及电子元件的引线。</td></tr>
<tr><td>（四）装接与焊接</td><td>1. 能手工插接印制电路板电子元器件及短连线；
2. 能装配简单的功能单元；
3. 能使用焊接工具实施手工焊接；
4. 能对电子元器件引线浸锡。</td></tr>
<tr><td>（五）检验与检修</td><td>1. 能检查印制电路板元件插接工艺质量；
2. 能检查印制电路板元件焊接工艺质量；
3. 能检测和检验简单功能单元；
4. 能修正焊接、插接缺陷；
5. 能拆焊电子元件。</td></tr>
</table>

三、“课证行赛、层类交互、学用融合、多导多选”课程体系教学设计的学理诠释

教学设计是以职业教育教学系统为研究对象，以获得最优化的教学效果为目的，以学习理论、教学理论和传播理论为理论基础，运用系统方法分析教学问题和确定教学目标，建立解决教学问题的策略方案、试行解决方案、评价试行结果和修改方案的过程。职业教育教学设计的基本模式（教学策略的制定）是针对学习内容和教学对象的特点，在教学时间、教学程序、教学组织、教学情景、教学方法和教学媒体等等多个维度上，对教学活动作出科学的安排。主要包括课程的宏观教学设计、课程的中观教学设计和课程的微观教学设计。①

（一）“课证行赛、层类交互、学用融合、多导多选”课程体系的宏观教学设计

课程的宏观教学设计主要包括：明确专业课程的培养目标，展望职业生涯；开展专业学习，完成各类教学活动；进行毕业考核，顺利实现就业。“课证行赛、层类交互、学用融合、多导多选”课程体系的培养目标就是培养现代农业、工业、服务业和民族传统工艺振兴需要的“德知技”并举的技术（技能）人才。在课程教学目标上，坚持“德技融合、素质本位、知能并重”。“德技融合”即“思想品德与技术（技能）并修”，着力培养学生的工匠精神、职业道德、职业技能和就业创业能力。“素质本位”即着力于培养学生具有职业理想信念、职业道德人格、职业关键能力、职业基本意识等职业核心素养。“知能并重”即是学中做、做中学，做学教合一；在课程教学实施上，坚持“产教融合、校企结合、协同育人”；在教学实施上，坚持“理实结合、虚实结合、工学结合”。②

（二）“课证行赛、层类交互、学用融合、多导多选”课程体系的中观教学设计

课程的中观教学设计主要包括：明确课程学习目标、开展教学、学习结果评价三个阶段。“课证行赛、层类交互、学用融合、多导多选”课程体系在学习目标上就是培养学生的首岗适应能力、面向工作岗位的综合职业能力、职业迁移能力和创新创业能力；依据“同级类差”和“同类级差”原理，指导学生多类型、多次选择专业、课程、职业、升学、就业等方向与学习内容依据，因业制宜、因生制宜，制定不同的教学目标开展教学。其中“同级类差”是指不同地区的职业学校在层级上均培养中初级技术（技能）人才，但在技术（技能）人才类别上存在差异。“同类级差”是指在类别上职业学校均培养技术（技能）型人才，但在德知技融合发展的水平上存在差异。学习结果评价就是体现课程标准、职业证书、行业标准、大赛要求。③

---

① 邓泽民. 职业教育教学设计（第4版）[M]. 北京：中国铁道出版社，2016：177－231.

② 刘克勇，方健华，王新国. 深度融合：江苏职业教育面向未来的发展理念与路径抉择[J]. 中国职业技术教育，2018(18)：34－38.

③ 庄西真，曹雨平，臧志军等. 德知技融合、因类施策、多元发展——整体提高职业学校人才培养质量的江苏实践[J]. 江苏教育：职业教育，2019(52)：71－75.

(三)“课证行赛、层类交互、学用融合、多导多选”课程体系的微观教学设计

课程的微观教学设计主要指要遵循职业活动逻辑顺序,把“职业道德养成、职业知识学习和职业技能训练”落实到具体的课堂教学中,培养学生从事职业活动的思维特质,提高职业教育教学的效能。课程的微观教学设计主要包括三种类型,要结合课程类型与学习要求灵活选择:一是职业活动过程导向的教学设计,即教学与学习的学场与职业活动的职场“双场合一”。以职业培养能力为主线,职业活动为导向,工作任务(项目)为载体,构建课程学习模块和内容,以完成项目任务为教学活动的目的。二是职业活动情景导向的教学设计,即教学情景与职业活动情景“双景合一”。创造实际工作情景,建立与劳动组织相似的学习小组,完成工作任务、解决实际问题、达到工作目标。主要包括四个阶段:展示学习目标(包括具体内容、标准、作用)、描述职业情景、逐景学习与对活动结果进行评价。三是职业活动效果导向的教学设计,即教学(学习)效果与职业活动效果“双果合一”。主要包括:陈述学习目标(包括具体内容、标准、作用),展示职业活动效果,讨论可能方案,方案实现,最后对职业活动效果进行评价。职业活动效果导向课程教学改革体现了学生的能力本位,让学生通过学习过程完成自我实践的挑战,能够使所有学生都有所收获,达到预期学习成果。

四、“课证行赛、层类交互、学用融合、多导多选”课程体系教学设计的实践操作

“技道融合”是职业教育人才培养的“道法自然”。“技”是体悟“道”之法,也是通向“道”之桥梁,技艺精进的过程,更是学生心灵成长、境界转换的过程。职业教育教学的最高境界是培养学生追求出神入化、炉火纯青的高超技艺,并将技术(技能)活动方式作为一种全身心的修炼过程。“课证行赛、层类交互、学用融合、多导多选”课程体系教学设计理念是将学生技术(技能)工艺活动开展当作他们人生修养与人格境界转换的存在方式,提倡教学要培养与训练学生拥有“鬼斧神工”一般的技术(技能),实现学生在岗位(实训)操作中心灵达到一种忘我的境界①,领悟到技术(技能)知识理论形态与经验形态的融合存在的意义和技术(技能)修炼自由的真谛,最终达到“道通为一”的境界。

(一)教学理念上导向②

职业教育“技”中之“道”的修炼与领悟过程,是一个充满艰辛的“专业与敬业”旅程,需要“执着的坚持和追求”的勇气与智慧的凝练。职业教育的技术(技能)知识大都呈现为一种默会知识,是属于一种经常使用、只可意会却不可以用文字符号予以清晰表达或直接传递的知识,具有具身性、亲知和动态觉知等认知特征,只能通过“活动”或“行动”

---

① 吴国盛.技术与人文[J].北京社会科学,2001(2):90-97.

② 庄西真,曹雨平,臧志军等.德知技融合、因类施策、多元发展——整体提高职业学校人才培养质量的江苏实践[J].江苏教育:职业教育,2019(52):71-75.

在真实情境中的训练、体验、浸润而获得。“课证行赛、层类交互、学用融合、多导多选”课程体系教学设计理念提倡：一是课堂教学目标的设计导向，从以知识或技能为主，向职业道德、职业知识和职业技能“三位一体”协同培养转变。二是课堂教学理念的设计导向，从教师中心、教授中心、任务中心的旧式“三位一体”向学生中心、学习中心、问题中心的新型“三位一体”转变。三是课堂教学时间的设计导向，从狭义课堂向课前、课中与课后的“三位一体”的广义课堂转变。在课堂教学空间上，从单一教室向教室、网上学习空间与实习实训场所“三位一体”的立体课堂转变。四是课堂教学形式的设计导向，从教师主讲为主，向学生陈述、小组研讨、教师评讲“三位一体”形式转变。五是课堂教学资源利用的设计导向，从以教材和参考书等书面资源为主要载体，向书面资源、网络数字资源和实习实训资源的“三位一体”转变。

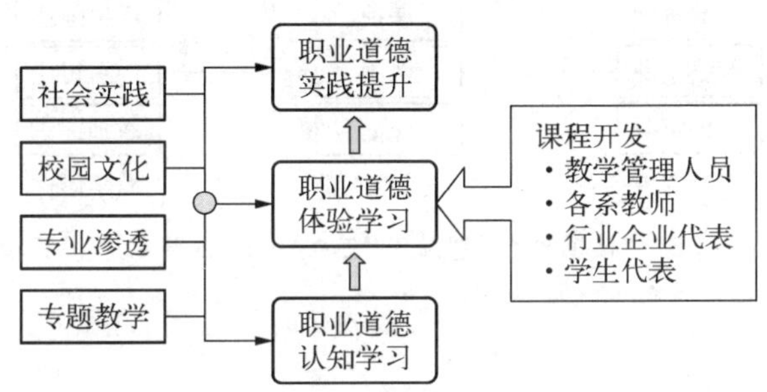

图 6-5-7 “技道融合”视域下“三段渐进、四维途径、全程体验”的教育模式框图

（二）教学实施上导向

“融技于道”“融道于技”“技道合一”的培养理念意味着职业教育人才培养应着力追求技术（技能）活动各种相关因素的和谐共生，实现“德”与“技”、“做”与“思”、“手”与“脑”、“行”与“知”的交互为用，达到精益求精的最佳匹配状态。一是教学的“思政”育人。构建“三段渐进、四维途径、全程体验”的职业道德教育模式（如图 6-5-7 所示），推进教学“思政基因工程”，将“理想信念”“爱国精神”“创新精神”“工匠精神”“诚实守信”等思政元素融入职业教育课堂教学，让学生在学习专业技能的同时，亲身体悟思政教育对人成长的影响。二是教学的模式融合。著者参与的庄西真博士牵头开发的“三位一体”课堂教学模式（如图 6-5-8 所示），①推行“知识＋技能”立体非线性教学设计和课堂教学步骤，多渠道系统优化教学过程，增强教学的实践性和实效性，有效提高教育教学质量。有关研究成果获得江苏省教学成果奖特等奖、国家教学成果奖一等奖，灌南中专教学管理、学生管理也入选江苏省职业学校管理“双三十强”。三是教学的方法创新。基于人工智能、物联网、虚拟仿真等技术构建的“学习生态系统”，重构教学流程，

① 庄西真.江苏整体提高职业学校人才培养质量[N].中国教育报，2018-04-24(009).

推动信息技术和课堂教学内容融合创新，构建“云计算、社交技术、大数据支持的交互学习系统以及线上线下学习融合的混合学习模式”，为学生的个性化学习与教师因材施教提供可能。

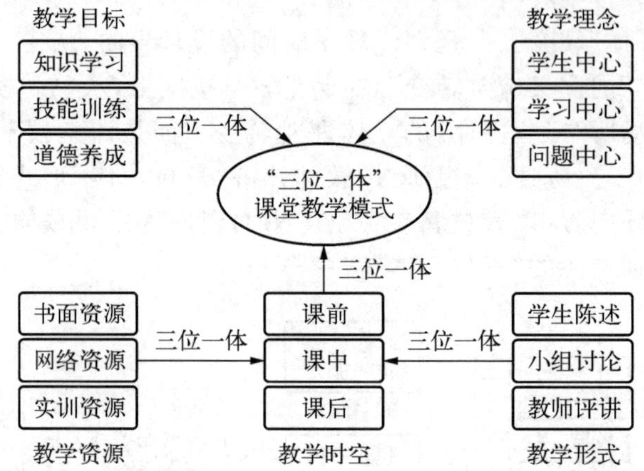

图 6－5－8 “技道融合”视域下“三位一体”课堂教学模式框图

参考文献

[1] 方健华.中职学生职业核心素养评价及其标准体系建构研究[D].南京师范大学,2014:28,47-52.

[2] 顾建军.试论以人为本与职业教育[J].教育与职业,2004(28):4-6.

[3] 周如俊.职校技能型人才"技能素质"如何定位[N].江苏教育报,2011-12-26(A3).

[4] 周如俊.职业教育"多元整合课程模式"构建与实践[J].继续教育,2015,29(7):3-6.

[5] 杨汉东.高职教育可持续发展人才培养几个关键问题思考[J],职业时空,2012,8(5):122-124.

[6] 周如俊.基于CDIO审视中职校专业教育实施误区与应对之策[J].江苏教育,2010(z3):32-34.

[7] 周如俊.中等职业教育人才培养策略"转轨"综述[J]江苏教育,2016(4):21-25.

[8] 周如俊."2.5+0.5"学制分段后中职校实践教学体系的构建研究——以机电技术应用专业为例[J].江苏教育,2014(12):66-69.

[9] 周如俊.中等职业教育人才培养存在的问题与"转轨"策略——基于"中国制造2025"视域[J].职教论坛,2016(10):26-32.

[10] 周如俊.中职示范校人才培养模式构建的实证研究[J].江苏教育研究,2014(36):64-69.

[11] 徐国庆,伏梦瑶."1+X"是智能化时代职业教育人才培养模式的重要创新[J].教育发展研究,2019,39(7):21-26.

[12] 曹培杰.智慧教育:人工智能时代的教育变革[J].教育研究,2018,39(8):121-128.

[13] 周如俊."教学主张":中职校课改管理的缺失与对策[J].新疆职业教育研究,2012,3(4):57-60.

[14] 赵文平.职业教育课程改革走向:基于复杂性思维的审视[J].厦门城市职业学院学报,2012,14(2):5-8.

[15] 周如俊."技道融合"人才培养的教学主张:逻辑意蕴与实践操作[J].职业技术教育,2019,40(16):23-29.

[16] 赵志群,王炜波.德国职业教育设计导向的教育思想研究[J].中国职业技术教育,2006(32):62-64.

[17] 姜大源.当代德国职业教育主流教学思想研究[M].北京:清华大学出版社,2007:1-21.

[18] 徐国庆.新职业主义核心技能课程理论研究[J].外国教育资料,2000(3):52-54.

[19] 文技,王小平,许晓林.技能的内涵与置位[J].济南职业学院学报,2008(6):5-8.

[20] 姜大源.技术与技能辨[J].高等工程教育研究,2016(4):71-82.

[21] 张振元.技能分类若干问题新探[J].职业技术教育,2007(z8):5-10.

[22] 陈几,陈昌曙.关于技能的哲学思考[J].杜会科学辑刊,1990(3):13-18.

[23] 徐国庆.实践导向职业教育课程研究:技术学范式[M].上海:上海教育出版社,2008:44-49.

[24] 崔仁泉.现代技工教育体系探索[M].北京:中国劳动社会保障出版社,2011:124-125.

[25] 余大庆.职业教育传艺更要传神[N].光明日报,2014-02-25(014).

[26] 王前.“由技至道”——中国传统的技术哲学理念[J].哲学研究,2005(12):84-89.
[27] 任玉凤,罗朝慧.米切姆的技术类型学概念框架解读[J].科学技术与辩证法,2006(6):75-77.
[28] 叶路扬,吴国林.技术人工物的自然类分析[J].华南理工大学学报(社会科学版),2017,19(4):56-61.
[29] 李三虎.技术符号学:人工物的意义解释[J].自然辩证法通讯,2018,40(7):106-114.
[30] 肖龙,陈鹏.技术哲学视域下工匠精神的生成及培育[J].职教论坛,2016(34):15-20.
[31] 鲁彬之,刘恒,王同军.高技能人才养成之“道”[N].中国教育报,2017-10-10(010).
[32] 蒋祎.工匠精神的内涵解构:基于技术哲学的视角[J].职教通讯,2018(4):51-57.
[33] 倪文杰等.现代汉语辞海[M].北京:人民中国出版社,1994:1562.
[34] 卡尔·米切姆.通过技术思考:工程与哲学之间的道路[M].陈凡,朱春艳译.沈阳:辽宁人民出版社,2008.
[35] 王前.“道”“技”之前——中国文化背景的技术哲学[A].辽宁省哲学社会科学获奖成果汇编(2009-2010 年度).2013.
[36] 陈向阳.走向澄明之境——技术教育的哲学视域[M].北京:高等教育出版社,2015:101.
[37] 章琰.作为“过程”的技术[J].自然辩证法研究,2004,20(3):77-81.
[38] 陈红兵,陈昌曙.关于“技术是什么”的对话[J].自然辩证法研究,2001,17(4):16-19.
[39] 李瑞华.论技术主义对人类道德责任的消解[J].伦理学研究,2004(1):24-29
[40] 顾建军.技术的现代维度与教育价值[J].华东师范大学学报(教育科学版),2018,36(6):1-18.
[41] 万长松.对科学技术化与技术产业化的哲学思考[J].东北大学学报(社会科学版),2007,9(4):289-293.
[42] 董坤,许海云,罗瑞等.科学与技术的关系分析研究综述[J].情报学报,2018,37(6):642-652.
[43] 陈爱华.科学伦理何以可能[J].中共南京市委党校南京市行政学院学报,2003(6):8-12.
[44] 周如俊,李伟.哲学视域下对中职校课改中“五个融合”的审视[J].职教通讯,2011(9):71-75.
[45] 严中华.职业教育课程开发与实施——基于工作过程系统化的职教课程开发与实施[M].北京:清华大学出版社,2009.
[46] 周如俊.基于多元整合视角探讨中职课程设置问题与有效对策——以机电技术应用专业为例[J].职教论坛,2012(21):36-40.
[47] 周如俊,方四清.中职校“四类”课程问题与有效对策——以机电技术应用专业为例[J].江苏教育,2012(30):22-25.
[48] 张艺.什么知识最有价值:对职业课程内容选择的启示[J].长春理工大学学报,2011(9):19-20.
[49] 张健.职业教育的跨界品格[J].江苏教育,2011(27):1.
[50] 杜怡萍.广东职业教育课程改革的现状、问题及对策研究[J].广东教育:职教版,2016(11):37-40.
[51] 江民鑫.职业教育选择性课改:基本意蕴、实践困境与推进策略[J].中国职业技术教育,2019(2):34-38+57.
[52] 张健,陈清.职业教育课程结构化的反思与模式创新[J].中国职业技术教育,2020(2):5-9.
[53] 丁锡民.试论职业教育课程改革[J].天津市教科院学报,2007(1):50-51.
[54] 周如俊.积极构建中高职之间的衔接体系[J].当代职业教育,2012(7):1.
[55] 周如俊.职业教育课程改革的演变·推变·嬗变——对当前职业教育课程改革历程的综述[J].江苏教育,2011(z3):7-14.

[56] 周如俊.中等职业教育课程模式发展的样式比较与启示——以“京沪苏浙”区域为例[J].教育科学论坛,2017(4):39-43.
[57] 董奇,黄芳,国卉男.现代职业教育体系视角下的高职课程改革——兼论高职课程观的发展趋势[J].职业技术教育,2014,35(1):27-31.
[58] 姜汉荣.“双场合一”:中职专业课课程改革的新思考[J].职教论坛,2015(27):19-22+26.
[59] 周如俊.“工业4.0”视域下中等职业教育课程设置转型审视——以机电专业为例[J].江苏教育,2016(4):48-51.
[60] 宋健,王茁,杨杰.“工业4.0”综述[J].山东工业技术,2015(2):288.
[61] 蔡泽寰.应对工业4.0高职教育的趋向[N].襄阳日报,2015-06-09(005).
[62] 徐国庆.智能化时代职业教育人才培养模式的根本转型[J].教育研究,2016,37(3):72-78.
[63] 陆启光.基于“工业4.0”的职业教育转型[J].职教论坛,2015(16):4-9.
[64] 王喜文,关于“工业4.0”的三个问题[EB/OL].http://wap.ce.cn/intl/201408/04/t20140804_3288602.html,2014-08-24.
[65] 周如俊.中等职业教育发展的“新常态”[J].江苏教育,2015(20):41-44.
[66] 蒋庆斌.职业能力结构化与职业教育课程体系构建[J].职业技术教育,2012,33(22):24-27.
[67] 教育部.教育部关于深化职业教育教学改革全面提高人才培养质量的若干意见[Z].教职成[2015]6号.2015-07-27.
[68] 江苏教育厅.关于印发《江苏省中等职业教育和五年制高等职业教育指导性人才培养方案(试行)》的通知[Z].苏教职〔2013〕34号,2013-10-11.
[69] 石芬芳.高职旅游专业通识课程目标的设计[J].高等职业教育(天津职业大学学报),2008,17(4):28-30.
[70] 刘春生.职教课程改革目标取向研究[J].西安交通大学学报(社会科学版),1999(2):62-65.
[71] 胡娜.职业教育工学结合课程目标体系研究[J].天津职业院校联合学报,2011,13(9):91-94.
[72] 郑晓梅,谢长法.论高等职业教育课程目标的价值取向[J].职业技术教育,2003,24(19):40-42.
[73] 王坤,谢长法.职业教育课程目标研究综述[J].成人教育,2013,33(6):65-67.
[74] 闫广芬,李文文.新中国成立70年来职业教育人才培养目标的“中国特色”[J].中国职业技术教育,2019(36):27-33.
[75] 李政.职业教育现代学徒制的价值审视——基于技术(技能)人才知识结构变迁的分析[J].华东师范大学学报:教育科学版,2017,35(1):54-62+120.
[76] 勒维克.技职教育哲学——多元概念的探讨[M].台北:五南图书出版公司,2002:77-78.
[77] 李文文,闫广芬.实然与应然:职业教育发展逻辑考察——基于历史视角[J].中国职业技术教育,2018(33):51-55+90.
[78] 陈鹏,庞学光.培养完满的职业人——关于现代职业教育的理论构思[J].教育研究,2013,34(1):101-107.
[79] 眭依凡.关于大学人才培养问题的思考[J].教育发展研究,2006(3A):30-34.
[80] 杨院,许晓芹,连晓庆.新中国成立70年来职业教育产教融合政策的演变历程及展望[J].教育与职业,2019(19):26-31.
[81] 查吉德.改革开放30年来职业教育培养目标的政策分析[J].中国职业技术教育,2013(3):20-24.
[82] 周大农,戚亚光,吴亚萍.分层化国家职业标准理念引导下的高职课程体系重组[J].教育与职

业,2008(30):23-25.
[83] 关晶.职业教育在后现代主义中的立据、挑战与改革趋向[J].职业技术教育,2009,30(7):5-9.
[84] 邓泽民,赵沛,吴学敏,刘京文.《职业教育学——原理与应用》第八章(摘编)职业教育课程论[J].中国职业技术教育,2009(33):8-9+26.
[85] 王奕萍.高等职业教育课程价值取向的优化整合[J]现代教育管理,2012(5):83-86.
[86] 胡娜.职业教育工学结合课程目标体系研究[J].天津职业院校联合学报,2011,13(9):91-94.
[87] 刘云杉."核心素养"的局限:兼论教育目标的古今之变[J].全球教育展望,2017,46(1):35-46.
[88] 乔为.核心素养的本质与培育:基于职业教育的视角[J].职业技术教育,2018,39(13):20-27.
[89] 李光,秦可越.职业教育核心素养培育研究[J].河北大学成人教育学院学报,2019,21(2):70-74.
[90] 徐健.核心素养并非基础教育专有名词[N].中国教育报,2016-11-08(009).
[91] 花鸥,曾庆琪.成果导向教育理念下职业核心素养培育的实践逻辑及其课程建构[J].职教论坛,2019(6):50-55.
[92] OECD. Definition and Selection of Competencies(DeSeCo)[EB/OL]. http://www. oecd. org/dataoecd/47/61/35070367. pdf.
[93] 徐国庆.能力重要还是素养重要[J].职教论坛,2015(15):1.
[94] 中华人民共和国教育部.教育部关于全面深化课程改革落实立德树人根本任务的意见[EB/OL].(2014-03-30)[2018-12-20]. http://old. moe. gov. cn/publicfiles/business/htmlfiles/moe/s7054/201404/167226. html.
[95] 庄西真.技能人才成长的二维时空交融理论[J].职教论坛,2017(34):20-25.
[96] 陈宇.职业能力以及核心技能[J].职业技术教育,2003,24(33):26.
[97] 方健华.从能力本位到素质本位:中职生职业核心素养评价及其标准体系建构理论与实践[M].北京:高等教育出版社,2016:76-126.
[98] 陈宏艳,徐国庆.基于核心素养的职业教育课程与教学变革探析[J].职教论坛,2018(3):57-61.
[99] 井文,匡瑛.中职学生核心素养框架初探及培养路径——基于扎根理论的中等职业学校专业教学标准文本分析[J].职业技术教育,2019,40(3):14-18.
[100] 翁孝川.培养核心素养,职校生"以不变应万变"[N].中国教育报,2016-08-30(007).
[101] 郝昭成.自我管理思维随笔[M].北京:中国税务出版社,2017:1-8.
[102] 周如俊."8S"现场管理视角下中等职业学校的"校企文化"融合育人[J].江苏教育研究,2015(33):41-45.
[103] 唐小俊.职业核心素养:内涵分析及培养路径[J].江苏教育研究,2017(27):70-73.
[104] 张志军,郭莹.高职学生职业核心素养培育路径探究[J].中国职业技术教育,2017(4):52-56+65.
[105] 沈志美."五位一体"构建职校新型管理模式——江苏省海安中等专业学校的经验[J].江苏教育,2014(4):19-20.
[106] 周如俊.基于"四位"视角的校企制度文化对接路径[J].福建教育,2014(3):11-12.
[107] 刘克勇,方健华,王新国.深度融合:江苏职业教育面向未来的发展理念与路径抉择[J].中国职业技术教育,2018(18):34-38.
[108] 百度文库.8S 现场管理考核表[EB/OL]. http://wenku. baidu. com/view/f0136124ccbff121dd3683b3. html,2010-09-24.

[109] 杨剑.浅析传播专业大学生创造性思维缺乏的原因以及对策[J].传播与版权,2018(1):138-140.

[110] 钟启泉.基于核心素养的课程发展:挑战与课题[J].全球教育展望,2016,45(1):3-25.

[111] 闫智勇,吴全全,徐纯.职业教育课程模式的演进历程与发展趋势[J].职教论坛,2019(1):48-55.

[112] 刘冰,闫智勇,吴全全.职业教育课程开发模式的源流与趋势[J].中国职业技术教育,2018(33):5-11.

[113] 吕莉敏.发达国家职业教育课程改革特点述评[J].职教论坛,2009(24):59-60+58.

[114] 李琼.职业教育课程开发模式综述[J].职业技术教育,2009,30(22):51-53.

[115] 赵志群.我国职业教育课程模式的发展[J].职教论坛,2018(1):52-57.

[116] 姜大源.工作过程系统化课程的结构逻辑[J].教育与职业,2017(13):5-12.

[117] 李志政.关于使 MES 中国化的思考[J].北京成人教育,1991(9):12-14.

[118] 刘翊.从 CBE、MES 看现代职业技术教育的几个特点[J].比较教育研究,1998(2):50-52.

[119] 张永林,刘登高.技能训练是工人岗位培训的核心:推荐 MES 培训模式(一)[J].北京成人教育,1989(7):12-14.

[120] 陈强华.对 CBE 的介绍、认识及建议[J].孝感职业技术学院学报,2000(4):55-56.

[121] 徐国庆.职业教育项目课程:原理与开发[M].上海:华东师范大学出版社,2016:21.

[122] 王刚.CDIO 工程教育模式的解读与思考[J].中国高教研究,2009(5):86-87.

[123] 陈启元,任胜兵,胡志刚等.工科大学生 CDIO 能力成熟度评估与改进体系研究[J].中国高等教育,2009(8):31-33.

[124] 姜大源,吴全全.当代德国职业教育主流教学思想研究:理论、实践与创新[M].北京:清华大学出版社,2007:31-32,141,107,161-168.

[125] 赵志群.我国职业教育课程模式的发展[J].职教论坛,2018(1):52-57.

[126] Bader R, Schäefer B. Lernfeld Gestalten: Vom Komplexen Hangdlungsfeld zur Didaktisch Strukturierten Lernsituation[J]. Die Berufsbildende Schule,1998(7-8):229-234.

[127] 国家教育发展研究中心专题组.迈向全纳、公平、有质量的教育和全民终身学习——《教育 2030 行动框架》之前言、愿景、理念与原则[J].世界教育信息,2016,29(1):7-11.

[128] 国家教育发展研究中心专题组.迈向全纳、公平、有质量的教育和全民终身学习——《教育 2030 行动框架》之总体目标和策略方法[J].世界教育信息,2016,29(1):12-15.

[129] 王春燕.基于可持续发展教育理念的职业教育课程开发——PGSD 能力分析模型的构建及应用[J].中国职业技术教育,2019(18):65-70.

[130] 周如俊."适合的教育"从课程供给的"选择"开始——从中等职业教育谈起[J].江苏教育.2018(4):29-34.

[131] 庄西真,曹雨平,臧志军等.德知技融合、因类施策、多元发展——整体提高职业学校人才培养质量的江苏实践[J].江苏教育,2019(52):71-74.

[132] 辛涛,姜宇,林崇德等.论学生发展核心素养的内涵特征及框架定位[J].中国教育学刊,2016(6):3-7+28.

[133] 庄西真.江苏整体提高职业学校人才培养质量[N].中国教育报,2018-04-24(009).

[134] 浙江省教育厅.关于印发《浙江省职业教育课程改革方案》的通知[EB/OL]. http://www.zjedu.gov.cn/news/27092.html. 2014-11-12.

[135] 庄西真，刘克勇. 德知技融合、因类施策、多元发展[N]. 中国教育报，2018-04-24(009).
[136] 周如俊. 素质教育视角下中等职业教育课程体系的构建以机电技术应用专业为例[J]，江苏教育研究，2014(9)：69-74.
[137] 尹伟民. 职业教育素质教育论，南京：江苏凤凰教育出版社，2014：76-93.
[138] 李国艳，吴宝. 高职院校职业素质教育课程体系的构建研究[J]，中国职业技术教育，2015(18)：87-89+93.
[139] 邓泽民. 职业教育教学设计(第4版)[M]. 北京：中国铁道出版社，2016：177-231.
[140] 朱萍. 职业学校专业课程标准的开发[J]. 江苏教育，2011(z3)：20-21.
[141] 沈时仁. 高等职业教育职业素质养成体系的构建[J]. 宁波大学学报(教育科学版)，2010，32(6)：76-80.
[142] 吴国盛. 技术与人文[J]. 北京社会科学，2001(2)：90-97.
[143] 周如俊. 职业院校实践教学体系的构建综述研究：基于职业能力培养视角[J]. 职教论坛. 2014(3)：77-81.
[144] 严权. 新农村职业教育人格本位价值取向研究[J]. 职教论坛，2007(17)：53-56.
[145] 姜汉荣. 中职“双场合一”教学：理论基础及操作要义[J]. 中国职业技术教育，2017(32)：114-117.
[146] 戴建华. 基于产业链的实践教学体系构建[J]. 职业教育研究，2020(4)：39-43.
[147] 应金萍. 论高职实践教学休系的构建及作用[J]. 职教论坛，2005(6)：39-41.
[148] 毛建国. 职业学校创新教育与创业教育的关系[J]. 职业技术教育(教科版)，2001，22(4)：16-19.
[149] 秦敬祥. 构建以职业能力培养为核心的高职实践教学体系[J]. 现代教育科学，2010(7)：138-140.
[150] 吕景泉. 借鉴德国职教经验　打造中国高职品牌[J]. 天津成人高等学校联合学报，2004，6(5)：6-10.
[151] 丁金昌. 高职系统化、多层次实践教学体系研究[J]. 教育发展研究，2010，30(23)：75-78.
[152] 张小军. 高职教育“三维四层”实践教学体系的构建[J]. 中国职业技术教育，2013(26)：56-60.
[153] 徐国庆. 理性看待理实一体[J]职教论坛，2015(3)：1.
[154] 张健. 论“做学教合一”课程模式的整合[J]. 职教论坛，2014(3)：15-18.
[155] 张健. 职业教育的追问与视界[M]. 芜湖：安徽师范大学出版社，2010：54.
[156] 李学喜. 职业学校专业课教学模式的选择与运用[J]. 江苏教育. 2012(2)：24-28.
[157] 崔志钰. 从玩要到游戏——例谈微型游戏项目教学中的规则运用[J]. 江苏教育研究，2018(3)：3-7.
[158] 崔志钰. 从“做学教合一”到“玩学教合一”——微型游戏项目教学的实践探索[J]. 江苏教育研究，2017(18)：52-56.
[159] 江净. 基于数字化资源的课堂教学模式构建[D]. 华中师范大学，2012：7.
[160] 谭永平. 混合式教学模式的基本特征及实施策略[J]. 中国职业技术教育，2018(32)：5-9.
[161] 周如俊. 中职人才培养方案的价值追求与监管策略——以江苏省灌南中等专业学校为例[J]. 江苏教育，2020(28)：34-38.
[162] 教育部. 教育部关于职业院校专业人才培养方案制订与实施工作的指导意见[Z]. 教职成〔2019〕13号. 2019-06-05.

[163] 潘锡泉.职业教育教学标准建设:实践、反思与重构[J].高等职业教育(天津职业大学学报),2019,28(3):22-27.
[164] 国务院.关于印发国家职业教育改革实施方案的通知[Z].国发〔2019〕4号.2019-02-13.
[165] 江小明,李志宏,王国川.对落实《教育部关于职业院校专业人才培养方案制订与实施工作的指导意见》的认识与思考[J].中国职业技术教育,2019(23):5-9.
[166] 王继平.职业教育国家教学标准体系建设有关情况[J].中国职业技术教育,2017(25):5-9.
[167] 李育书.职业教育专业教学标准建设的标准化思考[J].教育(文摘版),2017(8):342.
[168] 贾洪凯,周如俊,陆道华.提升办学品质　落实内涵发展[J].江苏教育,2019(44):18-21.
[169] 李其进.品质提升:学校内涵发展的本质追求[N].江苏教育报,2018-10-17(003).
[170] 史亮,邵志豪,解庆福.基于教育家办学的学校品质提升的思考与实践[J].中国教育学刊,2018(2):53-56.
[171] 教育部.教育部关于印发《中等职业学校教师专业标准(试行)》的通知[Z].教师[2013]12号.2013-09-23.
[172] 周如俊."咖啡工间"之于教师管理[J].江西教育,2011(Z2):59.
[173] 周如俊,董振."六个对接"视角下中等职业学校专业建设的实践研究——以船舶制造与修理专业为例[J].江苏教育研究,2014(24):77-80.
[174] 周如俊,陆道华,汪杰."四化"融合　文化育人江苏省灌南中等专业学校国示范校园文化特色项目介绍[J].江苏教育,2013(48):15-17.
[175] 任占营.专业建设是提升人才培养质量着力点[N].中国教育报,2016-01-26(004).
[176] 潘玉山,周如俊.职业学校专业结构与产业结构吻合度评定指标的研究[J].职业教育研究,2015(12):21-26.
[177] 周如俊.中等职业学校专业升级改造的策略研究——基于产业结构调整的视角[J].职业教育研究,2014(12):39-42.
[178] 程良宏,张金运.课程改革视域下教师教学哲学的审视与重构[J].教育发展研究,2010,30(8):78-82.
[179] 周如俊.对当前中职校项目教学中"五对"不等式的反思与求解[J].江苏教育,2010(6):19-21.
[180] 邱才训.广州市以就业为导向的中职校课程建设初探[J].教育导刊,2008(3):51-55.
[181] 姜大源."学习领域"——工作过程导向的课程模式——德国职业教育课程改革的探索与实践[J].职教论坛,2004(8下):61-64.
[182] 黄克孝."多元整合"课程模式创新的策略思想[J].江苏教育:职业教育,2011(4):17-21.
[183] 杨叔子,余东升.文化素质教育与通识教育之比较[J].高等教育研究,2007(6):1-7.
[184] 联合国教科文组织.教育——财富蕴藏其中[M].北京:教育科学出版社,1996:7.
[185] 高进军.高职项目化课程教学评价体系建设探索[J].中国职业技术教育,2010(5):53-54.
[186] 徐金雷.技术的默会知识及其实践培育[J].华东师范大学学报(教育科学版),2018,36(6):19-28+154.
[187] 高宝立.高等职业院校的人文教育:理想与现实[J].教育研究,2007(11):34-39.
[188] 陈昭.高职院校专业设置与改造的研究与探索[J].武汉职业技术学院学报,2005(6):35-37+50.

后　记

后记是个人著作过程的思想行走的轨迹，也是值得回味再三的教学主张心灵杂碎。

职业教育人才培养目标是什么？其教学最高境界又是什么？这是我从事职业教育近30年来一直在思考的问题。职业教育人才培养如何追求“技”之上的“道”？这种追求对技术（技能）活动发展与职业教育人才培养有什么意义？

当前职业教育人才培养和产业需求存在“两张皮”问题，学校与企业协同育人存在“两隔离”现状，教学过程与生产过程存在“两脱节”顽疾，技术（技能）培养与职业精神培养存在“两分离”现象，这固然可能是多方面的因素造成的，但是其根本性问题可能出在技术层面走得有点快了，技术（技能）创造能力和活力逐渐淡化乃至逐步丧失，人才培养失去“技以载道”的功能，导致教学“灵魂”跟不上了，出现“成器”教育忽视“成人”的现实尴尬。

“技”与“道”，作为中国哲学特有的基本范畴，涉及职业教育技术活动的一些根本属性。“由技至道”作为中国传统的技术哲学理念，对现代职业教育技术（技能）活动开展也有重要价值。但是《庄子》中“庖丁解牛”的典故有时也会对现代职业教育课程构建与教学实施造成一种“两难”选择的境地。一方面，提倡职业教育人才培养学生应该超脱对于技艺的追求，而去理解隐藏于技术（技能）后面的道——探求只可意会却不可言传的道，是一种不切实际的培养模式；另一方面，职业教育人才培养如果不鼓励学生去追求“尚巧工”之后工匠精神形成之道，那么就会陷入一种以工具理性为核心的“制器”培养，最终结果是劳动者与其创造的技术产品相分离，技术（技能）应用者不愿为自己的技术产品负责，更不愿意通过技艺本身来创造属于自己的敬业、精益、专注、创新等工作之幸福，而这样异化的劳动过程价值导向，正是我们在职业教育人才培养中必须首先避免的。

“道以技显，技因道进”，有鉴于此，结合现代职业教育发展的新理念，我在研究教学实际基础上，立足技术（技能）型人才“德技并修”育人导向与培养现代社会需要的工匠精神的时代呼唤，提出职业教育教学“灵魂”核心在于“技道融合”。职业教育必须培养德技兼备、全面发展的人才：不能仅仅承担技术（技能）训练的功能，同样需要着眼于学生可持续发展，以“技道融合”主张为指导，以“技”体“道”、以“技”明“道”，施行发展个性、触及灵魂的教学。

本书写完，心中突然有“技即道”这样一种想法。职业教育人才培养之“技”首先是指一般职业者所实际运用的技术，而“道”则是约束、管理或指导某项技术(技能)活动的一种行业标准和准则。在这个意义上，职业教育人才培养有必要通过“做学教”合一，学习一门技术，掌握一门技术，参与到一个生产流程中。一旦进入这一流程，学生或者有意识地，或许不自觉地接受了行业的标准，而这个就是隐藏于他所具体使用的技术(技能)后面的敬业、精益、专注、创新等工匠精神的职业价值取向和行为表现之道。

“技”与“道”之间，有一种天然的联系，“道”是超越具体“技”之上的“道”，是一种理想的“技术”，是“技”的最高境界。深层次透视“技道融合”主张，职业教育人才培养要关注技术(技能)如何兼具个体、个体间以及集体三个层面的意义，这对于祛除隐藏于技术(技能)后面的道的神秘性，是很有意义的。所以，掌握技术(技能)离不开掌握道，技术本身已经包涵了道的规定性，技即是道，并不存在道超脱于技的地方。职业教育中任何脱离于道的技术(技能)，在当前智能智造社会化生产的时代都不能称之为一种技术。

欣然可见，教育部、国家发展改革委、财政部、市场监管总局联合发文并启动了“学历证书＋若干职业技能等级证书”(简称 1＋X 证书)制度试点。职业教育在培养学生运用技术并参与到生产过程中，必然对行业准则和生产规范是熟悉的，学生完成 X 证书课程学习后，建构适应新产业、新技术、新业态、新模式经济发展需要的技术(技能)，那么在此基础上，学生未来作为一个职业者就完成了自己的技术任务，能很好地贡献于整个生产流程的顺利完成，便是有道之技术者。当然，如果职业教育所培养的学生能进一步完善某项技术(技能)的行业标准，使之达到更高水平，那么他便是在用新的道来引领技术(技能)的前行。熟练掌握技术，认识行业准则，为提高技术水平而做出自己的贡献。职业教育培养这样的技术(技能)人不仅可以获得较高的社会评价，也可以促进国家经济发展，更能从个体意义上实现学生自己的价值。这正是职业教育人才培养与课程教学之“灵魂”!

“一名之立，旬月踟蹰。”翻译大家严复有此一说。至于我辈平凡学人，只要心智诚实，理应更莫能外。由此，我深刻体会到专著写作境界，宛如王国维《人间词话》人生三种之境界:“昨夜西风凋碧树。独上高楼，望尽天涯路。”此第一境也。“衣带渐宽终不悔，为伊消得人憔悴。”此第二境也。“众里寻他千百度，蓦然回首，那人却在灯火阑珊处。”此第三境也。寻找属于自己的职业教育“句子”，现在我终于明白教师的教科研的写作真正境界:与职称无关，与经济无关，与名声无关，是自己教育价值的一种体现，是自身能量的一种释放!

后记“叙事”有点画蛇添足之嫌，但画龙终靠点睛。但愿呈现在您——尊敬的读者面前的这本著作至少能够表明，在思想方法上，我已经向职业教育的课程与教学本然靠近了一步或两步。果真如此，我将非常满足，因为我很担心著作有“连篇累牍”、攀附异曲之味。

“嘤其鸣矣，求其友声。”我应当特别感谢对写作与出版提供过激励和帮助的一些人。本书的部分内容提前“出生”在一些杂志上，也参考了国内外学者、专家的一些文献或观点，在此对他们表示感谢。我也感谢江苏省“人民教育家培养工程”第三期中学理科组彭钢等导师，第四期中职组的史国栋、庄西真等导师的指导与提携，也感谢各位培养对象的关心与帮助。我还得感谢江苏理工学院庄西真教授为本书写的序言。正是在他们的关心与支持下，我才有“弄斧必到庄门”的冲动，有时间有机会抛出了自己一揽子的相关想法与做法。这里的感谢很有必要，不是“吃人嘴软，拿人手短”，而是“滴水之恩，当涌泉相报”也！

周如俊

2020 年 6 月 6 日于灌南